Feiern im Rhythmus des Jahres

Liborius Olaf Lumma

Feiern im Rhythmus des Jahres

Eine kurze Einführung
in christliche Zeitrechnung
und Feste

Verlag Friedrich Pustet
Regensburg

Bibliografische Information der Deutschen Nationalbibliothek
Die Deutsche Nationalbibliothek verzeichnet diese Publikation
in der Deutschen Nationalbibliografie; detaillierte bibliografische Daten
sind im Internet über http://dnb.dnb.de abrufbar.

ISBN 978-3-7917-2771-4
© 2016 Verlag Friedrich Pustet, Regensburg
Umschlaggestaltung: Martin Veicht, Regensburg
Umschlagmotiv: Lichtfeier im Kreuzgang des Bonner Münsters in der Osternacht 2012
Foto: Stadtdekanat Bonn, Pressestelle
Satz: Martin Vollnhals, Neustadt a. d. Donau
Druck und Bindung: Friedrich Pustet, Regensburg
Printed in Germany 2016

Diese Publikation ist auch als eBook erhältlich:
eISBN 978-3-7917-6083-4 (epub)

Weitere Titel aus unserem Verlagsprogramm finden Sie unter
www.verlag-pustet.de

Inhalt

Vorwort

Nach dem „Crashkurs Liturgie" (erstmals 2010, mittlerweile in 3. Auflage 2015 erschienen) und der Einführung in die Tagzeitenliturgie „Liturgie im Rhythmus des Tages" (2011) darf ich ein drittes, an eine breitere Öffentlichkeit gerichtetes Sachbuch im Verlag Friedrich Pustet veröffentlichen. Dieses Buch soll in Kalendersysteme und christliche Feste einführen. Den Schwerpunkt bildet die römisch-katholische Kirche, doch soll sich bei der Lektüre der Horizont auch auf andere christliche Traditionen und in kleinen Ansätzen auf Judentum und Islam weiten.

Anders als meine bisherigen Sachbücher beruht dieses nicht auf einer universitären Lehrveranstaltung. Ich habe auf kein fertiges Manuskript zurückgegriffen, sondern für dieses Buch ein eigenes Konzept erarbeitet und mich dabei für eine Gliederung in vier Teile entschieden.

Im ersten Teil (Kapitel 1–10) sollen die wichtigsten christlichen Kalendersysteme, die heute in Gebrauch sind, erschlossen und mit dem jüdischen und islamischen Kalender verglichen werden.

Der zweite Teil (Kapitel 11–20) widmet sich dem Osterfest in seiner heutigen römisch-katholischen Gestalt.

Der dritte Teil (Kapitel 21–30) ist all dem gewidmet, was das römisch-katholische Kirchenjahr außerhalb von Ostern an hohen und weniger hohen Festen zu bieten hat, wobei auch ein Ausflug in die recht bürokratische, aber doch unverzichtbare Kunst des sicheren Umgangs mit den kirchlichen Normen für die Zusammenstellung des Kirchenjahres und seiner Feiern enthalten ist.

Der vierte Teil (Kapitel 31–40) schließlich stellt andere christliche Festkulturen vor. Dafür gibt es anderswo ohne Zweifel ausführlichere Informationen als hier, diese Kapitel sollen nur einen bescheidenen Beitrag leisten, für die gewachsene Fülle und bereichernde Vielfalt christlicher Feierkulturen zu sensibilisieren.

Für das Buch ist vorausgesetzt, dass die Leserinnen und Leser zumindest mit zentralen Fachbegriffen aus der römisch-katholischen Eucharistiefeier und der Tagzeitenliturgie vertraut sind. Sicherheitshalber ist dem Buch ein kleines Glossar angefügt, das häufiger auftauchende Fachbegriffe möglichst knapp zu erläutern versucht.

Ich gebe zu, etliche Informationen um des leichteren Verstehens willen vereinfacht zu haben. Das Buch soll „eine kurze Einführung" sein, wie der Untertitel es auch sagt. Eine vertiefte Beschäftigung mit den dargestellten Themenfeldern soll durch dieses Buch nicht ersetzt, sondern ermöglicht werden.

Teil I
DER KALENDER

Kapitel 1
Die astronomischen Gegebenheiten

Mondmonat und Sonnenjahr

Bestimmte Tageszeiten konnten Menschen schon immer und ohne besondere technische Hilfsmittel leicht ermitteln: Tagesanbruch (wenn die
Dämmerung die Nacht beendet), Sonnenaufgang (wenn die ersten Strahlen der Sonne im Osten sichtbar werden), Sonnenuntergang (wenn die
letzten Strahlen der Sonne im Westen verschwinden) und Mittag (wenn
die Sonne am höchsten Punkt steht) sind recht eindeutige Angaben. „Wir
treffen uns bei Sonnenuntergang", „Am Mittag dürft ihr eine Arbeitspause
machen", „Euer Fest soll die ganze Nacht dauern, zum Sonnenaufgang
aber soll es beendet sein" – das genügte über viele Generationen, um den
Alltag von Menschen zu ordnen. Dass im Sommer die Zeit von Sonnenaufgang bis Sonnenuntergang länger dauert als im Winter, war nicht zu
übersehen – aber das ändert nichts daran, dass man derartige Zeitangaben
verwenden kann, um verlässliche Vereinbarungen, Arbeitszeiten, Essens-
zeiten, Zeiten für religiöse Zeremonien usw. zu ermöglichen.

Schwieriger wird es hingegen, längere Zeiträume eindeutig festzulegen.
Woran erkenne ich, dass ein Jahr vergangen ist? Wie erkenne ich den
kürzesten Tag des Jahres, den längsten Tag des Jahres, das Frühjahrs-
oder das Herbstäquinoktium (also die beiden Tage, an denen Tag und
Nacht gleich lang sind)? In menschlichen Kulturen hat das Jahr schon
immer eine große Rolle gespielt: Wir zählen das Alter eines Menschen in
Jahren, wir gedenken wichtiger Ereignisse im jährlichen Abstand, Religionen feiern jährliche Feste, Soldaten werden für ein oder zwei Jahre in
den Dienst ihres Herrschers genommen, Geld wird für ein Jahr verliehen
und dann zurückgefordert. Vor allem aber ist die Jahresbestimmung für
die Landwirtschaft überlebenswichtig: Aussaat und Ernte müssen zur
richtigen Zeit erfolgen, weil sie dem Rhythmus der Jahreszeiten unterliegen.

Um solche Abläufe genau bestimmen zu können, stand den Menschen
lange Zeit nur der Blick in den Himmel zur Verfügung: Der Winkel, aus
dem die Sonne auf die Erde scheint, die Bewegungen der Sterne und die

Mondphasen lassen sich beobachten und vorausberechnen. Die Mondphasen bieten außerdem eine gute Gelegenheit, zwischen dem Tag (als einer sehr kurzen Zeiteinheit) und dem Jahr (als einer sehr langen Zeiteinheit) noch eine weitere Größe festzulegen: den Monat.

All dies möglichst genau erfassen zu wollen, war eine der größten Triebfedern in der Entwicklung menschlicher Wissenschaft. Wie sich zeigt, war erheblicher Aufwand nötig, um alle erforderlichen Naturbeobachtungen in mathematische Verhältnisse zueinander zu setzen und dann Ereignisse vorausberechnen zu können.

Für den (Mond-)Monat gilt etwa: Wer an einem Neumond-Tag mit der Zählung der Tage beginnt, der beobachtet den nächsten Neumond mal am 30., mal am 31. Tag. Im Schnitt sind es ungefähr 29 Tage, 12 Stunden und 44 Minuten von Neumond zu Neumond (der **synodische Monat**).

Wer das (Sonnen-)Jahr beobachtet (z.B. von Frühjahrsäquinoktium zu Frühjahrsäquinoktium), der erreicht mal 365, mal 366 Tage – im Schnitt ungefähr 365 Tage, 5 Stunden und 49 Minuten (das **tropische Jahr**).

Wer einen Jahreskalender erstellen möchte, der sowohl den Mondmonat als auch das Sonnenjahr berücksichtigt, wird feststellen, dass es mathematisch nicht möglich ist, beides zusammenzubringen. Mondmonate und Sonnenjahr laufen nicht parallel zueinander: Ein Sonnenjahr besteht aus etwa 12,4 Mondmonaten.

Die Kalendermacher der Menschheit mussten sich entscheiden, ob sie ihre Berechnungen in erster Linie auf den Mondmonat oder auf das Sonnenjahr stützen wollten. Kalender, die den Mondmonat als Ausgangsgröße verwenden, bezeichnet man als **lunar** (lateinisch *luna* = Mond), solche, die am Sonnenjahr orientiert sind, als **solar** (*sol* = Sonne). Darüber hinaus lassen sich Kompromisslösungen entwickeln, indem man zunächst von Mondmonaten ausgeht, aber die Zahl der Mondmonate pro Jahr schwanken lässt, um eine ungefähre Übereinstimmung mit dem Sonnenjahr zu erreichen. Diese Gruppe von Kalendersystemen heißt **lunisolar**.

Woche

Tritt zwischen den Tag und den Monat noch eine weitere Größe, so entsteht die Woche. Leider zeigt sich hier eine ähnliche Komplexität wie beim Zusammenhang von Monat und Jahr:

Geht man von 30 Tagen pro Mondmonat aus, kann man den Monat in 6 Wochen mit jeweils 5 Tagen, in 5 Wochen à 6 Tage, in 3 Wochen à 10 Tage oder in 2 Wochen à 15 Tage untergliedern. Aber: Nicht jeder Mondmonat hat 30 Tage, ungefähr jeder zweite kommt auf 29 Tage. 29 ist aber eine Primzahl, sie lässt sich also überhaupt nicht mehr gleichmäßig unterteilen.

Leichter wäre es, von 28 Tagen auszugehen: Das ergäbe 4 Wochen – in ungefährer Entsprechung der 4 Mondphasen – mit jeweils 7 Tagen. Um dies mit der realen Dauer des Mondmonats von 29 oder 30 Tagen abzugleichen, müsste man jedem 28-Tage-Monat noch einen oder zwei zusätzliche Schalttage hinzufügen. Dann muss entschieden werden, ob man während dieser überzähligen Tage die Sieben-Tage-Woche weiterzählen oder sie außer Kraft setzen soll. Im ersten Fall könnte man nicht mehr jeden Monat mit einem „ersten Tag der Woche" beginnen lassen, im zweiten Fall hätte man Tage, die zu keiner Woche gehören, also aus dem Wochenschema ganz herausfallen (sie werden manchmal als **weiße Tage** bezeichnet).

Komplexität der Kalender

Kurzum: Der Lauf der sichtbaren Gestirne kommt dem menschlichen Bedürfnis nach präziser Jahresmessung und sinnvollen Untergliederungen des Jahres nur wenig entgegen. Jeder Versuch, daraus einen einfachen, eleganten Kalender zu entwickeln, wird zu einem komplizierten mathematisch-astronomischen Verwirrspiel. Wenn – so ist es jedenfalls die Überzeugung der biblischen Überlieferung – hinter all diesen Gesetzmäßigkeiten ein bewusst handelnder Schöpfergott steckt, dann wird man diesem Gott eine gewisse Verschmitztheit kaum absprechen können: Auf kaum eine andere Weise hat er menschliches Bemühen um wissenschaftliche Entwicklung so sehr befeuert wie durch die bizarre Anordnung der astronomischen Gegebenheiten, die dem menschlichen Forschergeist alles abverlangten, um den Lauf der Zeit gliedern und vorausberechnen zu können.

Dieses Buch wird etliche in der Menschheitsgeschichte entstandene Kalendersysteme außer Acht lassen und sich auf einen europäischen und gegenwartsbezogenen Blickwinkel beschränken. Fernöstliche Kulturen kommen ebenso wenig vor wie afrikanische oder solche der Urbevölkerungen aus Nord-, Mittel- und Südamerika. Doch bereits in den wenigen Großkulturen, die in der europäischen Wahrnehmung von Bedeutung sind, finden sich sowohl lunare als auch solare als auch lunisolare Kalender.

Paradebeispiel eines **lunaren** Kalenders ist der islamische (siehe Kapitel 10).

Lunisolar ist der in der Bibel grundgelegte jüdische Kalender, der im folgenden Kapitel 2 erläutert werden soll.

Sämtliche christliche Kalendersysteme – sie bestimmen heute nicht nur den kirchlichen, sondern auch den staatlichen Alltag und sind seit ihrer Verbreitung in der Epoche des Kolonialismus und in der internationalen Politik des 20. Jahrhunderts überall auf der Welt zu finden – sind **solar**: Sie stellen das Sonnenjahr ins Zentrum der Berechnung, ohne Abgleich mit den Mondphasen.

Kapitel 2
Jüdischer Kalender

Lunisolarer Kalender

Als einziger der hier vorgestellten Kalender ist der jüdische lunisolar. Seine grundlegende Berechnungsgröße ist also der Mondmonat, zugleich wird der Kalender aber möglichst genau an das Sonnenjahr angepasst, so dass Jahresanfang und jährliche Festtage nur innerhalb eines geringen Spielraums schwanken und jedenfalls immer in die gleiche Jahreszeit fallen.

Sieben-Tage-Woche und Schabbat

Noch grundlegender für den biblisch-jüdischen Kalender ist allerdings die Sieben-Tage-Woche. Das Judentum ist nicht die erste Gesellschaft in der Geschichte, die ein siebentägiges Wochenschema verwendet, es hat aber der Sieben-Tage-Woche in zweierlei Hinsicht eine theologische und praktische Bedeutung gegeben, die bis heute die Weltgeschichte beeinflusst: Erstens wird die Erschaffung der Welt als ein Geschehen erzählt, das einem siebentägigen Schema folgt (Gen 1,1–2,4a). Die Sieben-Tage-Woche ist demnach ein Grundprinzip der Schöpfungsordnung. Dies hat Konsequenzen für den Kalender: Es darf keine „weißen Tage" geben, die keiner Woche zugehörig sind, sondern auf den siebten Tag einer Woche muss immer der erste Tag der nächsten Woche folgen.
Zweitens ist der siebte Tag der Woche ein Feiertag, ein Ruhetag nach dem Vorbild der Ruhe Gottes, der die Schöpfung in sechstägigem Wirken vollendete. In welcher Form diese Ruhe genau ausgeübt wird, kann sich innerhalb des Judentums deutlich unterscheiden, doch der Sinn des Ruhetags ist in den biblischen Texten recht klar definiert:
Zum einen geht die Ruhe auf Gott selbst zurück, der die Welt in sechs Tagen erschaffen hat, den siebten Tag aber der Ruhe über das gelungene Werk gewidmet hat: Es ist ein durch Ruhe gesegneter Tag der Vollendung (Gen 2,3; Ex 20,8–11).
Zum anderen erinnern der siebte Tag der Woche und die an ihm gelebte Ruhe an die Befreiung des Volkes Israel aus der ägyptischen Sklaverei

(Dtn 5,12–15), das grundlegende Ereignis für das Selbstverständnis Israels und sein Verhältnis zu Gott. Das an diesem Tag bestehende Arbeitsverbot ist demnach in erster Linie als Freiheitsvergegenwärtigung zu verstehen: Durch die Arbeitsruhe werden soziale und ökonomische Machtmechanismen außer Kraft gesetzt. Kein Armer darf gezwungen werden, für einen Hungerlohn zu schuften, kein Schuldner kann von seinem Gläubiger verpflichtet werden, sich abzurackern. Dieses Ruhegebot geht so weit, dass auch Ausländer, Sklaven und sogar landwirtschaftliche Arbeitstiere daran gebunden sind (Dtn 5,14). Die jüdische Ur-Erfahrung der Freiheit von Sklaverei und von ungerechten Herren wird zu einer sichtbaren, erlebbaren Eigenschaft der ganzen Schöpfung: Gott hat alle und alles zur Freiheit berufen, und diese Freiheit wird am siebten Tag der Woche, dem *Schabbat (Sabbat),* durch eine konkrete Praxis gegenwärtig gesetzt.

Aus heutiger Sicht mag das biblische Ruhegebot als soziale Gängelung erscheinen: Dürfen Menschen nicht selbst entscheiden, wie sie mit ihrer Freizeit umgehen? Darf man nicht einmal dann arbeiten, wenn man es aus freier Entscheidung möchte? Doch „Frei-Zeit" (und zwar unverdiente, allgemeine Freizeit für alle) kann es nur geben, wenn in einer Gesellschaft bedingungslose Schutzräume auch für die ökonomisch Schwachen bestehen. Einen solchen Schutzraum aber bietet das Ruhegebot am Schabbat. Der wiederkehrende siebte Tag der Woche ist ein Zeichen der Würde der Schöpfung, die von Gott nicht zur Sklaverei, sondern zur Freiheit bestimmt ist.

Der biblisch-jüdische Schabbat entspricht kalendarisch dem Samstag, dessen deutscher Name (ähnlich auch im Englischen *saturday* und im Französischen *samedi*) vom Planeten Saturn stammt, während romanische Sprachen die jüdische Bezeichnung übernommen haben, z. B. *sabato* im Italienischen, *sábado* im Spanischen. Auch das christliche Latein nennt diesen Tag *sabbatum*. Der Schabbat beginnt gemäß biblischer Stundenzählung mit dem Sonnenuntergang am Freitagabend und endet mit dem Sonnenuntergang am Samstagabend.

Dass sich jüdische Gemeinden am Schabbat (besonders am Freitagabend zur Eröffnung des Tages) auch zu einem gemeinsamen Gottesdienst treffen, ist zwar seit vielen Jahrhunderten verbreitet, aber theologisch nachrangig. Bis heute wird der Schabbat in erster Linie in der Familie begangen, im häuslichen Mahl und in der biblisch grundgelegten Ruhe.

Monate im jüdischen Kalender

Name	Verminderte Jahre	Reguläre Jahre	Übermäßige Jahre	Beginn im bürgerlichen Jahr 2016/2017	Beginn im bürgerlichen Jahr 2017/2018	Beginn im bürgerlichen Jahr 2018/2019
Nisan		30 Tage		9. April 2016	28. März 2017	17. März 2018
Ijjar		29 Tage		9. Mai 2016	27. April 2017	16. April 2018
Siwan		30 Tage		7. Juni 2016	26. Mai 2017	15. Mai 2018
Tammus		29 Tage		7. Juli 2016	25. Juni 2017	14. Juni 2018
Aw		30 Tage		5. August 2016	24. Juli 2017	13. Juli 2018
Elui		29 Tage		4. September 2016	23. August 2017	12. August 2018
Tischri		30 Tage		3. Oktober 2016	21. September 2017	10. September 2018
Cheschwan	29 Tage	29 Tage	30 Tage	2. November 2016	21. Oktober 2017	10. Oktober 2018
Kislew	29 Tage	30 Tage	30 Tage	1. Dezember 2016	19. November 2017	9. November 2018
Tevet		29 Tage		30. Dezember 2016	19. Dezember 2017	9. Dezember 2018
Schevat		30 Tage		28. Januar 2017	17. Januar 2018	7. Januar 2019
Nur in Gemeinjahren:						
Adar		29 Tage		27. Februar 2017	16. Februar 2018	
Nur in Schaltjahren:						
Adar I (Schaltmonat)		30 Tage				6. Februar 2019
Adar II		29 Tage				8. März 2019
Gesamtzahl der Tage	353 (Gemeinjahr) 383 (Schaltjahr)	354 (Gemeinjahr) 384 (Schaltjahr)	355 (Gemeinjahr) 385 (Schaltjahr)			

Mondmonat

Der Monat im jüdischen Kalender ist ein Mondmonat, er ist also entweder 29 oder 30 Tage lang. Er umfasst demnach 4 Wochen mit jeweils 7 Tagen plus einen oder zwei weitere Tage. Wegen der ununterbrochenen Sieben-Tage-Woche fällt der Monatsanfang somit nicht immer auf den gleichen Wochentag. Der Monatsanfang ist definiert durch das erste Erscheinen der Mondsichel nach dem Neumond. Die genaue Bestimmung des Monatsanfangs wurde im biblischen Jerusalem durch Priester übernommen, die den neuen Monat öffentlich ausriefen, mittlerweile erfolgt die Berechnung nach genauen mathematischen Methoden und einem festen Schema, das spontane Beobachtungen unnötig macht.

Gemeinjahr und Schaltjahr

Das Jahr besteht im Regelfall (**Gemeinjahr**) aus 12 Monaten, die entweder 29 oder 30 Tage lang sind. Insgesamt ergibt sich meistens eine Jahreslänge von 354 Tagen (**reguläres Gemeinjahr**), manche Jahre haben nur 353 Tage (**vermindertes Gemeinjahr**), andere 355 Tage (**übermäßiges Gemeinjahr**).

Gegenüber dem Sonnenjahr ist das jüdische Gemeinjahr demnach etwa 10 bis 12 Tage zu kurz. Um dennoch eine weitestmögliche Anpassung an das Sonnenjahr vorzunehmen, wird siebenmal innerhalb von 19 Jahren (dem **metonischen Zyklus,** siehe Kapitel 4), und zwar jeweils im 3., 6., 8., 11., 14., 17. und 19. Jahr, ein 30-tägiger Monat eingeschaltet. Dieser **Schaltmonat** macht aus dem Gemeinjahr ein **Schaltjahr**, das dann 383 (**vermindertes Schaltjahr**), 384 (**reguläres Schaltjahr**) oder 385 (**übermäßiges Schaltjahr**) Tage hat.

Die Namen der 12 Monate und ihre Länge zeigt die Übersicht auf Seite 25. Wie schon gesagt, ist der Tagesanfang immer am (vorausgehenden) Sonnenuntergang anzusetzen. Die beigefügten Daten aus den bürgerlichen Jahren 2016/2017 bis 2018/2019 lassen gut verfolgen, wie die Monatsanfänge zunächst rückwärts durch das bürgerliche Jahr wandern, dann aber durch die Hinzufügung des Schaltmonats Adar I wieder ausgeglichen werden.

Jahreszählung

In der Jahreszählung folgt der jüdische Kalender einer Rückberechnung biblischer Daten bis zur Erschaffung der Welt. Nur sehr wenige bibelfundamentalistische Juden und Christen verstehen solche Berechnungen als exakte Datierungen im naturwissenschaftlichen Sinne. Biblische Zeugnisse sind als Glaubenserzählungen über das Verhältnis Gottes (als Schöpfer) zur Welt (als zeitgebundener Schöpfung) zu verstehen, nicht als Abfolge exakt datierter historischer Ereignisse. Gleichwohl bestimmt die hypothetische Rückberechnung der erzählten Geschichte die Jahreszählung des jüdischen Kalenders.

Der Jahresanfang und somit der biblisch bestimmte Schöpfungsbeginn wird auf den 1. Tischri datiert und durch ein Neujahrsfest (Rosch ha-Schana) am 1./2. Tischri begangen. Das in der Tabelle angegebene bürgerliche Jahr 2016/2017 entspricht dabei dem jüdischen Jahr 5776 und (ab dem 1. Tischri) 5777. In den Spalten daneben folgen somit die jüdischen Jahre 5777/5778 und 5778/5779.

Dass in der Tabelle der Monat Nisan als erster angegeben ist, liegt in dessen biblischer Qualifizierung als „erster Monat", nämlich als der theologisch wichtigste. Ab dem 15. Nisan, beginnend am vorausgehenden Abend des 14. Nisan, wird eine ganze Woche lang das Pessachfest begangen, das der Vergegenwärtigung der Befreiung aus Ägypten gewidmet ist (Ex 12,1–15,21).

Bisweilen bezeichnet man den Tischri als den Beginn des „bürgerlichen jüdischen Jahres" und den Nisan als Beginn des „religiösen jüdischen Jahres".

Jüdische Feste

Mit **Pessach** ist bereits das zentrale Fest für das Selbstverständnis des israelitischen Gottesglaubens benannt. Unter den jüdischen Festen ist es auch dasjenige, das die Entwicklung christlicher Feierkultur am nachdrücklichsten beeinflusst hat (siehe besonders Kapitel 4, 11 und 12). Aufgrund der Gegebenheiten des Kalenders fällt der Beginn des Pessachfestes frühestens auf den 21. März und spätestens auf den 20. April.

Die wichtigsten jüdischen Feiertage neben dem Pessachfest sind die folgenden:

Schawuot wird sieben Wochen nach Pessach gefeiert; es begegnet manchmal in der deutschen Bezeichnung „Wochenfest". Das Fest war in seiner ältesten Entwicklungsstufe ein Erntefest, erhielt aber später eine neue Deutung als Dankfest für die Thora, also die von Gott gegebene Lebensweisung Israels. – Die Doppelung von Pessach und Schawuot im Abstand von sieben Wochen wird sich im christlichen Doppelfest Ostern – Pfingsten wiederfinden (siehe Kapitel 20).

In den Monat Tischri, also in die Zeit September/Oktober fallen gleich mehrere bedeutende Feste: **Rosch ha-Schana** ist das schon genannte Neujahrsfest am 1. und 2. Tischri, **Jom Kippur** das theologisch höchstbedeutsame und im Neuen Testament umfangreich behandelte „Versöhnungsfest" am 10. Tischri, die Zeit zwischen Rosch ha-Schana und Jom Kippur bildet eine Art Buß- und Besinnungszeit. Am 15. Tischri ist **Sukkot**, das „Laubhüttenfest", dessen Ursprung wohl ebenfalls ein Erntedank bildet, das im Laufe der Zeit aber zu einem Gedenken der Wüstenwanderung Israels auf dem Weg aus der Sklaverei Ägyptens in das Gelobte Land wurde. Sukkot wird eine Woche lang gefeiert und dann, je nach Tradition am 22. oder 23. Tischri, durch **Simchat Tora** abgelöst, das im Mittelalter entstandene Dankfest für die Gabe der Thora.

Purim am 14. oder 15. Adar gedenkt der Befreiung Israels aus der angedrohten Vernichtung im babylonischen Exil, die das biblische Buch Esther überliefert.

Chanukka ist das Gedenken der Wiedereinweihung des Jerusalemer Tempels im Jahre 164 v. Chr., es dauert eine Woche und beginnt am 25. Kislev. Der Termin fällt in die Nähe des christlichen Weihnachtsfestes, was in der öffentlichen Wahrnehmung zu einer gewissen Parallelisierung führt.

Kapitel 3
Römischer und julianischer Kalender

Römischer Kalender im 2. Jahrhundert v. Chr.

Es würde für dieses Buch zu weit führen, die komplizierten astronomischen Berechnungen und die ägyptischen und etruskischen Kalendersysteme nachzuzeichnen, auf deren Grundlage sich im frühen 2. Jahrhundert v. Chr. ein lunisolarer Kalender mit festen Monatslängen für das Römische Reich etablierte. Da dieser römische Kalender aber bereits viel von dem erkennen lässt, was uns bis heute vertraut ist, sei er hier näher vorgestellt (siehe dazu die Übersicht auf Seite 30).

Das Jahr besteht aus zwölf Monaten, deren Namen größtenteils bereits den bis heute gebräuchlichen entsprechen. Vier Monate haben 31 Tage, sieben Monate haben 29 Tage, der letzte Monat namens *Februarius* hat 28 Tage. Daraus ergibt sich eine Gesamtjahreslänge von 355 Tagen. Nach Bedarf – etwa jedes dritte Jahr – werden 22 oder 23 Tage hinzugefügt, es ergibt sich dann eine Gesamtlänge von 377 oder 378 Tagen.

Das klingt zunächst recht einfach, wird aber durch die genaue Anwendung der Schaltregel etwas komplizierter. Es wird nämlich nicht einfach ein dreizehnter Monat von 22 oder 23 Tagen eingefügt. Stattdessen wird der Februar um 5 Tage verkürzt, er hat dann also nur noch 23 Tage. Der angehängte Schaltmonat bekommt diese 5 Tage zugeteilt, hat somit insgesamt 27 oder 28 Tage.

Als erster Monat war der *Martius* („März") festgelegt. Die Namen des fünften bis zehnten Monats ergeben sich daraus als einfache Nummerierung: *Quintilius* bedeutet „der fünfte", *Sextilis* „der sechste", *Septembris* „der siebte" und so weiter. Der bei Bedarf hinzugefügte dreizehnte Monat heißt *mensis intercalaris*, also „eingeschalteter Monat".

Die Zählung der Tage innerhalb der Monate folgt einem System, das sich aus heutiger Sicht als außerordentlich mühsam darstellt: In jedem Monat ragen nämlich drei Tage heraus, die als Überrest alter Mondkalender erhalten geblieben sind. Diese Tage werden als Bezugspunkte für Datumsangaben verwendet.

Römischer Kalender (2. Jh. v. Chr.)

Name	Zahl der Tage
Martius	31
Aprilis	29
Maius	31
Iunius	29
Quintilius	31
Sextilis	29
Septembris	29
Octobris	31
Novembris	29
Decembris	29
Ianuarius	29
Februarius	28 (Schaltjahre: 23)
Nur in Schaltjahren: Mensis intercalaris	27 oder 28

Jeder Monat hat *Kalendae* („Kalenden"), *Nonae* („Nonen") und *Idae* („Iden"): Bei den Kalenden handelt es sich um den ersten Tag des Monats, die Nonen sind entweder der fünfte (in den Monaten mit weniger als 31 Tagen) oder der siebte Tag des Monats (in den Monaten mit 31 Tagen), die Iden sind acht Tage nach den Nonen, also am 13. oder am 15. Tag.

Für das Verzeichnis der Tage entstand, abgeleitet von den *Kalendae*, die Bezeichnung *calendarium* und daraus schließlich das Wort **Kalender**.

Die Bestimmung eines Tages erfolgte nun rückwärts vom nächsten bevorstehenden Stichtag her, wobei der Zieltag mitzuzählen war. Wenn etwas am 2. März datiert ist, so wird es angegeben als „am sechsten Tag vor den Nonen des März", auf Lateinisch *die sexto ante Nonas Martii* oder einfach *sexto Nonas Martii*. Der 28. September ist „am dritten Tag vor den Kalenden des Oktobers", also *tertio Kalendas Octobris* oder abgekürzt *(a. d.) III kal. oct.* (a. d. steht für *ad diem*, also „zu diesem Tag"). Eine eher technische, aber folgenreiche Änderung erfuhr der Kalender im Jahr 153 v. Chr.: Der Amtsantritt der römischen Konsuln wurde auf die Kalenden des *Ianuarius* festgelegt – damit war der 1. Januar zum Jahresanfang geworden. Kurioser und bis heute nachwirkender Nebeneffekt war, dass jetzt Monatsnamen wie *Octobris* („der achte") oder *Decembris* („der zehnte") nicht mehr der kalendarischen Realität entsprachen, aber dennoch weiterverwendet wurden. Der verkürzte Monat Februar stand nicht mehr am Jahresende, sondern als zweiter in der Reihe der Monate – somit griff auch die Schaltregelung nicht mehr am Ende des Jahres (wo sie sich wohl am leichtesten erklären ließ), sondern am Ende des zweiten Monats.

Julianischer Kalender

In der Mitte des 1. Jahrhunderts v. Chr. trat die wichtigste Gestalt für die Reform des römischen Kalenders in Erscheinung: Gaius Iulius Caesar (100–44 v. Chr.), dem der unter seiner Verantwortung neu eingerichtete julianische Kalender den Namen verdankt. Die vorausgehende Kalenderpraxis hatte zu einer immer stärkeren Abweichung zwischen Kalender und Naturphänomenen geführt, denn es ergab sich in der Anwendung eine durchschnittliche Jahreslänge von etwa 366,25 Tagen. Cäsar wollte für die Zukunft weitere Abweichungen vermeiden und außerdem durch einen großen Einschnitt in den Kalender dafür sorgen, dass – von unvermeidlichen geringfügigen Schwankungen abgesehen – immer der 25. Dezember (der achte Tag vor den Kalenden des Januar) kürzester Tag des Jahres und der 25. März das Datum des Frühjahrsäquinoktiums sein sollte.

Cäsar fügte in das Jahr 46 v. Chr. zwei zusätzliche und noch dazu verlängerte Schaltmonate ein, so dass sich einmalig eine Jahreslänge von 445 Tagen ergab – unter dem Namen *annus confusionis* („Jahr der Verwirrung") ging dieses Jahr in die römische Geschichte ein. Anschließend sollte durch Festlegung neuer Monatslängen eine Jahreslänge von 365 Tagen gelten, in die alle vier Jahre ein einzelner Schalttag eingefügt werden sollte. Der Schaltmonat war damit abgeschafft. Der Februar blieb der kürzeste Monat und sollte zur Korrektur der Jahreslängen nur noch um einen einzigen Tag verlängert werden können. – Das Ergebnis zeigt die Übersicht auf Seite 32.

Julianischer Kalender (ursprüngliche Fassung)	
Name	Zahl der Tage
Ianuarius	31
Februarius	28 (Schaltjahre: 29)
Martius	31
Aprilis	30
Maius	31
Iunius	30
Quintilius	31
Sextilis	30
Septembris	31
Octobris	30
Novembris	31
Decembris	30

Julianischer Kalender (durch Augustus geänderte Fassung)	
Name	Zahl der Tage
Ianuarius	31
Februarius	28 (Schaltjahre: 29)
Martius	31
Aprilis	30
Maius	31
Iunius	30
Iulius	31
Augustus	31
Septembris	30
Octobris	31
Novembris	30
Decembris	31

Cäsar konnte sich an dem von ihm durchgesetzten Kalender jedoch nur kurze Zeit erfreuen. An den sprichwörtlich gewordenen „Iden des März" im Jahr 44 v. Chr. wurde er ermordet. Ihm zu Ehren wurde der *Quintilius* in *Iulius* umbenannt – die Geburtsstunde des „Juli".

Aufgrund einer missverständlichen Formulierung der Schaltregel wurde in der Folge nicht jedes vierte, sondern jedes dritte Jahr um einen Tag verlängert. Diese Ungenauigkeit fiel schnell auf und machte eine neuerliche Korrektur unabdingbar. Es lag an Kaiser Augustus (63 v. Chr.– 14 n. Chr.), den Kalender erneut zu reformieren: 15 Jahre lang wurden alle Schaltjahre ausgelassen (um die überzähligen Tage wieder abzubauen), anschließend sollte nur noch jedes vierte Jahr einen Schalttag erhalten. Damit betrug die durchschnittliche Jahreslänge 365,25 Tage. Augustus nutzte die Reform, um gleich noch den Monat *Sextilis* umzubenennen, und zwar nach sich selbst: *Augustus*. Und wie es sich für einen „Kaisermonat" gehört, musste der August 31 Tage bekommen – so wie der andere „Kaisermonat" Juli sie schon hatte. Die Längen der Monate August bis Dezember wurden umgestellt, so dass die gewünschte Gesamtjahreslänge von 365 bzw. 366 Tagen erreicht war und zugleich eine Aufeinanderfolge von drei Monaten mit jeweils 31 Tagen vermieden werden konnte (siehe Seite 32).

In dieser durch Augustus umgestalteten Fassung wurde der julianische Kalender zur bestimmenden Größe für die nächsten eineinhalb Jahrtausende. Im kirchlichen Bereich ist er es – wie die folgenden Kapitel zeigen werden – sogar zum Teil bis heute geblieben.

Jahreszählung „vor/nach Christus"

Eines war bei dieser Darstellung stillschweigend vorausgesetzt, nämlich die heute übliche Jahreszählung „vor" und „nach Christus". Selbstverständlich konnte Cäsar nicht wissen, dass er sich im Jahr „45 vor Christus" befand. In Rom zählte man nach der Amtszeit der jeweils amtierenden Herrscher oder aber *ab urbe condita (a. u. c.)*, also „seit der Gründung der Stadt (Rom)", die im Jahr 753 vor Christus angesetzt wurde. Das oben erwähnte *annus confusionis* der julianischen Kalenderreform war demnach das Jahr 708 *a. u. c.*

Die heute übliche Zählung der Jahre „vor Christus" und „nach Christus" beruht auf einer Berechnung des Mönchs Dionysius Exiguus (ca. 470–540), die sich erst etliche Jahrzehnte nach ihrer Entwicklung allgemein durchsetzte. Dionysius versuchte auf der Grundlage der biblischen Angaben das Geburtsjahr Jesu zu bestimmen. Bei dieser Zählung gibt es übrigens kein „Jahr null", sondern auf das Jahr „1 vor Christus" folgt sofort das Jahr „1 nach Christus" (was die Gruppierung von Jahren in Jahrzehnten und Jahrhunderten vereinfacht). Mittlerweile hat sich die Berechnung des Dionysius als falsch herausgestellt – vermutlich wurde Jesus im Jahr „7 vor Christus" oder „6 vor Christus" geboren. In unserer gewachsenen Geschichtsschreibung und unserem Archivwesen würde es aber pure Verwirrung stiften, wollte man rückwirkend alle Jahreszahlen um 6 oder 7 erhöhen. Aus diesem Grund gibt es heute keine wirklich ernsthaften Versuche, die Jahreszählung neu zu fassen – ausgenommen das ein oder andere totalitäre Regime wie dasjenige Nordkoreas, das die

Jahre von der Geburt des Staatsgründers Kim Il Sung her zählt. In Wissenschaft und Medien wird jedoch bisweilen auf den Christusbezug verzichtet: Man spricht dann etwa von „vor unserer Zeitrechnung" (v. u. Z.) und „nach unserer Zeitrechnung" (n. u. Z.) oder auf Englisch „before common era" (BCE) und „common era" (CE). Dagegen stellen betont christliche Gruppen lieber der Jahreszahl noch ein traditionelles „AD" voran: *anno domini* („im Jahr des Herrn").

Kapitel 4
Christliches Osterdatum

Der Beschluss des I. Konzils von Nikaia

Warum das Osterfest und seine genaue Terminierung für die Christenheit so wichtig sind, ist hier noch nicht das Thema – die Leserinnen und Leser seien besonders auf Kapitel 11 verwiesen. Entscheidendes Ereignis für die Kalenderthematik war jedenfalls eine vom römischen Kaiser Konstantin I. (Amtszeit 306–337) einberufene Bischofsversammlung, die in der späteren Kirchengeschichte als I. Ökumenisches Konzil oder I. Konzil von Nikaia (Nizäa/Nicaea) anerkannt wurde (Nikaia heißt heute türkisch *İznik* und befindet sich etwa 90 km südöstlich von Istanbul).

Es war die Zeit, in der sich das Christentum im Römischen Reich zu etablieren begann: Von einer nicht gern gesehenen, oft verfolgten Religion war es zu einer anerkannten und geförderten Gemeinschaft geworden – eine Entwicklung, die in der Mitte des 4. Jahrhunderts noch einmal einen Rückschlag erleben sollte, dann aber weiter fortschritt, so dass man am Ende des 4. Jahrhunderts vom Christentum als römischer Staatsreligion sprechen konnte. Konstantin, der diese Entwicklung einleitete, hatte ein Interesse an einer geschlossenen Christenheit und ließ auf dem Konzil grundsätzliche Fragen unter seiner Aufsicht klären. Leider sind die Originalakten des Konzils nicht erhalten, doch ausweislich späterer Berichte hat das Konzil den entscheidenden Anstoß für eine gemeinsame Osterterminierung unter allen christlichen Gemeinden des Reiches gegeben:

– *Ostern soll gefeiert werden am Sonntag nach dem ersten Frühlingsvollmond.*

Zusätzlich sollte ein Kriterium gelten, das die scharfe Abgrenzung der christlichen Kirche jener Zeit vom Judentum bezeugt:

– *Ostern findet später als Pessach statt. Wenn nötig, wird Ostern dafür um eine Woche verlegt.*

Gemäß diesem **Pessach-Kriterium** war sichergestellt, dass immer zuerst Pessach, dann Ostern terminiert war. Nie sollten beide gleichzeitig stattfinden oder gar Ostern früher als Pessach. Dabei muss hinzugefügt werden, dass kurioserweise die christliche Berechnung des Pessachdatums nicht immer mit der jüdischen Datierung übereinstimmte.

Auch für eine durchaus hochentwickelte Mathematik und Astronomie war ein so definiertes Datum nicht ohne Weiteres im Voraus zu bestimmen. Die Astronomen in Alexandrien (Ägypten) erhielten den Auftrag, diese Berechnung vorzunehmen und sie frühzeitig den anderen Kirchen mitzuteilen. Die Alexandriner sollten ihr Resultat nach Rom leiten, von dort war die Nachricht ins ganze Reich zu versenden. – Daraus entstand die Tradition des „Osterbriefes", die heute manchmal noch am Anfang des Jahres in katholischen Kirchen zu erleben ist, wenn eine Vorsängerin oder ein Vorsänger feierlich die Festtagstermine des beginnenden Kalenderjahres verkündet.

Die gefundene Lösung war praktikabel, bot aber Konfliktpotenzial: Die alexandrinischen Astronomen konnten mit ihren Berechnungen falsch liegen, andere Orte konnten aufgrund ihrer eigenen Naturbeobachtungen zu anderen Ergebnissen kommen. Noch etliche Jahrzehnte nach Nikaia sind Berichte über unterschiedliche Osterdaten in verschiedenen christlichen Gemeinden erhalten. Dennoch war der Grundstein für ein nachvollziehbares, einheitliches christliches Osterdatum gelegt. Was noch entwickelt werden musste, war eine präzise Berechnungsformel, die korrekt und mathematisch leicht anwendbar war und die keine spontanen Naturbeobachtungen und deren Interpretation mehr verlangte.

Ostertafeln und Computistik

Der Durchbruch gelang erst im 7. Jahrhundert auf der Basis der Forschungsergebnisse des schon erwähnten Dionysius Exiguus. Dionysius kreierte als Erster eine nachvollziehbare Berechnungsmethode zur langfristigen Vorausbestimmung des Osterdatums. In Form kunstvoll gestalteter Ostertafeln gingen nun die Listen bevorstehender Osterdaten in die Geschichte ein, und noch im 20. Jahrhundert druckte die katholische Kirche auf den ersten Seiten liturgischer Bücher tabellarische Übersichten mit „Epakten" und „Sonntagsbuchstaben", die es ermöglichten, Festdaten für viele Jahrzehnte im Voraus zu bestimmen. Unter Verwendung des lateinischen *computus* („Berechnung", daher auch der moderne „Computer"!) wurde die Ermittlung des Osterdatums mitsamt ihren mathematisch-astronomischen Grundlagen zu einer hochentwickelten Wissenschaft, der Computistik.

Frühjahrsäquinoktium am 21. März

Entscheidend für den Durchbruch einer nachvollziehbaren Berechnungsformel war, dass grundsätzlich der 21. März als Tag des Frühjahrsäquinoktiums und somit als Frühlingsanfang definiert wurde.

Diese dogmatische Annahme ist allerdings nicht korrekt. Aufgrund natürlicher Schwankungsphänomene beim Umlauf der Erde um die Sonne kann das Datum des Frühjahrsäquinoktiums geringfügig variieren. Vor allem aber war das julianische Jahr mit seinen durchschnittlich 365,25 Tagen insgesamt einige Minuten zu lang, so dass sich im Laufe von Jahrzehnten und Jahrhunderten das Frühjahrsäquinoktium auf immer frühere Tage im Kalender verschieben musste (siehe dazu auch Kapitel 5), und zwar im Durchschnitt etwa einen Tag pro Jahrhundert – auf dieselbe Weise hatte sich der Frühlingsanfang seit Cäsar bereits vom 25. auf den 21. März verschoben! Die anzuwendende Berechnung des Osterdatums aber ignorierte diese Tatsache.

Folgen für die Geschichte christlicher Osterberechnung

Letztlich hatte die Entwicklung fester Osterberechnungsformeln zwei epochale Effekte:

Erstens waren keine spontanen astronomischen Beobachtungen mehr nötig, über deren Interpretation dann Streit hätte ausbrechen können. Die Computistik ermöglichte für alle Christen einen einheitlichen Ostertermin, der grundsätzlich **frühestens am 22. März** und **spätestens am 25. April** liegt.

Zweitens: Die mathematische Berechnungsmethode genoss bald einen so hohen Stellenwert, dass man ihr den Vorrang vor offenkundig abweichender Naturbeobachtung gab. Es galt, „dass nicht sein kann, was nicht sein darf": Der 21. März hatte stets als Tag des Frühjahrsäquinoktiums zu gelten.

An dieser Stelle setzte die große päpstliche Kalenderreform des späten 16. Jahrhunderts an, die im folgenden Kapitel dargestellt wird.

Metonischer Zyklus

Auch wenn hier nicht die Details der Osterberechnungsmethode erläutert werden können, sei ein Begriff genannt, der für die astronomischmathematische Grundlage von zentraler Bedeutung war: der **metonische Zyklus** (benannt nach dem griechischen Astronomen *Meton* des 5. Jahrhunderts v. Chr.). Unter dem metonischen Zyklus versteht man den Zeitraum von 6940 Tagen, gemäß der Annahme, dass dies exakt 19 Sonnenjahren oder 235 Mondmonaten entspreche. Unter der Einbeziehung des metonischen Zyklus in die Osterberechnung war es möglich, die Osterdaten durch die Verwendung von sich regelmäßig wiederholenden Parametern zu bestimmen, was dazu führte, dass sich die Abfolge der Ostertermine alle 532 Jahre **(Osterzyklus)** exakt wiederholen würde.

Leider erwies sich auch der metonyische Zyklus als nicht ganz korrekt. 235 Mondmonate sind etwa zwei Stunden länger als 19 Sonnenjahre, so dass es innerhalb von 2500 Jahren zu einer Abweichung von Sonnenjahr und Mondmonat um einen Tag kommt.

Kapitel 5
Gregorianischer Kalender: Vorgeschichte und Einführung

Die Ausgangssituation

Der julianische Kalender war nicht genau genug auf das Sonnenjahr abgestimmt. Er fügte dem Kalender etwas zu viele Schaltjahre hinzu. Im Laufe eines einzelnen Menschenlebens fiel das vielleicht nicht sonderlich auf, aber im Laufe von Jahrhunderten war es offenkundig. Während man bei der Berechnung des Osterdatums immer noch vom Frühjahrsäquinoktium am 21. März ausging, ließ sich eindeutig messen, dass der wahre Frühlingsanfang immer früher stattfand. Im 16. Jahrhundert war er auf den 11. März zurückgewandert. Man hatte also seit Augustus knapp einen Tag pro Jahrhundert zu viel verbraucht.

Dieser Zustand war schon lange bekannt, als das Konzil von Trient (1545–1563) für die katholische Kirche die Erstellung neuer liturgischer Bücher in Auftrag gab und damit auch Raum für eine Überarbeitung der kalendarischen Bestimmungen öffnete. In diesem Sinne machte sich Papst Gregor XIII. (1502–1585, Papst ab 1572) an eine grundlegende Kalenderreform. Der durch ihn initiierte **gregorianische Kalender** sollte bald zur Norm für die gesamte westliche Welt und später auch für die internationale Diplomatie werden.

Zielsetzung der gregorianischen Kalenderreform

Die gregorianische Kalenderreform verfolgte zwei primäre Zielsetzungen:

1. Die Häufigkeit der Schaltjahre sollte geringfügig verringert werden, um die Länge des Kalenderjahres besser an die Länge des Sonnenjahres anzupassen.
2. Das natürliche Frühjahrsäquinoktium sollte möglichst stabil an dem Tag zu beobachten sein, den der Kalender als 21. März zählt.

Die Neuordnung der Berechnungsparameter hatte zur Folge, dass das Pessach-Kriterium fortan entfiel. Dass gelegentlich das christliche Osterfest früher als das jüdische Pessachfest stattfinden würde, würden ohnehin die allermeisten Christen nicht bemerken.

Auch für die Verringerung der Schaltjahres-Häufigkeit müsste sich der Aufwand in Grenzen halten lassen: Es ging nur um etwa einen Tag pro Jahrhundert. Manch einem Menschen würde vielleicht auffallen, wenn es seltene Ausnahmen von der Regel „Jedes vierte Jahr ist ein Schaltjahr" geben würde, doch im Großen und Ganzen sollte eine solche Kalenderänderung implementiert werden können.

Die Rückverschiebung des Frühlingsanfangs auf den 21. März verlangte allerdings eine Umsetzung mit dramatischen Folgen: Man musste im Kalender zehn Tage komplett überspringen. Das würde bedeuten, dass manche Menschen ihren eigenen Geburts- oder Namenstag auslassen müssten. Und noch viel mehr: In Handel und Bankenwesen, vor Gericht und in der Verwaltung würden sich Fristen verkürzen. Papst Gregor musste also darum bemüht sein, für diesen radikalen Reformschritt eine möglichst geschmeidige Lösung zu finden – und er musste mit Widerstand und Unverständnis rechnen. Die Bulle (päpstliche Anordnung) *Inter gravissimas* vom 24. Februar 1581 verkündete die Kalenderumstellung. Leider folgte die ausführliche Begründung durch die päpstlichen Astronomen erst im Jahr 1603, was die päpstliche Weisung umso mehr als bizarr und willkürlich erscheinen ließ.

Vielleicht wäre es leichter gewesen, sich damit abzufinden, dass das Frühjahrsäquinoktium nun eben am 11. März stattfindet. Man hätte dieses Datum als neuen Ausgangspunkt für die Osterberechnung verwenden können. Man hätte auch den Kalender durch eine behutsame Umstellung der Schaltjahresregelung nach und nach, über Jahrhunderte hinweg, langsam wieder „zurückschieben" können. Gregor XIII. hingegen entschied sich für einen radikalen Eingriff in die Abfolge der Kalendertage.

Die Umsetzung der Reform

Die gregorianische Kalenderreform wurde durch folgende Neuregelungen umgesetzt:

1. Ostern ist immer am Sonntag nach dem ersten Frühlingsvollmond – **unabhängig vom Pessach-Termin.**

2. Es sind weiterhin alle durch 4 teilbaren Jahre Schaltjahre. **Ausgenommen sind jedoch alle durch 100 teilbaren Jahre („Säkularjahre"), sofern sie nicht zugleich durch 400 teilbar sind.**

Das bedeutet: 1600 ist ein Schaltjahr (durch 400 teilbar); 1700, 1800 und 1900 sind keine Schaltjahre (durch 100, aber nicht durch 400 teilbar); 2000 wieder ein Schaltjahr (durch 400 teilbar); 2100, 2200 und 2300 keine Schaltjahre (durch 100, aber nicht durch 400 teilbar) usw. Durch diese Schaltjahresregel ist der gregorianische Kalender so genau auf das Sonnenjahr abgestimmt, dass erst nach 3300 Jahren wieder eine Korrektur nötig sein wird – aber dieses Problem dürfen wir getrost unseren Nachfahren überlassen.

3. Auf Donnerstag, den **4. Oktober 1582**, soll sofort Freitag, der **15. Oktober 1582**, folgen.

Mit dieser Maßnahme werden die unnötig verbrauchten zehn Tage wieder eingeholt. So wird sichergestellt, dass das Frühjahrsäquinoktium dauerhaft – von geringfügigen Schwankungen abgesehen – am 21. März stattfindet.

Zehn „verschwundene" Tage

Warum fiel die Wahl für das Überspringen von zehn Tagen im Jahr 1582 ausgerechnet auf den 4. Oktober?

Es liegt auf der Hand, dass der Papst nicht auf den 20. Dezember den 31. Dezember folgen lassen konnte – denn dann wäre Weihnachten ausgefallen, eines der wichtigsten christlichen Feste (siehe Kapitel 22). Die Entscheidung für die erste Oktoberhälfte war darin begründet, dass hier nur wenige bedeutende Heiligenfeste lagen. Es war zu erwarten, dass ein katholischer Herrscher es als Affront auffassen würde, wenn der Papst ihm den Namenstag aus dem Kalender streichen würde, oder dass es einen Volksaufstand geben könnte, wenn eine populäre Wallfahrt abgesagt würde, weil das zugehörige Fest ausfällt. Der 4. und 15. Oktober waren in den Augen von Papst Gregor und der von ihm beauftragten Wissenschaftler der geeignetste Termin für einen massiven, aber doch möglichst wenig schmerzhaften Eingriff in den Kalender.

Gott allerdings bewies Humor: Mitten in der Nacht der Reform rief er die schon zu Lebzeiten populäre und bald heiliggesprochene Teresa von Ávila aus dem Leben – und so findet sich eine Spur der Kalenderumstellung bis heute in jedem katholischen Heiligenverzeichnis: „Teresa von Ávila, gestorben 4./15. Oktober 1582".

Ununterbrochene Sieben-Tage-Woche

Die Sieben-Tage-Woche blieb bei der Reform unangetastet: Auf Donnerstag folgt Freitag – vom Wochenrhythmus, der ja auch nach christlicher Überzeugung von Gott selbst eingerichtet war, durfte nicht einmal der Papst abweichen. Einzig dass auf den 4. Oktober der 15. Oktober folgen sollte, lag in seiner Autorität.

Erfolg und Scheitern des gregorianischen Kalenders

Mochte der gregorianische Kalender auch der präziseste je erreichte solare Kalender sein: Seine Durchsetzung war keineswegs gesichert. Schon fast ein Jahrhundert lang war die Christenheit Westeuropas konfessionell gespalten. Die Trennung zwischen Katholiken und Protestanten war zwar nicht ausschließlich, aber doch zu einem guten Teil am Amt des Papstes festgemacht worden – warum sollte sich ein protestantischer Herrscher vom katholischen Papst einen so massiven Eingriff in den Kalender diktieren lassen?

Während also der gregorianische Kalender **Freitag, den 15. Oktober 1582,** zählte, blieben die Protestanten beim julianischen Kalender und zählten **Freitag, den 5. Oktober 1582** – was sonst hätte auf Donnerstag, den 4. Oktober 1582, folgen sollen?

Das christliche Osteuropa war weder katholisch noch evangelisch, sondern orthodox, und auch hier galt: Die Autorität des Papstes war kein Orientierungspunkt, und seine politische Macht reichte nicht so weit in den Osten, als dass man sich nach ihm hätte richten müssen: Auch die Orthodoxie blieb beim julianischen Kalender.

Übrigens folgten auch die katholischen Herrscher Westeuropas keinesfalls alle sofort der gregorianischen Kalenderreform – manche aus praktischen Erwägungen, manche eher, um es auf eine Machtprobe mit dem Papst ankommen zu lassen. Gregor XIII. sah sich mit vielfacher Weigerung konfrontiert, seine Kalenderreform zu übernehmen.

Alle älteren Vorausberechnungen der Osterdaten waren jetzt hinfällig, alle entwickelten Schemata mussten angepasst werden. Es war nicht leicht zu vermitteln, warum auf päpstliche Weisung alle Festdaten neu zu berechnen und neu zu kommunizieren sein sollten.

Parallele Verwendung von zwei Kalendern

Die parallele Verwendung zweier Kalender musste zu erheblichen Problemen führen: Wer einen Brief datiert, einem Handelspartner eine Rech-

nung ausstellt oder den Untertanen eine Frist für die Steuerzahlung setzt, muss jetzt hinzufügen, nach welchem Kalender gerechnet werden soll.
Auch in der historischen Forschung kann die Datierung von Dokumenten aus jener Zeit schwierig sein: Ist „13. März 1591" eine julianische Angabe? Dann war es nach gregorianischem Kalender bereits der 23. März. Oder ist es eine gregorianische Angabe? Dann zählt der julianische Kalender erst den 3. März. Dafür kann man auch schreiben:

$$13.\ \text{März } 1591^{jul} = 23.\ \text{März } 1591^{greg}$$
$$3.\ \text{März } 1591^{jul} = 13.\ \text{März } 1591^{greg}$$

Welche Auswirkungen hatte das Verwenden paralleler Kalender für die Festdatierung? Hier ein Beispiel wenige Wochen nach der Reform:
Nach neuem, gregorianischem Kalender war Samstag, 25. Dezember 1582, also das Weihnachtsfest (siehe Kapitel 22). Wer den alten julianischen Kalender verwendete, hatte aber erst Samstag, 15. Dezember 1582, war also noch mitten im Advent.

$$\text{Samstag, 15. Dezember } 1582^{jul} = \text{Samstag, 25. Dezember } 1582^{greg}$$

Zehn Tage später feierte der julianische Kalender Weihnachten, der gregorianische Kalender hatte dieses Fest aber schon lange hinter sich und zählte den 4. Januar 1583.

$$\text{Dienstag, 25. Dezember } 1582^{jul} = \text{Dienstag, 4. Januar } 1583^{greg}$$

Folgen für das Osterdatum
Noch gravierender waren die Folgen für die Osterberechnung. Nehmen wir als Beispiel das Jahr 1591:
Nach neuem, gregorianischem Kalender fiel der erste Frühlingsvollmond auf Dienstag, 9. April^{greg}. Der darauf folgende Sonntag war der 14. April^{greg}. Ostersonntag war also an jenem Sonntag, 14. April^{greg}.
Nach altem, julianischem Kalender ist der erste Frühlingsvollmond natürlich am selben Tag, aber der Kalender zählt diesen Tag nicht als 9. April, sondern als 30. März^{jul}. Der darauf folgende Sonntag war demnach der 4. April^{jul}.

$$\text{Ostersonntag, 4. April } 1591^{jul} = \text{Ostersonntag, 14. April } 1591^{greg}$$

Obwohl also beide Kalender die Tage unterschiedlich zählen, feiern sie doch am selben Tag das Osterfest.

Vier Jahre später stellt sich der Zusammenhang jedoch anders dar: Nach gregorianischem Kalender fällt der erste Frühlingsvollmond auf Samstag, den 25. März 1595^{greg}. Der darauf folgende Sonntag ist gleich der folgende Tag: Sonntag, 26. März 1595^{greg} ist also Ostersonntag.

Nach julianischem Kalender fällt derselbe Vollmond auf den 15. März 1595^{jul} – das aber ist noch gar kein Frühling, denn der beginnt ja laut Definition erst am 21. März. Der julianische Kalender muss somit auf den nächsten Vollmond warten. Dieser ergab sich am Montag, 14. April 1595^{jul}. Der darauf folgende Ostersonntag war demnach Sonntag, 20. April 1595^{jul}, was nach gregorianischem Kalender als 30. April 1595^{greg} gezählt wird.

Kurzum: **Die Verwendung zweier Kalender führt dazu, dass der Ostersonntag entweder am selben Tag gefeiert wird** (wenn auch die Kalender diesen Tag unterschiedlich nennen, ist es doch derselbe Tag) **oder die Ostersonntage vier Wochen auseinanderliegen** (weil der julianische Kalender den nächsten Vollmond abwarten muss).

Da der julianische Kalender auch noch das Pessach-Kriterium anwendet, das der gregorianische abgeschafft hat, muss er gelegentlich den Ostersonntag eine Woche später ansetzen.

Somit ergeben sich **vier mögliche Fälle**:

1. Ostern wird **gleichzeitig** gefeiert.
2. Der julianische Kalender feiert Ostern **eine Woche später** als der gregorianische (wegen des Pessach-Kriteriums).
3. Ostern liegt **vier Wochen auseinander** (weil der julianische Kalender den nächsten Vollmond abwarten muss).
4. Ostern liegt **fünf Wochen auseinander** (nächster Vollmond und Pessach-Kriterium zugleich).

Was für Ostern gilt, gilt selbstverständlich auch für alle Feste, deren Termin vom Osterdatum abhängt, also Palmsonntag (siehe Kapitel 18), Pfingsten (Kapitel 20) usw.

Für alle Anlässe, die auf feste Kalendertage datiert sind (z. B. der bürgerliche Jahresbeginn am 1. Januar oder das Weihnachtsfest am 25. Dezember), gilt, dass diese Tage in beiden Kalendern zu unterschiedlichen Zeitpunkten stattfinden.

Dem Mathematiker Carl Friedrich Gauß (1777–1850) gelang übrigens die epochale Leistung, die Berechnung des gregorianischen Osterdatums in eine einigermaßen handliche Formel zu fassen. Diese „Gauß-Formel" zeigt Seite 45.

„Gauß-Formel" zur Berechnung des gregorianischen Osterdatums

Vorgegeben sind m und n:

Jahr	m	n
1583–1699	22	2
1700–1799	23	3
1800–1899	23	4
1900–2099	24	5
2100–2199	24	6
2200–2299	25	0
2300–2399	26	1

j sei die Jahreszahl, deren Osterdatum bestimmt werden soll.

j geteilt durch 19, Rest a
j geteilt durch 4, Rest b
j geteilt durch 7, Rest c
$(19a + m)$ geteilt durch 30, Rest d
$(2b + 4c + 6d + n)$ geteilt durch 7, Rest e

Ostersonntag ist der **22+d+e. März** oder der **d+e–9. April**.

Ist das Ergebnis der 26. April, so wird stattdessen der **19. April** genommen.

Ist das Ergebnis der 25. April und dabei d=28 und a>10, so wird stattdessen der **18. April** genommen.

Kapitel 6
Gregorianischer Kalender:
Historische und ökumenische Probleme

Auseinanderentwicklung der Kalender

Mittlerweile befinden wir uns im 21. Jahrhundert. In den Jahren 1700, 1800 und 1900 haben julianischer und gregorianischer Kalender unterschiedliche Schaltregeln angewendet, daher ist aus den ursprünglich 10 Tagen Unterschied mittlerweile ein **Unterschied von 13 Tagen** geworden. Das julianische Weihnachtsdatum 25. Dezember^{jul} fällt nunmehr auf den 7. Januar^{greg}. Der julianische Neujahrstag 1. Januar^{jul} fällt auf den 14. Januar^{greg} usw. Dabei wird es zu den Lebzeiten der meisten Leserinnen und Leser dieses Buches bleiben. Die nächste Verschiebung ereignet sich im Februar 2100: Der julianische Kalender wird den 29. Februar einfügen, der gregorianische Kalender wird dies nicht tun – somit ergibt sich dann für das folgende Jahrhundert ein Unterschied von 14 Tagen zwischen beiden Kalendern.

Für die Berechnung des Osterdatums gilt alles nach wie vor so, wie es im vorigen Kapitel beschrieben wurde: Ostern wird entweder gleichzeitig gefeiert oder im Abstand von einer Woche oder im Abstand von vier Wochen oder im Abstand von fünf Wochen.

Wenn man noch viele Jahrhunderte verstreichen lässt, wird der Abstand immer größer werden. Eines Tages wird der julianische Kalender nicht nur einen, sondern gleich zwei Vollmonde abwarten müssen, ehe er das Osterfest ausrufen darf. Und noch viele Jahrhunderte später wird der julianische Kalender sein Osterfest im Herbst feiern, weil sich kalendarische Vorgaben und astronomische Gegebenheiten immer weiter voneinander entfernen. Ostern wird dann kein Frühlingsfest mehr sein, der julianische Kalender wird dies aber weiter behaupten.

Es scheint also alles dafür zu sprechen, den gregorianischen Kalender zu übernehmen und den julianischen Kalender aufgrund seiner Ungenauigkeit abzuschaffen. Dennoch ist dies in der Geschichte nicht überall geschehen – und das soll jetzt ein wenig nachverfolgt werden.

Gregorianischer Kalender in Westeuropa

Die katholischen Fürsten Westeuropas brauchten einige Zeit, sich an die päpstliche Reform zu gewöhnen, doch innerhalb einiger Jahrzehnte hatten sie alle den gregorianischen Kalender für ihre Gebiete übernommen. Die evangelischen Gebiete schlossen sich der Kalenderreform ebenfalls nach und nach an, in Deutschland überwiegend im Februar 1700. Kurz danach folgte Schweden. Hier verfolgte man zunächst den Plan, den Kalender nur Schritt für Schritt, also über mehrere Jahrzehnte verteilt, anzupassen. Diese Maßnahme stiftete aber nur noch mehr Verwirrung in Handel und Diplomatie und wurde daher nach einigen Jahren zugunsten einer schlagartigen Umstellung auf den gregorianischen Kalender aufgegeben. Mitte des 18. Jahrhunderts schloss sich auch das anglikanische England an. Unter allen evangelischen Gebieten Westeuropas hielt der heutige Schweizer Kanton Graubünden am längsten am julianischen Kalender fest: Erst 1867 übernahmen dort die letzten Ortschaften den gregorianischen Kalender.

Diese Anpassung vereinfachte das Zusammenleben und das eindeutige Datieren von Fristen und Dokumenten. Nicht nur das Osterfest, sondern auch die Feste mit festen Kalenderdaten wie Weihnachten konnten jetzt von allen westeuropäischen Christen am gleichen Tag gefeiert werden.

Französischer Revolutionskalender

Einen heute als Kuriosum erscheinenden rabiaten Versuch, den gregorianischen Kalender mit seiner biblisch begründeten Sieben-Tage-Woche, seinen römischen Monatsnamen und den merkwürdigen Monatslängen zwischen 28 und 31 Tagen durch eine „vernünftigere" Alternative zu ersetzen, unternahm die Französische Revolution: Es wurden 12 Monate zu je 30 Tagen eingerichtet, wobei jeder Monat in 3 Dekaden à 10 Tage unterteilt wurde. Hinzu kamen fünf – in Schaltjahren sechs – wochenfreie Zusatztage, die bestimmten Festen gewidmet sein sollten. Die Jahre wurden nicht ab der Geburt Christi, sondern ab dem Beginn der Revolution gezählt. Auf diese Weise konnten der arbeitsfreie Sonntag (stattdessen sollte nur noch jeder zehnte Tag arbeitsfrei sein) und jede christliche Spur aus dem Kalender entfernt werden. Diesem 1792 eingeführten Revolutionskalender – der auf Seite 48 im Detail zu sehen ist – war aber kein langes Leben beschieden: Schon 1805 wurde er wieder abgeschafft, Frankreich kehrte zum gregorianischen Kalender zurück.

Französischer Revolutionskalender

– galt vom 22. September 1792 bis 31. Dezember 1805 –

Jeder Monat besteht aus 3 Dekaden à 10 Tage. Am Ende werden fünf – in Schaltjahren sechs – Tage angefügt.

Name	Ungefähre sprachliche Bedeutung	Beginn nach gregorianischem Kalender
Herbstmonate		
Vendémiaire	„Weinlese"	22. Sept.
Brumaire	„Nebel"	22. Okt.
Frimaire	„Frost"	21. Nov.
Wintermonate		
Nivôse	„Schnee"	21. Dez.
Pluviôse	„Regen"	20. Jan.
Ventôse	„Wind"	19. Febr.
Frühlingsmonate		
Germinal	„Spross"	21. März
Floréal	„Blume"	20. April
Prairial	„Wiese"	20. Mai
Sommermonate		
Messidor	„Ernte"	19. Juni
Thermidor	„Wärme"	19. Juli
Fructidor	„Frucht"	18. Aug.
Angefügte Schalttage		
Jour de la Vertu	Tag der Tugend	
Jour de Génie	Tag des Geistes	
Jour du Travail	Tag der Arbeit	
Jour de l'Opinion	Tag der Meinung	
Jour des Récompenses	Tag der Belohnung	
Nur in den Schaltjahren 1795, 1799 und 1803: Jour de la Révolution	Tag der Revolution	

Die Entwicklung in Osteuropa

Das orthodoxe Christentum in Osteuropa und die von ihm geprägten Staaten blieben bis ins frühe 20. Jahrhundert dem julianischen Kalender treu. Für den internationalen Handel mussten daher zwar mühsame Umrechnungen berücksichtigt werden, aber im kulturell weitgehend homogenen orthodoxen Osteuropa betraf das nur wenige Menschen direkt. Außerdem war der Papst als westkirchlicher Amtsträger keine akzeptable Autorität, schon gar nicht, wenn er einseitig, ohne Rücksprache mit anderen Kirchen, ehemals gemeinsam getragene Regelungen änderte.

Beispiel Russland

Die russische Revolution 1917 brachte dann eine dramatische Änderung: Nachdem schon kurz zuvor Bulgarien und das Osmanische Reich den gregorianischen Kalender übernommen hatten, folgte 1918 auch Russland unter der kommunistischen Führung Lenins. Diese Maßnahme sollte den für die Industrialisierung Russlands dringend nötigen Handel mit dem Westen erleichtern. Als Nebeneffekt fand fortan das jährliche Gedenken der „Oktoberrevolution" im November statt, denn der 25. Oktober 1917[jul], nach dem die Oktoberrevolution benannt wurde, war der 7. November 1917[greg] und wurde somit in den folgenden Jahrzehnten an jenem Novembertag gefeiert.

Der orthodoxen Kirche Russlands stellte sich die Frage, ob auch sie den gregorianischen Kalender übernehmen oder dem julianischen treu bleiben sollte. Die Entscheidung fiel für die Beibehaltung des julianischen Kalenders. Man darf dabei nicht vergessen, dass in der Wahrnehmung orthodoxer Russen der gregorianische Kalender gleich doppelt ideologisch belastet war: Er war der „päpstliche Kalender" – und der Anspruch des römischen Bischofs auf weltkirchliche Autorität war aus orthodoxer Sicht strikt abzulehnen. Zugleich war er aber nun auch zum „kommunistischen Kalender" geworden – noch ein weiterer Grund, warum die Übernahme des gregorianischen Kalenders einem Gesichtsverlust, wenn nicht sogar einer Selbstaufgabe der russischen Orthodoxie gleichgekommen wäre. Dass man sich der Schwächen des julianischen Kalenders bewusst war und in den vorangegangenen Jahrzehnten selbst über eine Kalenderreform nachgedacht hatte, trat dabei in den Hintergrund.

Allerdings bedeutete dies, dass „kirchliches" (julianisches) und „staatliches" (gregorianisches) Datum nicht mehr übereinstimmten, und so ist es in Russland bis heute. Wenn auf der Zeitung „25. Dezember" steht, ist für die Kirche erst 12. Dezember – und somit noch nicht Weihnachten. Wenn aber auf der Zeitung „7. Januar" steht, zählt die Kirche den 25. Dezember – und feiert Weihnachten. In kirchlichen Kalendern Russlands sind daher die Daten oft in zwei Spalten abgedruckt: Eine Spalte gibt das staatliche (gregorianische) Datum an, die andere Spalte das kirchliche (julianische) – und nur das kirchliche Datum ist zur Bestimmung christlicher Festtage von Bedeutung.

1929 unternahm Stalin als neuer Herrscher der Sowjetunion den Versuch der Zerschlagung der Sieben-Tage-Woche. Dabei blieben zwar Jahres- und Monatslängen gleich, aber die Woche wurde in fünf Tage unterteilt. An jedem der fünf Tage sollte ein Fünftel der Belegschaft der Industriebetriebe arbeitsfrei gestellt sein. Für die Arbeiter bedeutete dies zunächst eine Erleichterung (nicht mehr jeder siebte, sondern jeder fünfte Tag arbeitsfrei), für die Betriebe eine optimale Auslastung der Maschinen (kein Tag mit Stillstand der Produktion), aber es folgte daraus auch, dass nie mehr die ganze Belegschaft eines Betriebs gleichzeitig anwesend sein würde. Eigentliches Motiv für diesen „sowjetischen Kalender" war aber offenkundig der Versuch der Abschaffung des Sonntags als christlicher Ruhe- und Gottesdiensttag. 1931 versuchte man es dann mit einer Sechs-Tage-Woche, wobei nun jeder sechste Tag für alle arbeitsfrei sein sollte – auch dies natürlich gegen den Rhythmus kirchlicher Gottesdienst- und Festtagskultur. Erst 1940 wurde der Kalender mit der Sieben-Tage-Woche und der allgemeinen Arbeitsruhe am Sonntag wieder eingeführt. Derartige Reformmaßnahmen dürften seitens der russisch-orthodoxen Christen den Willen, am julianischen Kalender als ihrem eigentlichen religiösen Kalender festzuhalten, insgesamt noch weiter verstärkt haben. Für die russisch-orthodoxe Kirche sind heute die entscheidenden Argumente gegen den gregorianischen Kalender dessen einseitige Einführung durch den Papst in Abweichung von einer einst ökumenisch getragenen Norm sowie die damit verbundene Neuordnung des Osterdatums. Die Übernahme des gregorianischen Kalenders als kirchlicher Kalender ist daher keine ernsthafte Option, auch wenn der russische Staat seit nunmehr fast 100 Jahren den gregorianischen Kalender verwendet.

Andere Ostkirchen

Was am Beispiel Russlands gezeigt wurde, ließe sich nun auch an den anderen orthodoxen Kirchen und den durch sie geprägten Ländern aufzeigen. Während die Staaten alle nach und nach auf den gregorianischen

Kalender umgestellt haben, lassen sich bei den Kirchen unterschiedliche Wege finden. Die zahlenmäßig größten Ostkirchen sind überwiegend beim julianischen Kalender geblieben.

Es gibt aber neben dem julianischen und dem gregorianischen Kalender noch eine Alternative, die im folgenden Kapitel 7 dargestellt werden soll.

Sprachgebrauch und Missverständnisse

In der alltäglichen Kommunikation und Arbeitswelt ist auch in Russland längst der gregorianische Kalender der maßgebliche. Fragt man einen russisch-orthodoxen Christen, wann er Weihnachten feiert, wird er vermutlich einfach sagen „am 7. Januar". Nur die Gebildeteren sind sich überhaupt dessen bewusst, dass der 7. Januar^{greg} zugleich der 25. Dezember^{jul} ist, dass also auch das russische Weihnachtsfest am 25. Dezember stattfindet, aber dieser „kirchliche" 25. Dezember nicht auf den Tag fällt, der in der Öffentlichkeit allgemein als 25. Dezember gezählt wird. Viele orthodoxe Gemeinden sind dazu übergegangen, in ihren Gottesdienstkalendern nur noch das gregorianische (staatliche) Datum aufzulisten und die Gemeinden nicht unnötig mit dem Nebeneinander von zwei Tageszählungen zu verwirren.

Solche Gewohnheiten erleichtern die Kommunikation untereinander, sie verstärken allerdings auch den Eindruck, die Orthodoxen feierten „andere Feste" als Katholiken und Protestanten. Innerhalb der Orthodoxie wird es außerdem ab dem Jahr 2100 zu Irritationen kommen: Man wird den Gläubigen vermitteln müssen, dass Weihnachten ab dem Jahr 2101 nicht mehr am 7. Januar, sondern am 8. Januar gefeiert wird – dass das aber eigentlich immer noch derselbe 25. Dezember ist, der es schon immer war ...

Kapitel 7
Meletianischer Kalender

Patriarch Meletios IV.

1921 bis 1923, das war die kurze Amtszeit einer schillernden Persönlichkeit als Oberhaupt des Ökumenischen Patriarchats von Konstantinopel, wie die orthodoxe Kirche dort offiziell heißt. Ihr Sitz ist Istanbul (das frühere Konstantinopel), aufgrund der Geschichte der letzten Jahrhunderte ist sie zahlenmäßig nur noch sehr klein. In der Türkei leben nur wenige tausend Angehörige des Ökumenischen Patriarchats, die offizielle Mitgliederzahl von ca. 4 Millionen weltweit wird nur erreicht, weil orthodoxe Gläubige in aller Welt, sofern sie dort nicht nach ihren jeweiligen Heimatländern organisiert sind, dem Ökumenischen Patriarchat zugerechnet werden. Außerdem gehören die griechischen Mittelmeerinseln (wie Kreta mit einer halben Million Einwohner) kirchlich zu Konstantinopel. Der größte Teil des griechischen Festlandes ist seit der Mitte des 19. Jahrhunderts in der eigenständigen („autokephalen") „Orthodoxen Kirche von Hellas" organisiert, die wiederum personell eng mit dem Ökumenischen Patriarchat verflochten ist. Insofern ist die Bezeichnung „griechisch-orthodox" oft missverständlich, denn sie kann sich auf das Ökumenische Patriarchat von Konstantinopel, die Kirche von Hellas, auf beide zugleich oder – dann aber sehr ungenau verwendet – auf alle orthodoxen Christen beziehen, also auch auf Russen, Serben, Bulgaren usw.

Aufgrund der historischen Bedeutung als alter östlicher Hauptstadt des Römischen Reiches genießt Konstantinopel innerhalb der Orthodoxie protokollarischen Vorrang und hat zwar keine juristische, aber doch eine gewisse geistliche Autorität gegenüber den anderen orthodoxen Kirchen. 1921 also wurde der damals 50-jährige Meletios Metaxakis Ökumenischer Patriarch, zuvor hatte er bereits die Kirche von Hellas zwei Jahre lang geführt. Patriarch Meletios IV. war in vieler Hinsicht an Zusammenarbeit mit dem Westen interessiert (sein besonderes Augenmerk galt einer möglichen Einheit der Orthodoxie mit dem anglikanischen Christentum [siehe Kapitel 37]), doch er war – ebenso wie zuvor in Griechenland – wenig beliebt und so umstritten, dass er schon 1923 abgesetzt wurde. 1926 erlangte er dann noch das Amt des Patriarchen von Antiochien, das er als Meletios II. weitere neun Jahre innehatte, ehe er starb.

Meletianischer Kalender

Meletios' Kalenderinitiative war das wohl wirkmächtigste Projekt seiner kurzen Amtszeit. Der griechische Staat hatte den gregorianischen Kalender zu diesem Zeitpunkt noch nicht übernommen, sehr wohl aber der osmanisch-türkische, in dem Konstantinopel/Istanbul lag. Meletios wollte einerseits die Präzision des gregorianischen Kalenders würdigen, andererseits die altkirchliche Bestimmung des Osterdatums respektieren. Das Ergebnis dieses durch Meletios durchgesetzten Mittelwegs ist der nach ihm benannte **meletianische Kalender**, der manchmal auch **neo-julianisch** oder **neo-orthodox** genannt wird.

Der meletianische Kalender ist recht einfach beschrieben: Er ist auf den ersten Blick identisch mit dem gregorianischen Kalender, aber das Osterdatum ist weiterhin so zu berechnen, als sei der julianische Kalender noch in Kraft. Mit diesem Kalender können sich die Kirchen einerseits der Präzision des gregorianischen Kalenders anschließen und brauchen in ihren Kirchenkalendern keine zwei Spalten mehr zu führen, andererseits bleibt der Respekt vor dem Konzilsbeschluss des 4. Jahrhunderts bestehen und mit ihm die Weigerung, eine vom Papst ohne Rücksprache mit den anderen Christen eigenmächtig verfügte Neuberechnung des Osterfestes zu übernehmen.

Die Regel zur Bestimmung der Schaltjahre unterscheidet sich allerdings zwischen meletianischem und gregorianischem Kalender, und zwar wenn es um die vollen Jahrhunderte geht. Im meletianischen Kalender gilt:

Ist ein Jahr durch 100 ohne Rest teilbar, ist es kein Schaltjahr, außer wenn bei der Teilung von 900 ein Rest von 200 oder 600 bleibt.

Spielen wir diesen Fall für die Jahre 2000 bis 3000 durch:

$$2000 : 900 = 2, \text{Rest } 200: \text{Schaltjahr}$$
$$2100 : 900 = 2, \text{Rest } 300: \text{kein Schaltjahr}$$
$$2200 : 900 = 2, \text{Rest } 400: \text{kein Schaltjahr}$$
$$2300 : 900 = 2, \text{Rest } 500: \text{kein Schaltjahr}$$
$$2400 : 900 = 2, \text{Rest } 600: \text{Schaltjahr}$$
$$2500 : 900 = 2, \text{Rest } 700: \text{kein Schaltjahr}$$

2600 : 900 = 2, Rest 800: kein Schaltjahr
2700 : 900 = 3, Rest 0: kein Schaltjahr
2800 : 900 = 3, Rest 100: kein Schaltjahr
2900 : 900 = 3, Rest 200: Schaltjahr

Meletianischer und gregorianischer Kalender sind also ihrer Definition nach nicht identisch. Allerdings wird es eine Abweichung zwischen meletianischem und gregorianischem Kalender erst lange nach Lebzeiten des Autors und der Leserinnen und Leser dieses Buches geben, nämlich im Jahr 2800 – und schon 100 Jahre später werden beide Kalender wieder miteinander übereinstimmen. Der Unterschied besteht also vor allem in der unterschiedlichen Berechnung des Osterdatums, nicht in der Tageszählung.

Als Grundregel kann festgehalten werden:

Weihnachten und alle anderen Festtage, die auf genaue Kalenderdaten festgelegt sind, feiern die Kirchen des meletianischen Kalenders gemeinsam mit den Kirchen des gregorianischen Kalenders.

Ostern und alle vom Ostertermin abhängigen Feste feiern die Kirchen des meletianischen Kalenders gemeinsam mit den Kirchen des julianischen Kalenders.

Rezeption des meletianischen Kalenders

Meletios' Hoffnung, alle orthodoxen Kirchen würden vom julianischen auf den meletianischen Kalender umstellen, erfüllte sich nicht. Im Gegenteil, die Einführung des meletianischen Kalenders verursachte in Griechenland eine veritable Kirchenspaltung, aus der die bis heute bestehenden „Altkalendarier" hervorgingen, die streng beim julianischen Kalender geblieben sind und dies als Identitätsmerkmal einer authentischen Orthodoxie ansehen.

Insgesamt lässt sich folgende Entwicklung skizzieren:

Einige – vor allem protokollarisch hochrangige – orthodoxe Kirchen (wie das Ökumenische Patriarchat von Konstantinopel und die mit ihm eng verbundene Kirche von Hellas, das Patriarchat von Alexandrien und das Patriarchat von Antiochien) verwenden heute den meletianischen Kalender.

Andere orthodoxe Kirchen – sie bilden zahlenmäßig die deutliche Mehrheit der orthodoxen Christen – sind beim julianischen Kalender verblieben, so zum Beispiel die russisch- und die serbisch-orthodoxe Kirche.

Nur eine einzige orthodoxe Kirche hat sich komplett für den gregorianischen Kalender entschieden und feiert somit ihr Ostern nur selten zeitgleich mit den anderen Orthodoxen, nämlich die – zahlenmäßig sehr kleine, aber aufgrund ihrer staatlichen Stellung recht interessante – orthodoxe Kirche Finnlands.

Ähnliche Kalendervielfalt findet sich bei den katholischen Ostkirchen, also jenen aus östlichen Traditionen hervorgegangenen Kirchen, die in voller Gemeinschaft mit der römisch-katholischen Kirche und dem römischen Papst stehen, aber unter diesem „katholischen Dach" ein eigenes Gesetzbuch haben und in ihrer Liturgie, ihren Festen, ihrer Frömmigkeit usw. nicht römisch, sondern östlich geprägt und für den unbedarften Betrachter kaum von Orthodoxen zu unterscheiden sind. Auch hier gibt es ein Nebeneinander von julianischem, gregorianischem und meletianischem Kalender. Aus diesem Grund sind in all jenen Jahren, in denen gregorianischer und julianisch-meletianischer Ostertermin unterschiedlich sind, zweimal Osterbotschaften des Papstes zu hören, die an Katholiken gerichtet sind: einmal an die Katholiken des gregorianischen Kalenders, einmal an die des julianischen und meletianischen.

Seite 56 gibt einen Überblick über die Verwendung der Kalender in den orthodoxen Kirchen sowie in den ihnen verwandten katholischen Ostkirchen. Die übrigen christlichen Kirchen folgen dann im Teil IV dieses Buch (ab Kapitel 31), wo sie jeweils näher beschrieben werden. Dort finden sich auch weitere katholische Ostkirchen, nämlich jene, die nicht aus orthodoxer, sondern aus orientalischer Tradition hervorgegangen sind.

Sonderfälle

Der meletianische Kalender ist vor Kurzem verstärkt ins katholische Bewusstsein geraten: Die römisch-katholische Kirche im Heiligen Land hat mit ausdrücklicher Zustimmung des Papstes entschieden, ab 2013 nicht mehr das gregorianische, sondern das julianische Osterdatum zu verwenden – de facto bedeutet das die Übernahme des meletianischen Kalenders. Dies geschieht vor allem mit Rücksicht auf die vielen katholisch-orthodoxen Ehen und Familien, die es dort gibt und denen man ermöglichen will, das christliche Hauptfest Ostern gemeinsam zu feiern. Dieses Entgegenkommen verlangt von katholischen Pilgergruppen eine gewisse geistige Flexibilität: Wer ein paar Tage nach Ostern aufbricht, um die heiligen Stätten in Israel zu besuchen, findet sich dort womöglich

Verwendung der Kalender

Übersicht über die wichtigsten orthodoxen Kirchen und die mit ihnen verwandten katholischen Ostkirchen (zu allen anderen Kirchen siehe Kapitel 6, 9, 34–40)

Orthodoxe Kirchen

Kurzbezeichnung	Ungefähre Zahl der Mitglieder	Kalender
Konstantinopel	4 Millionen	meletianisch
Alexandrien	250 000	meletianisch
Antiochien	750 000	meletianisch
Jerusalem	150 000	julianisch
Russland	150 Millionen	julianisch
Serbien	8 Millionen	julianisch
Rumänien	20 Millionen	meletianisch
Bulgarien	7 Millionen	meletianisch
Georgien	4 Millionen	julianisch
Zypern	600 000	meletianisch
Griechenland	10 Millionen	meletianisch
Polen	500 000	meletianisch
Albanien	250 000	meletianisch
Tschechien / Slowakei	70 000	meletianisch
Finnland	50 000	gregorianisch

Katholische Ostkirchen

Kurzbezeichnung	Ungefähre Zahl der Mitglieder	Kalender
Melkitische Kirche	1,3 Millionen	gregorianisch, in Syrien meletianisch
Ukrainisch-katholische Kirche	5 Millionen	julianisch
Ruthenisch-katholische Kirche	600 000	gregorianisch
Rumänisch-katholische Kirche	750 000	meletianisch
Slowakisch-katholische Kirche	200 000	gregorianisch
Ungarisch-katholische Kirche	250 000	gregorianisch
Italo-Albanische Kirche	50 000	gregorianisch

in der Fastenzeit wieder (siehe Kapitel 18) oder kann Ostern gleich noch ein zweites Mal feiern.

Leider kann die römisch-katholische Kirche im Heiligen Land diese Entscheidung nicht vollständig umsetzen. Aufgrund geltender Verträge muss sie in der Grabeskirche (Auferstehungskirche) in Jerusalem und in der Geburtskirche in Bethlehem weiterhin den gregorianischen Kalender verwenden – eine rituelle Schizophrenie, die in absehbarer Zeit nicht abgestellt werden dürfte.

Eine ähnliche Entscheidung hatte schon 10 Jahre zuvor die melkitische Kirche getroffen, eine katholische Ostkirche, die besonders in Syrien und dem Libanon besteht (siehe Kapitel 39).

Umgekehrt lässt sich bei Gemeinden katholischer Ostkirchen in der westlichen Welt – etwa ukrainisch-katholische Gemeinden in Deutschland, Österreich und der Schweiz – gelegentlich das Umgekehrte beobachten: Mit Rücksicht auf die gregorianische Umwelt stellen sich diese Gemeinden auf den gregorianischen Kalender um, oder – vielleicht die fragwürdigste Lösung – ein und dieselbe Gemeinde feiert die Feste doppelt: einmal für die im Westen aufgewachsenen, an den gregorianischen Kalender gewöhnten Gläubigen, einmal für die später zugezogenen und im julianischen Kalender großgewordenen.

Das Aufkommen des meletianischen Kalenders mag man zwiespältig sehen: Er hat das christliche Kalendergewirr nicht lösen können, sondern noch gesteigert, aber er bildet eine ernstzunehmende Kompromissvariante zwischen der astronomischen Präzision des gregorianischen und der historischen und ökumenischen Würde des julianischen Kalenders.

Kapitel 8
Neuere Optionen für Kalenderreformen

Reformideen im 20. Jahrhundert

Den Kirchen auf der ganzen Welt ist die fehlende Kalendereinheit ein Dorn im Auge. Zwar verlangt niemand, dass jede christliche Kirche exakt dieselben Feste feiern müsste, aber zumindest im Zentrum des Glaubens, dem Osterfest, sollte man doch gegenüber der Welt ein gemeinsames Zeugnis geben können.

Auch im politischen Bereich lassen sich Bemühungen um einheitliche Kalenderpraxis finden. Auf der Ebene des Völkerbundes (1920–1946) und seiner Nachfolgeorganisation, den Vereinten Nationen (UNO, seit 1945), gab es verschiedene Versuche, für die gesamte politische Welt einen einheitlichen Kalender zu finden. Für Wirtschaft und Verwaltung wäre es äußerst hilfreich, wenn religiöse Feste immer an denselben Tagen stattfänden. Außerdem wäre es eine erhebliche Vereinfachung, wenn jeder Kalendertag jedes Jahr auf denselben Wochentag fiele. Der Verwaltungsaufwand bei der Berechnung von Fristen oder Zinsen sowie betriebs- und volkswirtschaftliche Effekte sind ja nicht unerheblich, wenn die Monatslängen zwischen 28 und 31 Tagen schwanken, wenn der Monatserste mal ein Montag, mal ein Mittwoch, mal ein Sonntag ist und wenn die christlichen Länder ihr (zum Teil arbeitsfreies) Osterfest mal im März, mal im April, mal (julianischer Kalender!) erst im Mai abhalten oder wenn Weihnachten mal mitten in der Woche das Wirtschaftsleben in aller Welt lahmlegt, mal am ohnehin arbeitsfreien Sonntag fast unauffällig abtaucht.

Selbst an kirchlichen Schulen in Deutschland empfand man es um 1920 als problematisch, dass aufgrund des unterschiedlichen Ostertermins die Schuljahre mal länger, mal kürzer waren – damals begann das Schuljahr nämlich zu Ostern.

Eine einfache Lösung für den Ostertermin

Noch dazu versuchte die historische Forschung, das wahre Todes- (und damit nach christlichem Bekenntnis auch das Auferstehungs-)Datum

Jesu zu ermitteln: Sollte hier Sicherheit hergestellt sein, dann könnte man auf dieser Grundlage einen neuen, stabileren Ostertermin festlegen. Erhebliche Fürsprache bekam etwa der Vorschlag, aufgrund des nach einer auch heute noch verbreiteten Theorie anzunehmenden Todestages Jesu am 7. April 30 immer den zweiten Sonntag im April zum Ostersonntag zu machen. Mit einem so fixierten Osterdatum wären auch Weltwirtschaft und Tourismus gewiss zufriedengestellt. Jüngste Andeutungen von Papst Franziskus (Amtszeit seit 2013) lassen darauf schließen, dass auch er sich eine solche Lösung vorstellen könnte – wenn sie denn von allen christlichen Kirchen mitgetragen würde.

Reform des Jahres mit wochenfreien Tagen

Manche Vorschläge gingen noch darüber hinaus: Wenn das Jahr statt 365 bzw. 366 nur 364 Tage hätte, dann könnte man es ohne Rest in 52 Wochen à 7 Tage teilen – und dann wäre jeder Kalendertag immer am selben Wochentag. Man könnte den 365., in Schaltjahren auch den 366. Tag als „weiße Tage", die keiner Woche zugehören, hinzufügen und sie zum Beispiel als weltweites „Neujahrs-" oder als ein- bis zweitägiges „Jahresabschlussfest" schmackhaft machen. Die 364 Tage wiederum könnte man gleichmäßiger als bisher auf die 12 Monate verteilen. Da man 364 Tage in vier Quartale à 91 Tage und diese dann in je drei Monate mit 31–30–30 Tagen teilen kann, ergäbe sich zum Beispiel folgendes Schema:

> Januar: 31 Tage – erster Tag ist immer Sonntag
> Februar: 30 Tage – erster Tag ist immer Mittwoch
> März: 30 Tage – erster Tag ist immer Freitag
> April: 31 Tage – erster Tag ist immer Sonntag
> Mai: 30 Tage – erster Tag ist immer Mittwoch
> Juni: 30 Tage – erster Tag ist immer Freitag
> Juli: 31 Tage – erster Tag ist immer Sonntag
> August: 30 Tage – erster Tag ist immer Mittwoch
> September: 30 Tage – erster Tag ist immer Freitag
> Oktober: 31 Tage – erster Tag ist immer Sonntag
> November: 30 Tage – erster Tag ist immer Mittwoch
> Dezember: 30 Tage – erster Tag ist immer Freitag
> + ein wochenfreier Zusatztag
> + in Schaltjahren: ein weiterer wochenfreier Zusatztag

Diese Lösung, die in der ersten Hälfte des 20. Jahrhunderts als **Welt-kalender** propagiert wurde, ist viel eleganter als das merkwürdige römische System, in dem die Monatslängen zwischen 28 und 31 Tagen schwanken. Auch aus christlicher Perspektive spricht nichts gegen eine Vereinfachung der Monatslängen. Der theologisch inakzeptable Pferdefuß besteht hingegen in den ein bis zwei wochenfreien Tagen, die jedes Jahr ergänzen sollen. Dadurch würde der Sieben-Tage-Rhythmus durchbrochen. Dies aber ist weder für Judentum noch Christentum akzeptabel. Juden wie Christen dürfen sich nicht davon abbringen lassen, von Schabbat zu Schabbat und von Sonntag zu Sonntag jeweils sieben Tage durchzuzählen, ohne von diesem Prinzip abzuweichen.

Haltung des Zweiten Vatikanischen Konzils

Die katholische Kirche hat sich auf dem II. Vatikanischen Konzil (1962–1965) in einem Anhang zur 1963 verabschiedeten Liturgiekonstitution *Sacrosanctum Concilium* auf eine Haltung festgelegt, die zwei Punkte umfasst: Erstens besteht Offenheit für eine Neuregelung der Osterberechnung, aber nur, wenn dies durch alle christlichen Kirchen gemeinsam geschieht (was derzeit höchst unwahrscheinlich ist). Außerdem besteht Offenheit für eine Neuordnung des bürgerlichen Kalenders, aber nur, wenn dadurch die ununterbrochen fortlaufende Sieben-Tage-Woche nicht außer Kraft gesetzt wird.

In den letzten Jahrzehnten hat es keine breit diskutierten Kalenderreform-Vorschläge mehr auf internationaler politischer Ebene gegeben. Die Äußerung des Konzils erscheint daher heute vielleicht überflüssig, doch zur damaligen Zeit war eine Stellungnahme der katholischen Kirche geboten.

Vorschlag des Weltkirchenrates

Auf christlicher Ebene gehen die Diskussionen über eine Neubestimmung eines einheitlichen Ostertermins weiter. Der naheliegendste Ort für solche Überlegungen ist der 1948 gegründete Weltkirchenrat (Ökumenischer Rat der Kirchen), in dem mehr als 300 selbstständige Kirchen aus aller Welt zusammenarbeiten. Die katholische Kirche ist dort kein Mitglied. In der Gründungsphase war dies in einer grundsätzlich ablehnenden Haltung gegenüber ökumenischer Zusammenarbeit begründet. Mittlerweile sind die Beziehungen sehr gut, aber die katholische Kirche verzichtet auf eine Mitgliedschaft, denn sie hat mehr Mitglieder als die

Kirchen des Weltkirchenrates zusammen. Zu den Versammlungen des Weltkirchenrates entsendet die katholische Kirche Gastdelegierte und arbeitet in vielen Kommissionen mit, so auch in derjenigen, die 1997 einen Vorschlag zur ökumenischen Neuberechnung des Osterdatums vorstellte. Dieser bei einer Konferenz im syrischen Aleppo erarbeitete Vorschlag lautet:

Es soll weiterhin Ostern am Sonntag nach dem ersten Frühlingsvollmond gefeiert werden, der Frühlingsanfang soll dabei aber nicht mehr nach alten Berechnungsformeln, sondern in neuer Weise astronomisch so exakt wie möglich ermittelt werden, wobei für die Definition von Frühjahrsäquinoktium und Vollmond die Stadt Jerusalem den Referenzpunkt bilden soll. Das Pessach-Kriterium soll entfallen.

Man kann leicht erahnen, dass bei dieser Formel fast immer dasselbe Osterdatum herauskommt wie beim gregorianischen Kalender. In einer Musterberechnung, die die Kommission für die Jahre 2001 bis 2025 präsentierte, gab es nur ein einziges Mal eine Abweichung vom gregorianischen Ostertermin und keine einzige Übereinstimmung mit dem julianischen Datum.

So ehrenwert dieser Lösungsversuch auch sein mag, er ist ohne Chance auf breite Annahme. Viele dürften von ihm überhaupt noch nie gehört haben. Die Kirchen der julianischen Kalendertradition – auch wenn mehrere ihrer Vertreter an dem Vorschlag mitgewirkt haben – dürften diese Variante nur als einen „gregorianischen Kalender durch die Hintertür" empfinden.

Die Verantwortlichen der großen christlichen Kirchen haben das Thema „einheitlicher Ostertermin" derzeit nicht (mehr) ganz oben auf ihrer Agenda, ebenso wenig eine allgemeine Kalenderreform. Hochrangige Vertreterinnen und Vertreter bedauern zwar reflexartig jedes Jahr, in dem die Osterdaten voneinander abweichen, und äußern ihre Freude in allen Jahren, in denen alle zeitgleich Ostern feiern, aber bis zu einer gemeinsam beschlossenen Osterterminierung oder gar der Erarbeitung eines neuen allgemeinen Kalenders, der auch noch die letzten Ungenauigkeiten des gregorianischen Kalenders für viele Jahrtausende beseitigt und dessen Verwendung niemanden zu historischen „Gewinnern" und andere zu „Verlierern" macht, wird es noch ein sehr langer Weg sein.

Kapitel 9
Koptischer und äthiopischer Kalender

Koptisches und äthiopisches Christentum

Christliche Kopten und Äthiopier verwenden eigene Kalender, die auf ägyptischen Kalendern des 3. vorchristlichen Jahrtausends beruhen. Koptischer und äthiopischer Kalender bewahren somit eine Berechnungstradition, die noch älter ist als der vorchristliche römische Kalender (siehe Kapitel 3).

Im überwiegend christlichen Äthiopien ist dieser Kalender durchaus gesellschaftlich relevant. Bei den Kopten hingegen fungiert er als reiner Kirchenkalender, da die Kopten in ihrem Stammland Ägypten seit vielen Jahrhunderten eine Minderheit bilden, weshalb der islamische Kalender (siehe Kapitel 10) und der gregorianische Kalender (für Politik und internationale Beziehungen) die öffentliche Wahrnehmung dominieren.

Jahr, Schaltjahr und Monate

Monatsnamen und Monatslängen unterscheiden sich vom julianischen Kalender, die Verwandtschaft ist jedoch offensichtlich. Koptischer und äthiopischer Kalender sind von geradezu verblüffender Einfachheit, wie sie nicht einmal die jüngeren julianischen und gregorianischen Kalender erreichen. Koptischer und äthiopischer Kalender laufen exakt parallel zum julianischen, mit einer Ausnahme: Die Schaltjahre finden nicht gleichzeitig statt, und auch der eingefügte Schalttag liegt nicht am selben Kalendertag; so kommt es hier zwischen den Kalendern regelmäßig zu einem Abstand von einem Tag, der erst später wieder ausgeglichen wird.

Gegenüber dem gregorianischen Kalender ergibt sich somit für koptischen und äthiopischen Kalender genau wie für den julianischen dreimal innerhalb von 400 Jahren eine dauerhafte Auseinanderentwicklung von einem Tag.

Die Verteilung der 365,25 Tage pro Jahr ergibt sich durch 12 Monate à 30 Tage, denen schließlich fünf – in Schaltjahren sechs – Tage angefügt werden; diese Zusatztage haben einen eigenen Namen und können als

13. Monat verstanden werden. Die Namen der Monate und ihre Umrechnung in den gregorianischen Kalender zeigt die Übersicht unten. Der Jahresanfang, also der 1. Tut, fällt in der Regel auf den 11. September^{greg} (= 29. August^{jul}). Jedes vierte Jahr ist Schaltjahr. Der Schalttag

Koptischer und äthiopischer Kalender

Koptischer Monatsname	Äthiopischer Monatsname	Monatslänge	Derzeitiger Beginn nach gregorianischem Kalender
Tut	Mäskäräm	30	11. Sept.
Babah	Teqemt	30	11. Okt.
Hatur	Hedar	30	10. Nov.
Kiyahk	Tahsas	30	10. Dez.
Tubah	T'er	30	9. Jan.
Amshir	Yäkatit	30	8. Febr.
Baramhat	Mägabit	30	10. März
Baramundah	Miyazya	30	9. April
Bashans	Genbot	30	9. Mai
Ba'unah	Säne	30	8. Juni
Abib	Hamle	30	8. Juli
Misra	Nähase	30	7. Aug.
Nasi	Pagumän	5 (oder 6, s. u.)	6. Sept.

In Schaltjahren erhält der letzte Monat einen zusätzlichen 6. Tag, die ersten Monate beginnen damit im gregorianischen Kalender einen Tag später, bis Ende Februar (also mitten im Monat Amshir/Yäkatit) dieser Tag wieder ausgeglichen wird.

Dreimal in 400 Jahren verschiebt sich der Kalender gegenüber dem gregorianischen Kalender insgesamt um einen Tag.

Die Schreibweise der Monate kann je nach verwendeter Umschrift erheblich abweichen.

findet eineinhalb Jahre statt, bevor julianischer und gregorianischer Kalender ihren Schalttag einfügen. Somit verschiebt sich dazwischen der Jahresanfang auf den 12. September[greg]/30. August[jul]. Auch die folgenden achtzehn Monate beginnen jeweils einen Tag später, bis schließlich im julianischen und im gregorianischen Kalender der 29. Februar eingefügt wird. Ab dort sind wieder alle Tage parallel wie in den gewöhnlichen Jahren.

Verschiebung zum gregorianischen Kalender

Im Jahr 2100 wird – wie in Kapitel 5 erläutert – der julianische Kalender einen 29. Februar einfügen, der gregorianische aber nicht. Für den koptischen und äthiopischen Kalender ist achtzehn Monate zuvor ein Schalttag einzufügen (am 11. September 2098[greg]), somit werden sich ab diesem Datum koptischer und gregorianischer Kalender einen Tag weiter auseinanderschieben und diesen Abstand dauerhaft behalten, während koptischer und julianischer Kalender weiterhin parallel laufen werden, da der julianische Kalender den Schalttag am 29. Februar 2100[jul] nachreicht.

Aufgrund der Dominanz des gregorianischen Kalenders in der Welt gibt es derzeit allerdings in der koptischen Kirche Überlegungen, dieses Schaltjahr ausfallen zu lassen. Diese Entscheidung steht natürlich noch nicht unmittelbar an, sollte aber rechtzeitig vor dem Jahr 2098/2099 getroffen werden, und das hoffentlich mit großem Konsens, ehe es wegen dieser Frage in der koptischen Kirche zu größerem Streit kommen kann.

Jahreszählung

Der Unterschied zwischen koptischem und äthiopischem Kalender besteht neben den Monatsnamen nur in der Jahreszählung: Der koptische Kalender zählt die Jahre „nach der Ära der Märtyrer" und bezieht sich damit auf das Ende der Amtszeit des römischen Kaisers Diokletian, mit dem die letzte große Welle der staatlichen Christenverfolgungen im Römischen Reich endete. Diokletian übernahm das Amt am 29. August 284 (er amtierte bis 305), seitdem ist dieses (julianische) Datum der Beginn des koptischen Jahres und die Zählung beginnt ab hier mit dem Jahr 1. Erstes Schaltjahr war das Jahr 3[kopt], also 286/287[jul], ab da war jedes vierte Jahr ein Schaltjahr. Der koptische Kalender zählt also das Jahr 2015/16[greg] als 1732[kopt]. Es wird dann meist 1732 A. M. *(Anno Martyrum)* abgekürzt.

Der äthiopische Kalender beginnt mit der Jahreszählung 276 Jahre vor dem koptischen. Diese Zählung beruht wie im julianischen Kalender auf der Berechnung der Geburt Jesu Christi, bei der die äthiopische Rekonstruktion zu einem anderen Resultat kam als die europäische – daher die Abweichung um 7/8 Jahre zwischen äthiopischer und julianischer/gregorianischer Jahreszählung.

Das Jahr 2015/16^{greg} wird also im äthiopischen Kalender als 2008^{äth} gezählt und mit dem Zusatz *amata mihrat* („Jahr der Barmherzigkeit") bezeichnet.

Parallelen zu anderen Kalendern

In der Berechnung des Osterdatums und aller von Ostern abhängigen Feste laufen koptischer und äthiopischer Kalender parallel zum julianischen. Ostern findet also in allen Kirchen des julianischen, meletianischen, koptischen und äthiopischen Kalenders gleichzeitig statt, auch wenn die Tages-, Monats- und Jahreszählung dies nicht ohne Weiteres erkennen lässt.

Kapitel 10
Islamischer Kalender

Lunarer Kalender

Es dürfte deutlich geworden sein, welche Fülle an Kalendern auch heute noch in der Welt in Gebrauch sind, auch wenn der gregorianische Kalender weltweit die Oberhand in Diplomatie und Handel errungen hat. Vorgestellt wurden dabei neben dem biblisch fundierten jüdischen Kalender nur Kalendersysteme, die in christlichen Kirchen gelten. Fernöstliche Kalendersysteme vorzustellen oder solche von indigenen Völkern in Panamerika oder dem Pazifik würde den Rahmen dieses Buches – und die Recherchefähigkeiten des Autors – sprengen. Zumindest ein weiterer Kalender soll aber noch kurz vorgestellt werden. Er ist zum einen von wachsender Bedeutung im deutschsprachigen Raum, zum anderen stellt er in gewisser Hinsicht eine auffällige Besonderheit dar: der **islamische Kalender**.

Das Außergewöhnliche an diesem Kalender ist, dass er als einziger unter den hier vorgestellten Kalendern streng lunar verfasst ist. Er orientiert sich also ausschließlich an den Mondphasen und kennt keine Abgleichung mit dem Sonnenjahr. Das hat zur Folge, dass der Jahresanfang und alle religiösen Festtage rückwärts durch das Sonnenjahr wandern und zu jeder Jahreszeit stattfinden können.

Auch in islamisch geprägten Ländern ist der gregorianische Kalender bekannt und in Verwendung – wegen seiner Bedeutung für Diplomatie und Handel –, das religiöse Leben richtet sich aber ausschließlich nach der islamischen Zeitrechnung.

Zwölf Mondmonate

Das islamische Kalenderjahr (siehe Seite 67) besteht aus zwölf Monaten. Die ersten elf Monate haben abwechselnd 30 und 29 Tage. Der zwölfte Monat hat 29 Tage, in Schaltjahren 30, wobei in einem 30-jährigen Zyklus die Jahre 2, 5, 7, 10, 13, 16, 18, 21, 24, 26 und 29 Schaltjahre sind (11 von 30 Jahren). Auf diese Weise entsteht ein recht einfach nachzuvollziehender Kalender mit 354 oder 355 Tagen pro Jahr, in dem die

Monate im islamischen Kalender

Monatsname	Tage
Muḥarram	30
Ṣafar	29
Rabī' al-awwal	30
Rabī' aṯ-ṯānī	29
Ǧumādā l-ūlā	30
Ǧumādā ṯ-ṯāniya	29
Raǧab	30
Ša'bān	29
Ramaḍān	30
Šauwāl	29
Ḏū l-qa'da	30
Ḏū l-ḥiǧǧa	29 oder 30

Monate sehr genau auf die Mondphasen abgestimmt sind, ohne dass deswegen jeder Monat neu berechnet werden oder erst ad hoc ausgerufen werden müsste.

Das islamische Jahr ist somit etwa 11 Tage kürzer als das Sonnenjahr. Die Monate – und mit ihnen die jährlichen Feste – wandern also rückwärts durch das Sonnenjahr und erreichen nach etwa 32 Jahren wieder ihren ungefähren Ausgangspunkt.

Sieben-Tage-Woche

Wie im jüdischen und christlichen Kalender gilt im Islam eine ununterbrochene Sieben-Tage-Woche, die mit dem Sonntag beginnt. Wie in der biblischen Zählweise beginnt jeder Tag mit dem (vorausgehenden) Sonnenuntergang.

Was im Judentum der Schabbat (= Samstag) und im Christentum der Sonntag, das ist im Islam der **Freitag**, nämlich der wöchentliche Festtag. An diesem Tag finden die zentralen Versammlungen und gemeinsamen öffentlichen Gebetsgottesdienste statt. Das „Freitagsgebet" ist im Koran

(Sure 62) grundgelegt, der Freitag trägt den arabischen Namen *dschuma* („Versammlung"). Die Begründung könnte in der Vollendung der Schöpfung am sechsten Schöpfungstag liegen, wie sie nicht nur die jüdisch-christliche, sondern auch die islamische Tradition kennt. Der Freitag muss deswegen aber nicht notwendigerweise arbeitsfreier Tag sein. Auch in streng islamischen Ländern werden allenfalls die Geschäfte über Mittag geschlossen, um die Teilnahme am gemeinsamen Freitagsgebet zu ermöglichen.

Jahreszählung

Die islamische Jahreszählung beginnt mit dem 16. Juli 622^{jul}, dem Tag der Auswanderung Mohammeds aus Mekka nach Medina. Da das islamische Jahr kürzer ist als das Sonnenjahr, beginnt nach islamischem Kalender im Jahr 2015^{greg} (genau am 15. Oktober) bereits das Jahr 1437^{isl}. Das Jahr 1438^{isl} wird am 3. Oktober 2016^{greg} beginnen, das Jahr 1439^{isl} am 22. September 2017^{greg}, und so weiter rückwärts durch den gregorianischen Kalender.

Die Monate

Der für die islamische Frömmigkeit so wichtige neunte Monat ist der Fastenmonat **Ramadan**. Seine genauen Regeln, die im Islam sehr breite Beachtung finden, aber für Kinder, Kranke, Schwangere und schwer arbeitende Menschen aufgehoben, vereinfacht, spiritualisiert oder auch auf zeitlich passendere Wochen verschoben werden können, verlangen sehr unterschiedliche Anstrengungen, je nachdem, ob der Ramadan in den Frühling, Herbst, Winter oder sogar den Hochsommer fällt. In den nächsten Jahren wird er an folgenden gregorianischen Kalenderdaten beginnen:
7. Juni 2016, 27. Mai 2017, 16. Mai 2018, 6. Mai 2019, 24. April 2020.

Wichtigste Feste

Der **Ramadan** darf in seiner Ganzheit als zentrales Festereignis im islamischen Glauben gelten. Mit ihm verbunden sind zwei weitere Feste: **Lailat al-Qadr** („Nacht der Bestimmung") wird begangen im Gedenken der Offenbarung des Korans. Dieses Fest findet an einem der letzten zehn Tage des Ramadan statt, im deutschsprachigen Raum bevorzugt am 27. Ramadan.

Den Abschluss des Ramadan bildet 'Īd al-Fitr („Fest des Fastenbrechens"). Es beginnt am Abend des letzten Ramadan-Tages, also – da nach islamischer Zählung der Tag am Abend beginnt – am 1. Šauwāl und dauert je nach Tradition zwischen zwei und vier Tagen. Sein Beginn fällt in den nächsten gregorianischen Jahren auf den 5. Juli 2016, 25. Juni 2017 und 15. Juni 2018.

Am 10. Ḏū l-ḥiǧǧa beginnt das viertägige „Opferfest" 'Īd al-Adhā, das gemeinhin als das höchste islamische Fest angesehen wird. Es wird gefeiert im Gedenken an ein Ereignis, das auch die jüdisch-christliche Tradition kennt, nämlich die (nicht vollzogene) Opferung des Isaak durch seinen Vater Abraham (siehe Kapitel 17). Der Beginn dieses Festes fällt im gregorianischen Kalender auf den 12. September 2016, 1. September 2017 und den 21. August 2018.

Am 10. Muḥarram wird **Aschura** („zehn") gefeiert; ein Fest, das je nach islamischer Ausrichtung unterschiedliche Bedeutung und Feierpraxis hat. Sein Datum ist im gregorianischen Kalender der 11. Oktober 2016, 30. September 2017, 20. September 2018.

Maulid an-Nabī („Geburt des Propheten") wird im Gedenken an die Geburt des für den Islam zentralen letzten Propheten Mohammed gefeiert, und zwar am 12. Rabī' al-awwal. Dieser Tag fällt im gregorianischen Kalender auf den 11. Dezember 2016, 30. November 2017 und 8. November 2018.

Teil II
DAS OSTERFEST

Kapitel 11
Ostern – Name und biblische Grundlage

Auferstehung Jesu Christi

Das Osterfest ist das wichtigste und zentrale Fest im christlichen Jahreslauf. Auf dieses Fest hin sind alle anderen Feste – ja der christliche Glaube insgesamt – bezogen, von hierher erhält alles, was Christen heilig ist, seinen Sinn. Es ist in der römisch-katholischen Terminologie das „Hochfest der Auferstehung des Herrn", sein Inhalt ist das Bekenntnis, dass in Jesus Christus die Macht des Todes überwunden ist. „Ist Christus nicht auferweckt worden, dann ist unsere Verkündigung leer und euer Glaube sinnlos" (1 Kor 15,14), schreibt Paulus und gibt damit dem Christentum eine Sinnrichtung und ein entscheidendes Wahrheitskriterium: Christlicher Glaube steht und fällt mit der Auferstehung – freilich einer Überzeugung, deren Wahrheit in diesem Leben nicht bewiesen, sondern nur erhofft werden kann.

Name des Osterfestes

In romanischen Sprachen ist das christliche Auferstehungsfest nach dem jüdischen Pessach (oder in griechischer Übernahme „Pas-cha") benannt: *Dominica paschae in resurrectione Domini* („Pessach-Sonntag von der Auferstehung des Herrn") ist heute die lateinische Bezeichnung für den Ostersonntag, die Osterzeit (siehe Kapitel 19) heißt *tempus paschale* („Pessachzeit"), die Osternachtfeier (siehe Kapitel 16 und 17) *vigilia paschalis* („Pessach-Nachtwache"). Im Französischen heißt Ostern *pâques*, im Italienischen *pascua*, im Spanischen *pascua (de resurrección)*, im Portugiesischen *páscoa*. Auch manche germanische Sprachen haben diese Wurzel beibehalten: *Pasen* oder *paasfeest* auf Niederländisch, *påsk* auf Schwedisch, *påske* auf Dänisch usw.

Die beiden größten germanischen Sprachen verwenden hingegen eine andere sprachliche Wurzel: „Ostern" auf Deutsch, „Easter" auf Englisch. Obwohl das Wort bestens bekannt ist, ist seine sprachliche Herleitung nicht mehr eindeutig zu klären. Wichtige Spuren führen zu einer Wurzel, deren Bedeutung „Morgenröte" lautet und aus der auch das lateinische *aurora* entstand.

Tod Jesu, leeres Grab und Erscheinungen des Auferstandenen

Der theologische Gehalt des Osterfestes ist jedenfalls durch die Auferstehung Jesu Christi und die damit verbundene Überzeugung bestimmt, dass allem Leben in seiner leiblich-seelischen Verfasstheit der Weg zur Ewigkeit offensteht und Tod und Vernichtung nicht das letzte Wort haben. Dieser Glaube hat die Kraft, schon hier und jetzt die Welt entscheidend zu verändern: Wer an die Auferweckung Jesu Christi glaubt, ist frei von der Angst um sich selbst, ist fähig, das eigene Leben aus Liebe zu seinen Freunden und aus Treue zur Wahrheit hinzugeben und sich nicht den verführerischen Mächten des Bösen zu beugen.

Es ist in der Theologie ein durchaus brisanter Diskussionspunkt, ob die Auferstehung Jesu Christi, wie sie im Neuen Testament mehrfach erzählt wird, ihren Kern in einem im naturwissenschaftlich erfassbaren Sinne „leeren Grab" hat oder ob die Überlieferungen vom leeren Grab und von den Erscheinungen des auferstandenen Jesus Christus (Mt 28; Mk 16; Lk 24; Joh 20–21) eher als erzählerische Chiffren für den Glauben an die Macht des Lebens über den Tod zu verstehen sind, die keine naturwissenschaftliche Bestätigung finden können und dies auch gar nicht brauchen.

Allen vier biblischen Evangelien gemeinsam ist die vorausgehende Erzählung von der Auslieferung Jesu an die staatliche römische Autorität und das über Jesus verhängte Todesurteil, das dann in Form einer Kreuzigung vollstreckt wird (Mt 26–27; Mk 14–15; Lk 22–23; Joh 13–19). Alle vier Evangelien stimmen darin überein, dass der Tod Jesu an einem Freitag geschah, unterschiedlich ist aber der Zusammenhang zum Pessachfest: Nach dem Johannesevangelium ist der Kreuzigungstag der Tag vor dem Pessachfest, nach den anderen drei Evangelien (den „Synoptikern") ist es das Pessachfest selbst, an dem Jesus hingerichtet wird. Das Abendmahl Jesu mit seinen Jüngern am vorausgehenden Donnerstagabend (oder nach biblischer Stundenzählung am Beginn des Freitags) ist demnach ein Pessachmahl, während es bei Johannes konsequenterweise nur als „ein Mahl" bezeichnet wird (Joh 13,2).

Die Grablegung Jesu erfolgt noch am Freitagabend, mit Rücksicht auf den beginnenden Schabbat (z. B. Lk 23,50–55).

Die Auferstehung Jesu wird in den Evangelien nicht geschildert, wohl aber in unterschiedlicher Form die Offenbarung des leeren Grabes und die damit verbundene explizite Aussage, dass Jesus auferstanden sei. In jedem der vier Evangelien wird dieses Geschehen am Morgen des „ersten Tages der Woche", also am Sonntag früh datiert (z. B. Mt 28,1).

Es folgen dann Erzählungen von Erscheinungen des Auferstandenen: Stilbildend für die Übernahme im christlichen Festkalender wurde dabei das Doppelwerk des Lukas – Lukasevangelium und Apostelgeschichte –, das diesen Erscheinungen einen Zeitraum von 40 Tagen zuweist (siehe Kapitel 19).

Die Evangelien erzählen besonders das Kreuzesgeschehen unter ständigem Rückgriff auf das Alte Testament. Dies dient nicht zuletzt dazu, die Plausibilität der Auferweckung Jesu vor dem Hintergrund des jüdischen Gottesglaubens aufzuzeigen. Besonders in den Paulusbriefen spielt das **Motiv des Pessachlammes** eine herausragende Rolle, das nun zum Deutungsmuster für Jesus Christus – besonders den Kreuzestod – wird und damit den christlichen Auferstehungsglauben als einen Freiheitsglauben aufweist (1 Kor 5,7, siehe auch Kapitel 2). Das Pessachlamm ist die in Ex 12–13 vorgeschriebene Speise vor dem Aufbruch Israels aus Ägypten. Sein an die Türpfosten gestrichenes Blut wird zum Erkennungszeichen der Israeliten, die von Gott verschont werden, während die Unterdrücker zur Vernichtung bestimmt sind. So wie das Pessachfest die Befreiung aus der Sklaverei Ägyptens vergegenwärtigt und damit das Wesen des jüdischen Volkes und Gottesglaubens definiert, so werden Kreuz und Auferstehung Jesu zum Kern des Glaubens an die Befreiung von Sünde und Tod. Jesus ist damit das „neue" Pessachlamm, dessen Blutvergießen letztlich zur Freiheit aller führt, weil sich dadurch die Größe Gottes offenbart, der dem Leben zum Sieg über den Tod verhilft.

Folgen für das christliche Osterverständnis

Für das christliche Osterfest lässt sich an dieser Stelle Folgendes festhalten:

Ostern als Auferstehungsfest ist aufgrund der biblischen Chronologie, aber auch aufgrund des Inhalts der neutestamentlichen Verkündigung untrennbar mit dem Pessachfest verbunden: Es ist vor dem Hintergrund des Pessach zu deuten und zu verstehen, wobei es zugleich für sich in Anspruch nimmt, dem Pessach eine neue, bisher nicht offenbare und über den bisherigen Gehalt hinausgehende Bedeutung zuweisen zu können. Die Tatsache, dass die Evangelisten nicht darin überstimmen, wie Kreuz und Auferstehung Jesu und das Datum des Pessachfestes exakt zusammenhängen, ändert nichts daran, dass sie alle einen Zusammenhang zwischen beiden Geschehnissen herstellen und inhaltlich begründen.

Das Ostergeschehen wird in der biblischen Chronologie als eine Kette miteinander verknüpfter Ereignisse bezeugt, die sich von Freitag (bzw. Donnerstagabend als Beginn des Freitags) bis Sonntag (auf jeden Fall bis Sonntag früh, durchaus aber, wenn man erste Erscheinungen des Auferstandenen mitberücksichtigt, auch bis Sonntagabend, z. B. Lk 24,13–35) erstrecken. Trotz aller Unterschiede in den erzählten Details ist dieser Zeitrahmen einheitlich geschildert.

Die folgenden Kapitel sollen aufzeigen, wie das Osterfest in der römisch-katholischen Liturgie heute begangen wird. Ein erster Blick in den Osterfeststreit der frühen Kirche (Kapitel 12) wird zeigen, wie komplex sich der Zusammenhang von Pessach und Ostern in der historischen Entwicklung darstellt. Ferner wird deutlich, dass die Übernahme der Drei-Tage-Chronologie, die der heutigen liturgischen Praxis so vertraut ist, für die frühe Christenheit keineswegs so selbstverständlich war, wie man annehmen könnte.

Die anschließenden Kapitel 13–20 widmen sich dann der Ausgestaltung der römisch-katholischen Osterliturgie, zu der nicht nur die „Heiligen Drei Tage", sondern auch die vierzigtägige Vorbereitung und die fünfzigtägige Entfaltung gehören. Zählt man alle diese 90 Tage als christliche Osterfeier, dann umfasst dieses Fest etwa ein Viertel des gesamten Jahres.

Kapitel 12
Ostern und der Osterfeststreit
in der frühen Kirche

Entstehung christlicher Feste

Es war für die frühe Christenheit keineswegs selbstverständlich, neue Feste einzuführen, auch nicht das Osterfest. In den jüdischen Festen – besonders im Pessachfest, das die Freiheit derer, die zum Gott Israels gehören, feiert – hatte man alles, was man brauchte, und es gab keinen Grund, diese Feste nicht auch weiterhin zu pflegen. Zudem war die Überzeugung ausgeprägt, dass aufgrund der bald zu erwartenden Wiederkunft Christi zur endgültigen Herstellung der sichtbaren Gottesherrschaft und der damit verbundenen Vollendung der uns bekannten Geschichte eine Institutionalisierung des christlichen Glaubens ohnehin nicht von Dauer sein würde.

Auseinanderentwicklung von Judentum und Christentum

Allerdings sind schon in neutestamentlicher Zeit starke Abgrenzungstendenzen der jüdischen Gruppierung, die den Namen „Christen" erhielt (Apg 11,26), von den übrigen Juden festzustellen. Dass die anderen Juden Christus nicht als Erlöser bekannten, war den christlichen Verkündigern unverständlich, ja anstößig; sie empfanden dies als eine erklärungsbedürftige Verstockung. Schließlich machte die Aufnahme von Nichtjuden in die christliche Gemeinschaft (Apg 15) – und zwar ohne die Verpflichtung, die Thora, also die jüdische Lebensordnung mitsamt den Festtagen einzuhalten – eine dauerhafte Zugehörigkeit der Christusgläubigen zum Judentum zum Problem.

Pessach in christlichen Gemeinden

Man darf annehmen, dass jene christlichen Gemeinden, die ausschließlich oder überwiegend aus Juden bestanden (**Judenchristen**), das Pessachfest als ihr Hauptfest feierten. Dieses judenchristliche Pessach war immer noch ein echtes Pessachfest, es wurde am 14. Nisan begangen. Seine christliche Pointe bestand darin, dass man nun Christus als das neue, wahre, endgültige Pessachlamm verstand und vermutlich auch an genau diesem Tag mit der Wiederkunft Christi rechnete. Zugleich mit der Fortführung des jüdischen Pessach praktizierten diese christlichen Gemeinden also eine Abgrenzung von den übrigen Juden, weil jene Pessach in der ihnen überlieferten Form, also ohne Bezug auf Jesus Christus, begingen und verstanden.

Die älteste uns erhaltene christliche Osterpredigt stammt von Melito von Sardes aus dem späten 1. Jahrhundert, ihr Inhalt ist eine Deutung Christi als Pessachlamm und zugleich eine scharfe Zurückweisung all jener, die diese Deutung nicht teilen und nicht verstehen.

Ab dem 2. Jahrhundert ist dann ein Nebeneinander zweier christlicher Hauptfeste bezeugt: Während die judenchristlich geprägten Gemeinden das Pessachfest am 14. Nisan feierten – man nennt sie daher **Quarto-dezimaner** (von lateinisch *quattuordecim*, „vierzehn") –, begannen andere, aus Nichtjuden bestehende bzw. von solchen dominierte christliche Gemeinden **(Heidenchristen)**, das Osterfest grundsätzlich auf einen Sonntag zu terminieren. Dies war der biblisch überlieferte Auferstehungstag Jesu, zugleich erster Tag der Woche, damit auch „achter Tag", also Beginn einer neuen Woche und Symbol für den Beginn einer neuen Ära.

Verselbstständigung des christlichen Osterfestes

Aus dem „jüdischen Pessachfest mit christlicher Deutung" wurde unter heidenchristlichem Einfluss so das „christliche Osterfest vor jüdischem Hintergrund": Zwar lebte die Tradition der Pessachverkündigung als Grundlage für das christliche Osterverständnis fort, doch die Auferstehungserzählungen aus den neutestamentlichen Evangelien wurden nun zum eigentlichen Mittelpunkt des christlichen Selbstverständnisses.

Auch in der weiteren Ausgestaltung des Osterfestes war diese Akzentverschiebung von größter Bedeutung. Im Mittelpunkt stand nicht mehr die *eine* Nacht der Befreiung, wie sie das biblische Judentum zu Pessach feierte und die nun eine ergänzende spezifisch christliche Bedeutung erhalten hatte. Stattdessen ging es jetzt um die Feier der Auferstehung Christi gemäß der biblischen Chronologie, nach der Tod und Auferstehung zeitlich voneinander getrennte Geschehnisse waren. Aus dem einen „Befreiungsfest" am 14. Nisan wurde jetzt das „Auferstehungsfest" an einem Sonntag, dem die Feier des Todes Jesu am Kreuz am Freitag vorangestellt wurde.

Diese Entwicklung lebt bis heute im **Österlichen Triduum** – also der dreitägigen Phase von Freitag, Samstag und Sonntag – fort, das in den Kapiteln 13–17 näher in den Blick zu nehmen sein wird.

Osterfeststreit

Da in der frühen Christenheit sehr konkrete Erwartungen mit dem Osterfest verbunden waren (besonders die Erwartung der Wiederkunft Christi), ergab es sich fast zwangsläufig, dass die Diskussionen um das angemessene Feierdatum mit erbitterter Heftigkeit ausgetragen wurden. Man bezeichnet dies heute als „Osterfeststreit".

Die Entwicklung des Osterfeststreits braucht hier nicht in allen Einzelheiten behandelt zu werden. Am Ende stand die Niederlage der Quartodezimaner und die Entscheidung für das Osterfest am Sonntag – und zwar am ersten Sonntag nach dem Frühlingsvollmond und jedenfalls immer nach dem jüdischen Pessachfest (siehe Kapitel 4).

Sosehr diese Entwicklung zu dem heute vertrauten und nur wenig hinterfragten Resultat geführt hat, so wenig selbstverständlich war sie doch in den ersten Generationen christlichen Lebens, in denen die Bewahrung jüdischer Traditionen und zugleich die Abgrenzung von diesen zu Spannungen führte. Hervorgegangen aus dieser Entwicklung ist ein neues, eigenständiges christliches Festdatum, das vom Pessach unterschieden, wenngleich ohne dessen historische und theologische Grundlage nicht angemessen zu verstehen ist.

Kapitel 13
Gründonnerstag/Hoher Donnerstag

Beginn des Österlichen Triduums

Das Osterfest in der römisch-katholischen Liturgie stellt sich heute als dreitägige Feier dar: das **Triduum Paschale** oder **Triduum Sacrum**, deutsch „die drei heiligen/österlichen Tage" oder oft auch „das Österliche Triduum". Der offizielle volle Name lautet „Die Drei Österlichen Tage vom Leiden, vom Tod und von der Auferstehung des Herrn".

In dieser dreitägigen Feier wird die Chronologie der Osterereignisse abgebildet, wie sie die neutestamentlichen Zeugnisse überliefern. Mit den „drei Tagen" sind Freitag, Samstag und Sonntag gemeint. Wenn das Triduum bereits am Donnerstag beginnt, so lebt darin die biblische Tageszählung fort, gemäß derer ja ein Tag mit dem (vorausgehenden) Sonnenuntergang beginnt. Auf diesen Donnerstagabend ist in den Evangelien das (Pessach-)Mahl Jesu mit dem ihn umgebenden Zwölferkreis datiert, welches Jesus nach Joh 13,1–20 mit der Fußwaschung an den Zwölf verbindet. Dann folgt Jesu Gang in den Garten Getsemane zum Gebet, in dem ihm sein bevorstehender Tod vor Augen tritt (Lk 22,39–46), und schließlich die nächtliche Gefangennahme (Lk 22,47–53) aufgrund des Verrates des Judas, eines der Zwölf, der das Zusammensein zuvor verlassen hatte (Lk 22,3–6).

Der Name „Gründonnerstag"

Der deutsche Name „Gründonnerstag" wurde lange Zeit auf das mittelhochdeutsche Wort „grinen" zurückgeführt, das „weinen" bedeutet. Es wäre dann also der „traurige Donnerstag" oder „Klagedonnerstag". Diese sprachgeschichtliche Deutung wird aber heute bezweifelt; die verschiedenen Theorien für den Wortbestandteil „grün" brauchen hier nicht im Einzelnen referiert zu werden. In den liturgischen Büchern wird neben „Gründonnerstag" auch die weniger assoziationsreiche, aber auch weniger missverständliche Bezeichnung **Hoher Donnerstag** verwendet, die aber im kirchlichen Alltagsgebrauch kaum verbreitet ist.

Eucharistiefeier am Abend des Gründonnerstags

Den Auftakt des Österlichen Triduums bildet eine Eucharistiefeier am Abend des Hohen Donnerstags. Dies ist übrigens der einzige Tag im Jahr, an dem eine Eucharistiefeier ausdrücklich in den Abendstunden anzusetzen ist. In Übereinstimmung mit Aussagen des II. Vatikanischen Konzils wird zu dieser Stunde der Einsetzung der Eucharistie – durch Jesu Abendmahl und seine Stiftungsworte „Tut dies zu meinem Gedächtnis" (1 Kor 11,24–25) – gedacht. Im Hochgebet werden an entsprechender Stelle die Worte „das ist heute" eingefügt: So wird das historisch vergangene Wirken Jesu zur Gegenwart der Kirche hier und jetzt. Außerdem steht dieser Tag nach der Aussage des Konzils im Gedenken der Einrichtung des christlichen Priesteramtes, das sich insbesondere im Auftrag der Leitung von Eucharistiefeiern zeigt und in der katholischen Kirche durch Bischöfe und Presbyter (Priester) ausgeübt wird. Es ist der einzige Tag, an dem das Messbuch eine inhaltliche Bestimmung für die Homilie (Predigt) vornimmt: „Die Homilie handelt […] von der Einsetzung der Eucharistie und des Priestertums und vom Gebot der Bruderliebe."

Diese Elemente, die dem Gründonnerstag ein eigenständiges Gepräge geben, dürfen aber nicht darüber hinwegtäuschen, dass die Eucharistiefeier des Gründonnerstags zuallererst eines ist: Auftakt des Österlichen Triduums, in dem nicht nur die biblische Chronologie des Abends vor Jesu Hinrichtung abgebildet wird, sondern auch Motive und Deutungsmuster für das gesamte Osterfest vorgezeichnet sind.

Zentrale österliche Elemente

Wesentliche Schlüssel für dieses Verständnis sind der Eröffnungsvers (bzw. der in lateinischer Sprache gesungene Introitus) sowie die alttestamentliche Lesung. Der Eröffnungsvers lautet: „Wir rühmen uns des Kreuzes unseres Herrn Jesus Christus. In ihm ist uns Heil geworden und Auferstehung und Leben. Durch ihn sind wir erlöst und befreit" (Gal 6,14). Hier wird nach Art einer Überschrift nicht etwa nur der Hohe Donnerstag, sondern das gesamte Triduum in seiner Grundausrichtung und seinem inneren Zusammenhang gedeutet.

Die im biblischen Vers angesprochene Befreiungserfahrung ist in christlichem Blick in der Überwindung der Todesmacht zu ihrem Höhepunkt gekommen. Dieses Ostergeschehen ist aber kein punktuelles, einmaliges Ausbrechen aus der Gesetzmäßigkeit von Sterben und Vergehen, der alle Menschen unterliegen, sondern es bildet eine Deutung für die gesamte

Existenz und das christliche Verständnis der Welt. Grundgelegt und vorgezeichnet ist dieser Glaube im Auszug Israels aus Ägypten, wie es bis heute Inhalt des jüdischen Pessachfestes ist. Daher ist am Hohen Donnerstag als alttestamentliche Lesung Ex 12,1–8.11–14 vorgesehen. Zwar wird hier nicht der Auszug aus der ägyptischen Sklaverei erzählt, sehr wohl aber dessen Vorbereitung durch das Ritual der Schlachtung des Pessachlammes. Dessen Blut dient als Erkennungszeichen der zur Erlösung Bestimmten. Gott selbst wird Rache an der bösen Macht üben, Israel aber verschonen und in die Freiheit führen. Das christliche Auferstehungsbekenntnis hat an dieser Botschaft teil: weg von der Sklaverei, hinein in die Herrschaft des lebendigen und Leben schaffenden Gottes. Durch die Teilhabe an der Pessach-Überlieferung wird die christliche Osterfeier zum Fest der befreienden Geschichte mit Gott: Das Geschehen des Exodus wird ebenso wie die Auferstehung zur Selbstdeutung der Christen. Gal 6,14 und Ex 12 sind daher grundlegende Deutungsmuster für das gesamte christliche Osterfest und stehen nicht zufällig am Beginn des Triduums.

Fußwaschung

Die weiteren biblischen Lesungen sind 1 Kor 11,23–26 – die historisch älteste Schilderung des Abendmahles Jesu mit dem Zwölferkreis – und Joh 13,1–15 – die Überlieferung der Fußwaschung Jesu an seinen Jüngern. Im Anschluss an die Homilie kann die ritualisierte Fußwaschung erfolgen, wobei der Vorsteher diesen antiken Sklavendienst an ausgewählten Personen vornimmt. In Joh 13,8 sagt Jesus gegen den Widerstand des Petrus, dieser müsse sich von ihm die Füße waschen lassen, um an ihm „Anteil zu haben". Dieser Akt symbolisiert die Umkehrung der hierarchischen Verhältnisse, indem der Meister sich zum Hausdiener macht. Gott gibt sich als Diener der Menschen zu erkennen.

Die Fußwaschung wurde über viele Jahrhunderte in der katholischen Gründonnerstagsfeier nur durch Bischöfe vorgenommen, mittlerweile kann sie aber in allen Kirchen gehalten werden und ist in der Praxis auch sehr weit verbreitet. In der Regel erfolgt eine symbolträchtige Auswahl von Personen für die Fußwaschung, meistens sind es zwölf, die die unterschiedlichsten Gruppen der Gemeinde repräsentieren. Papst Franziskus ist in jüngster Zeit dazu übergegangen, auch Nichtchristen einzubeziehen (beispielsweise muslimische Häftlinge eines römischen Jugendgefängnisses). Während früher bei der Fußwaschung eher die

Abbildung der Rollen Jesu und der Jünger – etwa durch Bischof und zwölf Priester – im Vordergrund stand, verschiebt sich die Dimension auf diese Weise stärker in Richtung des sozialen Anspruchs, unter dem alle Christen stehen und der dann hier beispielhaft ritualisiert ausgedrückt wird.

Abschluss der Eucharistiefeier

Die Eucharistiefeier endet ohne Schlusssegen, stattdessen wird das übrig gebliebene eucharistische Brot an einen anderen Ort überführt und der Raum nun von allem Schmuck befreit. Darin können die Einsamkeit Jesu, seine Angst und sein bevorstehendes Todesleiden erfahrbar werden. Gerade in Kirchen, in denen sonst eine eher üppige Raumgestaltung bevorzugt wird, kann die Kargheit eines „leergeräumten" Gottesdienstortes die nun beginnende Zeit von Karfreitag und Karsamstag (siehe Kapitel 14–15) zu einem eindrucksvollen Geschehen machen, in dem nichts von der Wucht der Todeserfahrung ablenken soll.

Volkstümliche Elemente und Trauermette

Rund um die biblische Überlieferung gibt es im Anschluss an die Eucharistiefeier verschiedene Elemente, die nicht zur Liturgie im eigentlichen Sinne gehören, aber doch hohe Popularität genießen: zum Beispiel Andachten am späten Abend, in denen das „Ausharren" mit dem in die Einsamkeit entlassenen Jesus eingeübt wird (siehe Lk 22,39–46). An diese **Ölbergstunde** schließt sich mancherorts eine ganze Nacht des Wachens an, die durch verschiedene spirituelle Elemente begleitet wird. Bereits im Jerusalem des späten 4. Jahrhunderts ist überliefert, dass die dortige Gemeinde von Gründonnerstagabend bis Karfreitagmorgen an verschiedenen Stätten in und um Jerusalem die Ereignisse aus der Chronologie des Leidens Jesu in Prozessionen und nächtlichen Gottesdiensten nachvollzog. Mancherorts ist es außerdem üblich, schon am Gründonnerstag eine **Trauermette** zu feiern (siehe dazu Kapitel 14).

Chrisam-Messe

Dem Österlichen Triduum wird noch eine weitere bedeutende Feier vorangestellt. Über viele Jahrhunderte war diese am Morgen des Hohen Donnerstags (und wurde bereits zum Triduum gezählt), mittlerweile kann diese Feier aber auch einen oder mehrere Tage vorverlegt werden. Es handelt sich um eine Eucharistiefeier unter Leitung des Bischofs, in deren Rahmen die Öle für die Spendung von Taufen, Firmungen, Krankensalbungen und Ordinationen (Bischofsweihe, Priesterweihe, Diakonenweihe) gesegnet und dann an die einzelnen Gemeinden des Bistums verteilt werden. Diese Chrisam-Messe ist jenseits ihrer theologischen Bedeutung auch von praktischer Relevanz: Zu ihr kommt ein Großteil der Priester und Diakone und anderer Mitarbeiterinnen und Mitarbeiter eines Bistums zusammen. Daher wird die Chrisam-Messe vielerorts mit einer gemeinsamen geistlichen Vorbereitung des Osterfestes durch die diözesanen Mitarbeiter unter Anleitung des Bischofs verbunden.

Kapitel 14
Karfreitag

Karfreitag als Teil des Österlichen Triduums

Wie das gesamte Österliche Triduum ist auch der Karfreitag von inhaltlicher Vielschichtigkeit geprägt: Einerseits gibt es eine oberflächliche Dimension, in der die biblische Chronologie der Osterereignisse abgebildet wird, andererseits scheinen darin grundsätzliche Glaubensüberzeugungen auf, die in der gesamten christlichen Osterfeier präsent sind und aus je unterschiedlichen Blickwinkeln beleuchtet werden.

Gemäß der biblischen Chronologie ist der Karfreitag (zum Wortbestandteil „kar" siehe Kapitel 18) der Tag, an dem Jesus (noch in der Nacht) verraten, an die römische Staatsmacht übergeben (Lk 22,47–53) und dann zum Tod durch Kreuzigung verurteilt wird (Lk 23,1–25). Das Urteil wird schon in den folgenden Stunden vollstreckt (Lk 23,26–46). Das Markusevangelium (Mk 15,25.33) weist den Beginn der Kreuzigung der dritten Tagesstunde (also etwa 9 Uhr) zu, deren dramatischen Höhepunkt mit der einbrechenden Finsternis der sechsten Tagesstunde (am Mittag), den Tod Jesu der neunten Tagesstunde (ca. 15 Uhr).

Todestag Jesu

Diese Ereignisse machen den Karfreitag zu einem Tag der Trauer und des Entsetzens. In der Liturgie spiegelt sich dies in der schmucklosen Raumgestaltung wider (siehe Kapitel 13), im Verzicht auf Instrumentalmusik und darin, dass an diesem Tag grundsätzlich keine Eucharistiefeier stattfindet (der Hauptgottesdienst des Karfreitags hat eine andere Struktur).

In der katholischen Verkündigung wird man heute in der Regel erleben, dass der Karfreitag vor allem unter dieser Rücksicht, also vom beschämenden und entsetzlichen Tod Jesu her ausgelegt wird. Das Geschehen des Karfreitags verpflichtet Christen zur Solidarität mit den Opfern von Unrecht, Gewalt, Schmerz und Leid. Wer Jesus als den Erlöser verehrt, muss auch denen nahe sein, deren Schicksal in seinem Leiden am Kreuz vorausgeahnt ist. Dies macht den Karfreitag zu einem Tag von erheblicher sozialer und politischer Relevanz.

Tag der Herrschaft vom Kreuz herab

Doch darf darüber nicht vergessen werden, dass der Karfreitag weit mehr ist als ein Trauertag über den Tod Jesu. Der Karfreitag wird im christlichen Glauben nicht als sinn- und ratloser Tag gedeutet, sondern als Teil des umfassenden Ostergeschehens. Der Karfreitag ist immer auch ein Ostertag: In ihm bildet sich die Herrschaft Gottes ab, die sich gerade in der Umkehrung der irdischen Machtverhältnisse zeigt. Gott herrscht nicht durch Waffen und Brutalität, sondern durch Dienst an den Menschen, Treue und Wahrheit. Jesus Christus wird am Kreuz „erhöht" (Hebr 2,9): Er wird am Kreuz als dem neuen Siegeszeichen des liebenden Gottes sichtbar über der Welt aufgerichtet. Der Karfreitag ist somit ein Tag, an dem Christen ihren Herrn als den verehren, der vom Kreuz herab herrscht und der das Kreuz als sein Siegeszeichen deklariert.

Schriftlesungen der Karfreitagsliturgie

Wie schon erwähnt, hat der Karfreitag keine Eucharistiefeier. Sein Hauptgottesdienst wird heute „Feier vom Leiden und Sterben Christi" genannt und soll möglichst zur Todesstunde Jesu, also um 15 Uhr, gehalten werden. In Ländern, in denen der Karfreitag kein arbeitsfreier Tag ist (zum Beispiel Österreich), bevorzugt man für diesen Gottesdienst die Abendstunden.

Die Feier beginnt mit stillem Gebet, auf dem Boden ausgestreckt oder zumindest kniend, an das sich gleich das Tagesgebet anschließt, das den österlichen Bezug des Kreuzesgeschehens deutlich zu erkennen gibt. Es stehen zwei Texte zur Auswahl, einen davon zeigt Seite 87.

Darauf folgen die Schriftlesungen Jes 52,13–53,12, Ps 31 (in Auszügen), Hebr 4,14–16; 5,7–9 und schließlich Joh 18,1–19,42, also der lange Abschnitt des Johannesevangeliums, der die gesamte Leidensgeschichte Jesu von der Festnahme bis zum Tod erzählt. Diese Evangelienlesung (**Passionsevangelium**) kann mit verteilten Rollen vorgelesen oder sogar kunstvoll gesungen werden.

Große Fürbitten

Es folgen die Großen Fürbitten. Es handelt sich hier um eine rituell und textlich sehr umfangreich gestaltete Form des Fürbittgebetes, die – wenn man sie vollständig umsetzt – durchaus längere Zeit in Anspruch nimmt und wegen der damit verbundenen Gestik des zehnmaligen Niederknieens und Aufstehens körperlich recht anstrengend sein kann. Kurioserweise hat der Inhalt dieses für den Karfreitagsgottesdienst so typischen Fürbittgebetes gar nichts mit dem Tag selbst zu tun: Die Großen Fürbitten stellen den letzten Rest aus jener Zeit dar, in der an allen Sonn- und Festtagen in Rom ähnlich umfassend Fürbitte gehalten wurde – es war eher ein historischer Zufall, dass sie sich ausgerechnet und ausschließlich am Karfreitag erhalten haben.

Kreuzverehrung

Es schließt sich ein im Kirchenjahr einzigartiger Ritus an: die Kreuzverehrung. Bezeugt ist dieses Ritual bereits aus Jerusalem im 4. Jahrhundert, wo man der Überzeugung war, Überreste des Originalkreuzes Jesu wiedergefunden zu haben (eine historische Erforschung dieses Stückes ist heute nicht mehr möglich, es ging in mittelalterlichen Kriegswirren verloren). Es lag auf der Hand, dass diese Reliquie zum Objekt persönlicher Gebete und gemeinschaftlicher Rituale wurde, besonders am Karfreitag. Das Kreuz wurde an diesem Tag über mehrere Stunden öffentlich präsentiert und konnte von den Gläubigen durch eine Berührung verehrt werden. Ein Pilgerbericht jener Zeit erwähnt, dass es dazu besonderer Schutzmaßnahmen bedurfte, weil schon einmal jemand im Überschwang der Gefühle ein Stück aus dem Kreuz herausgebissen habe. Der Ritus der Kreuzverehrung war dermaßen eindrucksvoll und populär, dass er später auch an anderen Orten eingeführt wurde. Da man nicht das Jerusalemer Original in Besitz hatte, verwendete man andere Kreuze. So gelangte die Kreuzverehrung am Karfreitag bis nach Rom und nach ganz Westeuropa und gehört heute fest in die römisch-katholische Karfreitagsliturgie.

Das Kreuz wird in den Gottesdienstraum getragen, dabei nach und nach enthüllt und mit dem Ruf „Seht das Kreuz, an dem der Herr gehangen, das Heil der Welt! Kommt, lasset uns anbeten!" gegrüßt. Nach der feierlichen Aufrichtung des Kreuzes wird es von allen Gläubigen einzeln verehrt (sofern dieser Ritus nicht in verarmter Form praktiziert wird, wenn etwa nur der Vorsteher und einige Assistentinnen und Assistenten die Kreuzverehrung vollziehen). An diesem Tag gilt dem Kreuz ein Verehrungsgestus, der sonst in der römisch-katholischen Symbolsprache nur dem eucharistischen Brot und Wein vorbehalten ist: die Kniebeuge. Auch Berührungen, Küsse oder mancherorts das Niederlegen von Blumen oder ähnliche Gesten haben hier ihren Platz.

Improperien

Von höchster Bedeutung sind die zur Kreuzverehrung gehörenden Gesänge: Der Ruf

> Dein Kreuz, o Herr, verehren wir, und deine heilige Auferstehung rühmen und preisen wir, denn siehe, durch das Holz des Kreuzes kam Freude in alle Welt

stellt das Kreuz ausdrücklich in österliches Licht. Von gewaltiger Kraft, aber nicht ganz leicht zu vermitteln sind die Improperien (lateinisch: „Anklagen"). In ihnen werden in einem poetischen Spiel aus der Bibel übernommene oder mit biblischen Motiven gefüllte Verse in Zweiergruppen gegenübergestellt, zum Beispiel „Ich habe dir Manna in der Wüste zu essen gegeben" (siehe Ex 16,1–31) und „Du aber hast mir Essig zu trinken gegeben" (siehe Lk 23,36), oder „Ich habe vor dir einen Weg durch das Meer gebahnt" (siehe Ex 14,10–31) und „Du aber hast mit der Lanze meine Seite geöffnet" (siehe Joh 19,33–34). Das Kreuz wird in die biblische Heilsgeschichte eingeschrieben und von dieser her gedeutet.

Leider haben die Improperien oft Anlass zu antijüdischer Polemik gegeben: Es entstand der Eindruck, als würde hier das Volk des Alten Testaments – also die Juden – als undankbar gegenüber Gott dargestellt, so dass nun im Neuen Testament – also am Kreuz – die göttliche Klarstellung erfolge. Ein solches Verständnis entspricht aber in keiner Weise der Art, wie biblische Verse in christlicher Liturgie einen neuen Kontext erhalten. Selbstverständlich drückt sich in der Übernahme biblischer Verse stets der Glaube der Feiernden aus; sie selbst sind die Angesprochenen. „Unsere" Schuld (und nicht die der anderen) war es, die durch Gottes Eingriff verwandelt werden musste: Der dort als Gekreuzigter hängt, tut dies um unseretwillen, um meinetwillen. – Auf die Idee einer antijüdischen Interpretation kann nur kommen, wer sich als Christ von der Botschaft des Alten Testamentes nicht mitbetroffen fühlt oder diese ignoriert. Leider ist diese Einsicht aber unter den Christen noch nicht überall angekommen.

Auf die Improperien wird in der Praxis oft verzichtet: entweder – nachvollziehbarerweise, aber doch zu Unrecht – weil man damit keine antijüdischen Klischees bedienen will oder – in Unkenntnis der biblischen Kreuzestheologie – weil man meint, der Gemeinde die Dramatik und Härte der biblischen Anklagen nicht zumuten zu können oder zu dürfen. Mancherorts werden übrigens die Großen Fürbitten erst im Anschluss an die Kreuzverehrung gehalten, so dass das Fürbittgebet in Richtung des Kreuzes gesprochen werden kann.

Kommunion und Abschluss

Die Karfreitagsliturgie endet mit der – 1960 eingeführten, aber mittlerweile recht umstrittenen – Kommunionausteilung, für die das eucharistische Brot vom vorangegangenen Gründonnerstag verwendet wird. Vielerorts wird auf die Kommunion am Karfreitag verzichtet, weil man sie nicht grundlos aus dem Kontext der Eucharistiefeier lösen und die Kargheit des Karfreitags nicht durch eine Art gewohnheitsmäßige oder reflexhafte Kommunionspendung konterkarieren möchte.

Die Feier endet mit einem kurzen Segensgebet und anschließendem Schweigen.

Trauermette

Wie jeder Tag kennt auch der Karfreitag die **Tagzeitenliturgie**. In römisch-katholischen Gemeinden haben die Tagzeiten ja bekanntlich – entgegen der Weisung des II. Vatikanischen Konzils – kaum einen festen Platz. Gerade am Karfreitag aber drängt die Kirche in ihren amtlichen Dokumenten nachdrücklich darauf, auch in den Gemeinden Tagzeiten zu feiern, und zwar vor allem in Form der Trauermette. Gemeint ist damit die Verbindung aus Lesehore und Laudes – oder die Lesehore allein –, die am frühen Morgen oder gegebenenfalls schon in der Nacht oder am Abend zuvor gefeiert wird. In der kirchenmusikalischen Tradition spielen Vertonungen der Trauermette eine nicht unbedeutende Rolle, mancherorts – etwa in Bischofs- oder Klosterkirchen – wird die Trauermette daher auch in traditionelleren Formen, in lateinischer Sprache oder anderen regional verbreiteten Varianten mit recht großem Aufwand gesungen. Neben der für den Karfreitag spezifischen Auswahl an Psalmen und Antiphonen gehört besonders die Lesung aus dem Buch der Klagelieder zu den Charakteristika dieser Feier. Unter dem lateinischen Namen Lamentatio (oder im Plural **Lamentationes**) gehört diese Lesung zu den textlich wie musikalisch eindrücklichsten Stücken der Trauermette.

Seite 91 zeigt einen Auszug aus dem heute vorgesehenen Text der Lamentatio für den Karfreitag. Im Bild des zerstörten und verlassenen Jerusalem bzw. des klagenden Mannes erkennt die christliche Liturgie eine Deutung der Verlassenheit Jesu Christi. Wie Jerusalem, die von Gott erwählte Stadt, das Schicksal der Verwüstung erlitt und verzweifelt um Rettung rief, so nun auch Jesus, der Sohn Gottes, der das Schicksal der Verlassenheit und Vernichtung niemals verdient hätte. – Zum jüdischen und christlichen Beten gehört auch das Zweifeln und Verzweifeln an Gott, in der Trauermette deutet die Kirche die Verlassenheit Jesu am Kreuz auf diese Weise als eine Erfahrung von Angst und Verzweiflung. Zugleich drückt sich im Text aber auch die Überzeugung aus, dass es nicht lohnt, die Hoffnung auf Gott aufzugeben, auch wenn sie noch so sinnlos zu sein scheint.

Lamentatio in der Trauermette des Karfreitags: Klgl 3,1–33

– Auszüge –

Ich bin der Mann, der Leid erlebt hat durch die Rute seines (= Gottes) Grimms.

Er hat mich getrieben und gedrängt in Finsternis, nicht ins Licht.

Täglich von neuem kehrt er die Hand nur gegen mich.

Er zehrte aus mein Fleisch und meine Haut, zerbrach meine Glieder,

umbaute und umschloss mich mit Gift und Erschöpfung.

Im Finstern ließ er mich wohnen wie längst Verstorbene.

Er hat mich ummauert, ich kann nicht entrinnen.

Er hat mich in schwere Fesseln gelegt.

Wenn ich auch schrie und flehte, er blieb stumm bei meinem Gebet.

Er spannte den Bogen und stellte mich hin als Ziel für den Pfeil.

In die Nieren ließ er mir dringen die Geschosse seines Köchers.

Ein Gelächter war ich all meinem Volk, ihr Spottlied den ganzen Tag.

Du hast mich aus dem Frieden hinausgestoßen; ich habe vergessen, was Glück ist.

Ich sprach: Dahin ist mein Glanz und mein Vertrauen auf den Herrn.

Das will ich mir zu Herzen nehmen, darauf darf ich harren:

Die Huld des Herrn ist nicht erschöpft, sein Erbarmen ist nicht zu Ende.

Neu ist es an jedem Morgen; groß ist deine Treue.

Mein Anteil ist der Herr, sagt meine Seele, darum harre ich auf ihn.

Gut ist der Herr zu dem, der auf ihn hofft,

zur Seele, die ihn sucht.

Gut ist es, schweigend zu harren auf die Hilfe des Herrn.

Kapitel 15
Karsamstag

Grundsätzliches

Über den Karsamstag hält sich das hartnäckige – und wie zu befürchten steht: unausrottbare – Gerücht, er sei „liturgiefrei". In den letzten Jahrzehnten hat sich außerdem in der katholischen Frömmigkeit immer stärker die Vorstellung festgesetzt, Gott selbst sei an diesem Tag „tot". Beides entspricht nicht der Wahrheit, auch wenn es bis hinein in die kirchliche Öffentlichkeitsarbeit immer wieder verbreitet wird.

Es stimmt, dass man diesen Tag in gewisser Weise als „entleert" empfinden kann. Es gibt keine Eucharistiefeier (eine der wenigen Regeln in der römisch-katholischen Liturgie, von denen es keine Ausnahmen gibt), die Kirchen sind von Schmuck befreit, mancherorts – vor allem in barock geprägten Regionen – werden an diesem Tag kunstvolle „Gräber" errichtet, in denen Jesusstatuen oder die eucharistischen Gaben feierlich beigesetzt sind und verehrt werden.

Die Erfahrungen des 20. Jahrhunderts, die Shoah an den Juden, die hemmungslose Vernichtung von Leben durch Menschen, die von widerwärtigen rassistischen und nationalistischen Ideologien getrieben waren, und durch all ihre Mitläuferinnen und Mitläufer, haben in Theologie, Philosophie und Spiritualität eine Frage, die die Menschheit schon immer umgetrieben hat, in nie dagewesener Deutlichkeit ins Bewusstsein gerufen: Wie kann ein angeblich guter Gott so etwas zulassen?

Der Karsamstag, diese eigentümlich stille Phase zwischen Karfreitag und Ostersonntag, bot hier einer zeitgenössischen christlichen Spiritualität naheliegende Anknüpfungspunkte. So finden sich in der Erschließung des Karsamstags heute oft ein geradezu heiliger Ernst und wichtige Impulse für eine Lebenseinstellung, in der die Augen nicht vor dem Leid verschlossen sein dürfen: Gott zeigt Solidarität mit den Leidenden, den Sterbenden, indem er Leid und Tod selbst auf sich nimmt. Kein menschlicher Abgrund ist für Gott zu tief. Das Christentum gibt dem Leiden einen Platz, verleugnet es nicht, erträgt es, gibt sich nicht mit billigen, vorschnellen Lösungen zufrieden und muss aushalten, auf die Frage nach dem Sinn des Leids keine erschöpfende Antwort geben zu können.

So richtig das alles ist, so falsch ist es, den Karsamstag als liturgiefrei und Gott selbst an diesem Tag als tot anzusehen. In dieser Vorstellung zeigt sich ein blinder Fleck des heutigen Katholizismus: Es gibt zwar keine Eucharistiefeier und keinen anderen Hauptgottesdienst am Karsamstag, sehr wohl aber die Tagzeiten. Und die gehören zum Kern christlicher Liturgie – nur weiß davon kaum jemand etwas, weil in der Gemeindepraxis davon so wenig ankommt.

Tagzeitenliturgie am Karsamstag

Wie schon am Karfreitag kann auch am Karsamstag die **Trauermette** gehalten werden, daneben gibt es auch die kleinen Horen und die Vesper. Nur die Komplet ist für diesen Tag nicht vorgesehen, da die Nacht ab Karsamstagabend eigentlich eine Nacht des Wachens sein sollte (siehe Kapitel 16) und somit das Schlafengehen an diesem Abend keine liturgische Bestimmung erhält.

Wer sich auf die Tagzeitenliturgie dieses Tages einlässt, wird feststellen, dass der Karsamstag ein höchst „aktiver" Tag von hoher heilsgeschichtlicher Bedeutung ist. Ein zentrales Motiv ist dabei das der **Höllenfahrt**. Im christlichen Glaubensbekenntnis heißt es von Jesus Christus, er sei „hinabgestiegen zu den Toten". 1 Petr 3,19 deutet dies so, dass Christus, als er getötet war, zu den „Geistern gegangen sei, die im Gefängnis waren", und „ihnen gepredigt" habe. Die Zeit zwischen Tod und Auferweckung verbringt Christus also in der „Unterwelt", aus der er alle seine Vorläuferinnen und Vorläufer befreit, die bislang dort von den bösen Mächten des Todes gefangen gehalten wurden. In der ostkirchlichen Ikonografie wird diese Überzeugung darin ausgedrückt, dass Jesus aufrecht stehend den Verstorbenen in den Gräbern – paradigmatisch ausgedrückt durch Adam und Eva – seine Hände reicht und sie aus ihren Gräbern herauszieht und aufrichtet.

In diesem Bild wird gezeigt, dass der christliche Auferstehungsglaube zwar seine Wurzel in einem geschichtlichen Ereignis hat, in seiner Wirkung und Bedeutung jedoch unabhängig von der Zeit ist: Alles, was lebt – auch alles, was zeitlich früher war als Jesus Christus –, ist für das Leben und nicht für den Tod bestimmt.

Der Karsamstag ist daher ein überaus spannungsgeladener Tag im christlichen Festkalender: Während die irdische Gemeinde noch in Erwartung lebt und auf Ostern zugeht, hat der Triumph des Lebens schon längst begonnen. In der Unterwelt, unsichtbar, setzt sich Christus mit Adam und Eva und allen, die ihm vorausgegangen sind, bereits in Bewegung zur Auferstehung.

Wenn Kreuzesdarstellungen unterhalb von Jesus einen fratzenhaften Teufel zeigen, der von den Füßen Jesu zertreten wird, dann ist genau das die Botschaft, die am Karsamstag im Mittelpunkt der Liturgie steht. Der Karsamstag steht ganz in der für den christlichen Glauben so prägenden Spannung von „Schon" und „Noch nicht": Schuld und Tod wirken noch nach, werden nicht einfach weggewischt, gleichzeitig aber deutet sich schon der bevorstehende Jubel an, den das Osterfest mit sich bringen wird.

Textbeispiele

Als Textbeispiele für die Liturgie des Karsamstags mögen die drei Responsorien aus der Vigil dienen, wie sie in deutschsprachigen Klöstern nach dem „Benediktinischen Antiphonale" gefeiert wird (diese Textauswahl weicht von der in der Lesehore/Trauermette des Karsamstags im gewöhnlichen römisch-katholischen Ritus ab). Sie finden sich auf Seite 95.

Leider ist von der in diesen Texten zum Ausdruck kommenden Spannung zwischen der ratlosen Verzweiflung und dem kämpferisch anmutenden Triumph Christi in seiner Höllenfahrt in der katholischen Praxis kaum etwas zu merken. Der Fokus in der Wahrnehmung liegt hier ganz auf der Trauer um den Tod Jesu, auf Stille und Leere, oft auch einfach in einer banalen Belanglosigkeit, die nichts weiter ist als ein Lückenfüller für den Zwischenraum zwischen Karfreitag und Ostersonntag. Die Chance, am Karsamstag die ganze existenzielle Dramatik, Ernsthaftigkeit und zugleich Hoffnung des Kreuzesgeschehens zu erfahren, bleibt weitgehend ungenutzt. Umso mehr allerdings verdient der Karsamstag in einem Buch über den Festkalender ein eigenes Kapitel. Er ist weit mehr als nur die Pause zwischen Karfreitag und Ostersonntag, er ist eine Zusammenfassung des gesamten christlichen Glaubens in seiner spannungsgeladenen, existenziellen Bedeutung.

Responsorien der Karsamstagsvigil im „Benediktinischen Antiphonale"

Jerusalem, klage und weine: Israels Heiland wurde gemordet in dir. Wie einen Bach lass deine Tränen strömen, und gönne deinen Augen keine Ruhe. Steh auf und klage bei Nacht, stöhne, und schreie laut zum Herrn. Wie Wasser schütte dein Herz aus vor dem Antlitz des Herrn.

Ihr alle, die ihr des Weges kommt, schauet doch, und seht meinen Schmerz! Gleicht denn ein Schmerz meinem Schmerz, dem Schmerz, mit dem der Herr mich geschlagen? Hört, wie ich stöhne! Ich habe keinen Tröster. Ich klage ohne Ende, und mein Herz ist krank.

Heute stieg der Erlöser hinab zu den Toten; des Todes Pforten barsten, als sie ihn schauten. Ins Grab stieg der Hirte hinab, um das verlorene Schaf zu suchen. Gefesselt hat er den Starken, der Adam gefangen hielt. Sein Erscheinen jagte den Tod in die Flucht, und die Begrabenen erweckte sein Ruf.

Kapitel 16
Die Osternachtsfeier: Ablauf

Die Nacht als geistliches Ereignis

Die österliche Nachtwache ist *die* zentrale Feier des christlichen Jahreskreises. Mit der Ausdifferenzierung der Osterfeierlichkeiten zum Triduum wurde sie zum krönenden Abschluss der drei Hauptfeiern nach der Eucharistiefeier am Gründonnerstag und der Karfreitagsliturgie.

Die Nacht ist der biblischen Tradition als eine Zeit von existenzieller Tragweite vertraut: In der Nacht ereignen sich göttliche Offenbarungen in Gestalt von Träumen, die Nacht ist die Zeit der Ruhe und der Besinnung, aber auch des Wachbleibens und Erwartens. Die Nacht ist still und dunkel, sie birgt Gefahren, sie kann aber auch dem alltäglichen Treiben eine neue, heilende Perspektive geben. In der biblischen Geschichte ist *die* Nacht schlechthin die Nacht des Pessach, die Nacht vor dem Auszug aus Ägypten (Ex 12,12–13), die Nacht des Sieges Gottes über die Unterdrücker Israels, die sich neutestamentlich in der Auferstehung Jesu, der Nacht des Sieges Gottes über den Tod, abbildet und eine neue Bedeutungsfülle erreicht. Wie der Nacht im Allgemeinen, so haftet auch der Osternacht Jesu etwas Rätselhaftes und Unbeschreibliches an: Es existiert keine Schilderung des Vorgangs der Auferweckung aus dem Tod, sie ereignet sich zwar, aber es gibt keine Augenzeugen. Erst am Sonntagmorgen wird das leere Grab offenbar.

In dieser einen Nacht soll in der Liturgie das christliche Ideal des Umgangs mit den Stunden der Dunkelheit erfahren werden: wach bleiben, in Erwartung leben, auf eine Zukunft zugehen, die Zukunft bereits jetzt erfahren.

Struktur der Osternachtsfeier

Im für die Liturgiegeschichte so bedeutenden Jerusalem des 4. Jahrhunderts finden wir bereits eine Vierteilung der Osternachtsfeier, die sich auch heute noch erkennen lässt:

Erstens beginnt die Nacht mit einem **Luzernar** (einer Lichtfeier). Das Entzünden und lobpreisende Besingen des Lichtes wird zur Erfahrung der Macht des Lebens Jesu Christi, das die Dunkelheit – und darin sinn-bildlich Sünde und Tod – besiegt. Luzernarien sind in den meisten christ-lichen Traditionen verbreitet und werden am Abend, also bei der einbre-chenden Dunkelheit, gehalten. Nur der römische Ritus war schon immer sehr sparsam mit Luzernarien, so dass dieses Element eine Besonderheit der Osternacht darstellt, obwohl es mittlerweile auch für andere Gele-genheiten, ja für jeden Abend empfohlen wird und jederzeit als zentrales christliches Symbol (siehe etwa Joh 8,12) einen Platz sowohl im persön-lichen Gebet als auch im Gemeindegottesdienst haben könnte.

Zweitens wird in der Osternacht eine **Vigil** gehalten, das heißt eine aus-gedehnte rituelle Verkündigung und Betrachtung der Heiligen Schrift, namentlich des Alten Testaments. Darauf geht das folgende Kapitel 17 näher ein. Von diesem Teil der Feier herkommend ist es auch verbreitet, die Osternachtsfeier insgesamt als **Ostervigil** zu bezeichnen.

Drittens wird in dieser Nacht die **Taufe** gespendet. Abgesehen von Tauf-bewerberinnen und Taufbewerbern, die sich in Todesgefahr befinden, ist die Osternacht zumindest ab dem 4. Jahrhundert als wichtigster, wenn nicht sogar einziger regulärer Tauftermin bezeugt. Taufe bedeutet, in das neue, nicht mehr von Sünde und Tod beherrschte Leben einzutreten, das durch Christus vorgezeichnet und eröffnet wurde – daher sind Taufe und Ostern aufs Engste miteinander verbunden.

Viertens wird in der Osternacht – als deren frühmorgendlicher Abschluss – **Eucharistie** gefeiert. Geht man von der frühchristlichen Überzeugung aus, dass sich die Wiederkunft Christi in der Osternacht ereignen wird, darf und muss man diese Eucharistiefeier (und überhaupt jede Eucharis-tiefeier!) als ein Ritual der Vorausschau und Vorwegnahme verstehen: Weil die Wiederkunft Christi noch nicht stattgefunden hat, wird Eucha-ristie gefeiert – ein „Ersatzritual" für die noch nicht zur Gegenwart ge-wordene Wiederkunft Christi. Die Eucharistie tritt also an die Stelle der endgültigen Gottesherrschaft, die in ihr vorgezeichnet und bereits jetzt erfahrbar gemacht wird.

Auf Seite 98–99 findet sich das **Exsultet**, das festlich gesungene Lobge-bet auf die Osterkerze, die im Rahmen des Luzernars vor dem Kirchen-gebäude entzündet und dann in die Kirche hineingetragen wird. Selbst-verständlich sollte die Osternacht dann auch bei Kerzenschein und nicht bei künstlichem Licht gefeiert werden; dazu halten alle Mitfeiernden kleine Kerzen in den Händen, die ausgehend von der Osterkerze beim Einzug in die Kirche entzündet werden.

Das Exsultet (Lobgesang auf das Licht in der Osternachtsfeier)

Frohlocket, ihr Chöre der Engel, frohlocket, ihr himmlischen Scharen, lasset die Posaune erschallen, preiset den Sieger, den erhabenen König! Lobsinge, du Erde, überstrahlt vom Glanz aus der Höhe! Licht des großen Königs umleuchtet dich. Siehe, geschwunden ist allerorten das Dunkel. Auch du freue dich, Mutter Kirche, umkleidet von Licht und herrlichem Glanze! Töne wider, heilige Halle, töne von des Volkes mächtigem Jubel. […]

Vorsänger/-in: Erhebet die Herzen. *Alle:* Wir haben sie beim Herrn.

V: Lasset uns danken dem Herrn, unserm Gott. *A:* Das ist würdig und recht.

In Wahrheit ist es würdig und recht, den verborgenen Gott *(1 Tim 6,16)*, den allmächtigen Vater, mit aller Glut des Herzens zu rühmen und seinen eingeborenen Sohn, unsern Herrn Jesus Christus, mit jubelnder Stimme zu preisen. Er hat für uns beim ewigen Vater Adams Schuld bezahlt *(1 Kor 15,22)* und den Schuldbrief ausgelöscht mit seinem Blut, das er aus Liebe vergossen hat *(Offb 1,5)*.

Gekommen ist das heilige Osterfest, an dem das wahre Lamm geschlachtet ward *(1 Kor 5,7)*, dessen Blut die Türen der Gläubigen heiligt *(Ex 12,7)* und das Volk bewahrt vor Tod und Verderben *(Ex 12,13)*.

Dies ist die Nacht, die unsere Väter, die Söhne Israels, aus Ägypten befreit und auf trockenem Pfad durch die Fluten des Roten Meeres geführt hat *(Ex 14)*. Dies ist die Nacht, in der die leuchtende Säule das Dunkel der Sünde vertrieben hat *(Ex 13,21f)*. Dies ist die Nacht, die auf der ganzen Erde alle, die an Christus glauben, scheidet von den Lastern der Welt, dem Elend der Sünde entreißt, ins Reich der Gnade heimführt und einfügt in die heilige Kirche. Dies ist die selige Nacht, in der Christus die Ketten des Todes zerbrach und aus der Tiefe als Sieger emporstieg. Wahrhaftig, umsonst wären wir geboren, hätte uns nicht der Erlöser gerettet *(1 Kor 15,12–20)*. O unfassbare Liebe des Vaters: Um den Knecht zu erlösen, gabst du den Sohn dahin *(Röm 8,32)*! O wahrhaft heilbringende Sünde des Adam, du wurdest uns zum Segen, da Christi Tod dich vernichtet hat *(1 Kor 15,22)*. O glückliche Schuld, welch großen Erlöser hast du gefunden *(Tit 2,14)*! O wahrhaft selige Nacht, dir allein war es vergönnt, die Stunde zu kennen, in der Christus erstand von den Toten. Dies ist die Nacht, von der geschrieben steht: „Die Nacht wird hell wie der Tag, wie strahlendes Licht wird die Nacht mich umgeben" *(Ps 139,11f)*. Der Glanz dieser heiligen Nacht nimmt den Frevel hinweg, reinigt von Schuld, gibt den Sündern die Unschuld, den Trauernden Freude. Weit vertreibt sie den Hass, sie einigt die Herzen und beugt die Gewalten.

In dieser gesegneten Nacht, heiliger Vater, nimm an das Abendopfer unseres Lobes *(Ps 141,2)*, nimm diese Kerze entgegen als unsere festliche Gabe! Aus dem köstlichen Wachs der Bienen bereitet, wird sie dir dargebracht von deiner heiligen Kirche durch die Hand ihrer Diener. So ist nun das Lob dieser kostbaren Kerze erklungen, die entzündet wurde am lodernden Feuer zum Ruhme des Höchsten. Wenn auch ihr Licht sich in die Runde verteilt hat, so verlor es doch nichts von der Kraft seines Glanzes. Denn die Flamme wird genährt vom schmelzenden Wachs, das der Fleiß der Bienen für diese Kerze bereitet hat. O wahrhaft selige Nacht, die Himmel und Erde versöhnt, die Gott und Menschen verbindet! Darum bitten wir dich, o Herr: Geweiht zum Ruhm deines Namens, leuchte die Kerze fort, um in dieser Nacht das Dunkel zu vertreiben. Nimm sie an als lieblich duftendes Opfer, vermähle ihr Licht mit den Lichtern am Himmel. Sie leuchte, bis der Morgenstern erscheint *(2 Petr 1,19)*, jener wahre Morgenstern, der in Ewigkeit nicht untergeht: dein Sohn, unser Herr Jesus Christus, der von den Toten erstand *(Offb 22,16)*, der den Menschen erstrahlt im österlichen Licht; der mit dir lebt und herrscht in Ewigkeit. *A:* Amen.

Die Übersicht auf Seite 100 zeigt den heutigen Ablauf der Osternachtsfeier. Nicht ganz exakt erkennbar sind die Übergänge zwischen den einzelnen Teilen. Vor allem gehört die Evangelienlesung eigentlich nicht zur Vigil, sondern zur Eucharistiefeier. Sie wurde aber in die Vigil als deren Abschluss verschoben, so dass die eigentliche Eucharistiefeier der Osternacht sofort mit der Gabenbereitung einsetzt. Auf die Bedeutung und Praxis der Schriftlesungen geht das folgende Kapitel 17 ein; dieser Teil ist heute wieder in die Diskussion geraten.

Taufe in der Osternacht

Im Jerusalem des späten 4. Jahrhunderts waren Vigil und Taufe zwei parallel stattfindende Feiern: Während die Gemeinde die Schriftlesungen der Vigil hörte, befand sich der Bischof mit den Taufbewerberinnen und Taufbewerbern, deren Patinnen und Paten und einigen Assistentinnen und Assistenten in einem Nebenraum, in dem die Taufe stattfand. War die Taufe vollzogen, führte der Bischof die Neugetauften zur Eucharistiefeier (der ersten, die sie überhaupt in ihrem Leben mitfeierten) in die Gemeinde.

Heute werden Vigil und Taufe aneinandergereiht und ohne räumliche Zweiteilung gehalten. Die Taufe findet also als Teil der Gemeindefeier statt, ist in die Gemeinde einbezogen und für alle sichtbar und erlebbar. Hat eine Gemeinde keine Täuflinge, wird anstelle der Taufe eine Erneu-

Die Feier der Osternacht

Luzernar (Lichtfeier)
Segnung des Feuers und Bereitung der Osterkerze
Prozession in die Kirche mit dem Ruf „Lumen Christi" – „Deo gratias"
(„Das Licht Christi" – „Dank sei Gott")
Exsultet

Vigil
1. Lesung: Gen 1,1–2,2
Psalm: Ps 104 (ausgewählte Verse), anschl. Oration

2. Lesung: Gen 22,1–18
Psalm: Ps 16 (ausgewählte Verse), anschl. Oration

3. Lesung: Ex 14,15–15,1
Canticum: Ex 15,1–18 (ausgewählte Verse) , anschl. Oration

4. Lesung: Jes 54,5–14
Psalm: Ps 30 (ausgewählte Verse), anschl. Oration

5. Lesung: Jes 55,1–11
Canticum: Jes 12,2–6, anschl. Oration

6. Lesung: Bar 3,9–15.32–4,4
Psalm: Ps 19,8–12, anschl. Oration

7. Lesung: Ez 36,16–17a.18–28
Psalm: Ps 42 und 43 (ausgewählte Verse) oder Ps 51,12–15.18–19, anschl. Oration

Eucharistiefeier Teil I (Liturgie des Wortes)
Gloria
Tagesgebet
Lesung: Röm 6,3–11
Halleluja mit Ps 118,1–2.16–17.22–23
Evangelium: Mt 28,1–10 (Lesejahr A), Mk 16,1–7 (B), Lk 24,1–12 (C)
Homilie

Tauffeier
(Findet keine Taufe statt, wird hier Taufwasser gesegnet und über die Gemeinde ausgesprengt.)

Eucharistiefeier Teil II (Eucharistische Liturgie)
(Beginnend mit der Gabenbereitung)

erung des Taufbekenntnisses aller vorgenommen (in Form einer rituali-sierten Befragung) und Wasser für die Spendung von Taufen in den folgenden Wochen gesegnet.

Textbeispiel Communio

Die Communio – also der Gesang bzw. Vers zur Kommunion, der aller-dings meist durch andere Gesänge oder Instrumentalmusik ersetzt wird – schlägt die Brücke zurück zum Pessach und zum Auszug Israels aus Ägypten. Es handelt sich um zwei Verse aus dem ersten Korintherbrief (1 Kor 5,7–8), denen das für die römisch-katholische Osterliturgie so charakteristische hebräische Wort „Halleluja" („Lobet Jah", also eine Aufforderung, dem Gott Israels zuzujubeln, dessen Eigenname nur an-gedeutet, aber aus Respekt vor seiner Heiligkeit nicht ausgesprochen wird) hinzugefügt ist.

Unser Osterlamm ist geopfert, Christus, der Herr. Halleluja! Wir sind befreit von Sünde und Schuld. So lasst uns Festmahl halten in Freude. Halleluja!

Das Ostergeschehen wird an das Bekenntnis zum Motiv der Befreiung rückgebunden, für das das Pessachlamm zum bleibenden Erkennungs-zeichen geworden ist. Wenn Christen dem Bekenntnis zur Befreiung aus der Sklaverei Ägyptens das Bekenntnis zur Befreiung aus Sünde und Tod hinzufügen, dann bezeugen sie damit eine neue Akzentuierung und durch-aus auch Erweiterung des Pessachglaubens, stehen aber zugleich auf dessen Boden und erhalten von hierher ihre Grundlage.

Halleluja

Das Halleluja vor der Evangelienlesung der Osternacht ist das erste, das in der römisch-katholischen Liturgie seit Aschermittwoch (siehe Kapitel 18) überhaupt erklingt. Für das „Osternachts-Halleluja" ist bis heute eine melodische Form verbreitet, die zum gregorianischen Choral gehört und spätestens im 8. Jahrhundert entstanden ist. Denen, die mit dieser einzig-artigen Melodie vertraut sind, kann sie geradezu zur „Erkennungsmelo-die" des römisch-katholischen Osterfestes werden. Nach altem Brauch wird dieses Halleluja nicht nur einmal, sondern dreimal, und zwar mit steigender Tonhöhe vorgesungen, was diesem Ruf eine einzigartige Prägung verleiht.

Zeitansatz, Dauer und Praxis der Osternacht

Die Osternachtsfeier wurde im Laufe der Geschichte immer weiter in den Karsamstag vorgezogen, bis sie schließlich zu einem weitgehend unbeachteten Ritual am Karsamstagmorgen geworden war, bei dem nur der Priester und bestenfalls einige Ministranten anwesend waren. Gegen diese tragische Verlustgeschichte setzten in der Mitte des 20. Jahrhunderts umfassende Reformbemühungen ein. Sie haben zu der heutigen Form der römisch-katholischen Osternachtsfeier geführt.

Dass dies der wichtigste Gottesdienst des Jahres ist, ist mittlerweile allgemein bekannt, jedoch leidet die Osternacht in der Praxis erheblich unter mehreren Faktoren:

Sie wird gerne gekürzt und vereinfacht, besonders in ihrem Vigilteil (siehe Kapitel 17). Als Tauftermin genießt sie nur in wenigen Gemeinden hohen Stellenwert. Und sie wird immer noch gerne auf eine möglichst bequeme Uhrzeit am Abend des Karsamstags vorverlegt.

Die liturgischen Normen sehen heute vor, dass die Osternacht **nicht vor Sonnenuntergang beginnen darf und bis Sonnenaufgang enden muss**. Was in der frühen Kirche zeitweise der gesamte Rahmen der Feier war, ist nunmehr die Spannbreite, innerhalb derer die Feier weitgehend willkürlich positioniert werden kann. Feiert man die Osternacht in der vorgesehenen Vollform, dauert sie etwa drei Stunden; wird sie gekürzt und vereinfacht, dann womöglich nur die Hälfte oder noch weniger. Anregungen der Deutschen Bischofskonferenz für eine Wiederbelebung einer österlichen Ganznachtfeier haben keine breite Wirkung erreicht und sind in der Publikation von Konzepten sowie einigen experimentellen Versuchen engagierter Gottesdienstgruppen stecken geblieben.

Verbreitet sind sowohl Feiern am Ende der Nacht, also etwa ab 5 Uhr in die Morgensonne hinein, als auch Feiern in der Mitte der Nacht, also etwa ab 23 oder 24 Uhr, sowie Feiern am Beginn der Nacht, etwa ab 21 Uhr. Es können aber durchaus auch Osternachtsfeiern schon um 19 Uhr begegnen, in denen dann von der Symbolik des Lichtes in der Dunkelheit, des Wachens und Wartens kaum mehr etwas übrig bleibt. Eine wirkliche wertschätzende Osternachtskultur, die dieser Feier den nötigen Raum und die nötige Zeit zugesteht, hat sich bislang nur an wenigen Orten entwickelt, so umfangreich die Bemühungen von kirchlicher und theologischer Seite hier auch seit vielen Jahrzehnten sein mögen.

Kapitel 17
Die Osternachtsfeier: Schriftlesungen

Bedeutung der Ostervigil

Prägendes Charakteristikum der Osternachtsfeier ist die lange Abfolge alttestamentlicher Lesungen in Form einer Vigil, also einer liturgischen Nachtwache. Wie schon angedeutet, wird dieser Teil der Osternacht vielerorts bis zur Unkenntlichkeit marginalisiert, so dass sich die zentrale Feier des römisch-katholischen Kirchenjahres nur als eine gewöhnliche Eucharistiefeier mit vorgeschaltetem Lichtritus und mit etwas verlängertem Lesungsteil darstellt. Wo der christliche Glaube den Anschluss an seine Herkunft und seinen Deutungshorizont verloren hat, den Anschluss nämlich an das Alte Testament und die in ihm überlieferte Geschichte des Volkes Israel mit seinem Gott, fokussiert sich die Osternacht dann ausschließlich auf die Verkündigung der Auferstehung Jesu ohne deren heilsgeschichtlichen Kontext. Die Abfolge der vielen alttestamentlichen Lesungen muss dann zwangsläufig als ein vernachlässigenswertes Vorprogramm erlebt werden, das man sich so weit wie möglich erspart.

Dagegen kann nicht genug betont werden, dass die Ostervigil in ihrer Vollgestalt das ermöglichen soll, was in der berühmten **Emmauserzählung** (Lk 24,13–35) die Jünger in der Begegnung mit dem Auferstandenen erfahren haben:

Da sagte Jesus zu ihnen: Begreift ihr denn nicht? Wie schwer fällt es euch, alles zu glauben, was die Propheten gesagt haben. Musste nicht der Messias all das erleiden, um so in seine Herrlichkeit zu gelangen? Und er legte ihnen dar, ausgehend von Mose und den Propheten, was in der gesamten Schrift über ihn geschrieben steht. (Lk 24,25–27)

Im Johannesevangelium heißt es von den ersten Jüngern, die am Ostermorgen das leere Grab entdecken:

Sie wussten noch nicht aus der Schrift, dass er von den Toten auferstehen musste. (Joh 20,9)

„Die Schrift", „die gesamte Schrift", „Mose und die Propheten": Das sind verschiedene Ausdrucksweisen für dieselbe Sache, nämlich die Heilige Schrift Israels, die im Christentum „Altes Testament" genannt wird und die auch für die ersten Christengenerationen die einzige verbindliche Überlieferung war, ehe dann schließlich eine weitere Textsammlung als „Neues Testament" in die nunmehr erweitere Heilige Schrift der Christen einging.

Gewiss bildet aus der Sicht des christlichen Glaubens die Auferweckung Jesu den Anlass für dieses zentrale Fest, doch die gesamte jüdische Überlieferung, die dem vorausgeht, wurde von Jesus selbst als Deutungshintergrund genannt und verstanden (vgl. auch Lk 24,44). In der Osternachtsfeier eröffnet die römisch-katholische Kirche also den gesamten geschichtlichen Horizont des Osterfestes.

Wenn man das ernst nimmt, stellt sich Ostern nicht als ein spektakuläres Einzelereignis von physikalischer oder biologischer Bedeutung dar („ein Leichnam verschwindet"), sondern als Gipfelpunkt einer Geschichte der Menschen mit Gott: Zu dem, was an Israel wahr geworden ist – Freiheit durch und mit Gott –, dürfen in dieser Nacht alle Menschen hinzutreten, weil das, was hier ausgesagt wird, alle angeht und alle erreichen will.

Die Abfolge der Vigil-Lesungen wurde zuletzt 1969/70 geändert und ist Gegenstand umfangreicher und äußerst inspirierender theologischer Debatten, die aber hier nicht näher darzustellen sind.

Ritualisierte Form der Schriftbetrachtung

Die Ostervigil folgt einem seit frühesten Zeiten christlicher Spiritualität bezeugten Grundschema, nämlich der Abfolge *lectio – meditatio – oratio*, deutsch etwa „Lesung – Betrachtung – Gebet (zu Gott)". Ein biblischer Text wird gelesen *(lectio)*, dann vertieft *(meditatio)* und schließlich in ein aus der Textbetrachtung erwachsendes gemeinsames (das heißt laut vorgetragenes) Gebet *(oratio)* überführt. Dieses Schema wird siebenmal wiederholt, so dass sich eine innere Dramaturgie, ein mehrfaches Aufgreifen und Vertiefen unterschiedlicher biblischer Motive und schließlich eine Zielrichtung ergibt, die in der Verkündigung des Osterevangeliums zum Abschluss kommt.

Die *meditatio* der biblischen Lesungen geschieht ebenfalls durch biblische Texte, nämlich durch Psalmen (oder Cantica, also psalmähnliche biblische Abschnitte), die gemeinsam gesungen, also gewissermaßen „ganzheitlich" bedacht und ausgesprochen werden.

Die sieben alttestamentlichen Lesungen

Die **erste Lesung** ist Gen 1,1–2,2, der Beginn der Bibel: Der Mythos der Erschaffung der Welt und des Menschen schlägt in dieser Nacht die Brücke zu den allerersten Anfängen der Geschichte der Menschheit mit Gott. Das Ostergeschehen, also der Sieg über den Tod, stellt sich als Wiederherstellung der Schöpfung dar, wie sie von Anfang an gewollt war: „sie war sehr gut" (Gen 1,31). Zudem ist in diesem Text die Sieben-Tage-Woche erzählerisch grundgelegt. Der „erste Tag" – und genau einen solchen, nämlich einen Sonntag, feiert ja die Osternacht – ist dabei der Tag des Lichtes, das von der Dunkelheit getrennt wird (Gen 1,3–5): Auch dies kann als Hinweis auf den Sieg des Guten über das Böse gedeutet werden, der am Ostersonntag gefeiert wird. Die Lesung wird fortgeführt im Gesang von Psalm 104 (103), der ebenfalls die Ordnung der von Gott gewollten Schöpfung besingt. Dieser Psalm ist in der römisch-katholischen Liturgie leider nur sehr selten vorgesehen, während etwa der byzantinische Ritus (siehe Kapitel 31–33) ihn tagtäglich an den Beginn der Vesper stellt, wo er dann eine Art Überschrift über den neuen Tag darstellt. Das Gebet, das diesen ersten Block aus *lectio*, *meditatio* und *oratio* abschließt, schlägt die Brücke von der „ersten Schöpfung" zur „neuen Schöpfung": „Lass deine Erlösten erkennen, dass deine Schöpfung groß ist, doch größer noch das Werk der Erlösung."

Die **zweite Lesung** ist Gen 22,1–18: Gott fordert Abraham auf, seinen einzigen Sohn Isaak zu opfern, am Ende aber hält er ihn auf und weist ihn an, den Sohn nicht zu töten. Der Gott, der vom Menschen Treue und Gehorsam fordert, fordert doch nicht die Vernichtung des Menschen. In der christlichen Rezeption wurde daraus zudem ein Hinweis auf Jesus Christus als den Sohn Gottes, der sich dem Willen des Vaters mit Leib und Seele hingibt und so Leben und Sinn für viele ermöglicht – wie auch dem Abraham zahlreiche Nachkommen verheißen werden (Gen 22,17). Psalm 16 (15) vertieft den Glauben an einen Gott, der „mich nicht der Unterwelt preisgibt", das abschließende Gebet benennt die christliche Taufe als die Erfüllung der dem Abraham gegebenen Verheißung einer zahlreichen Nachkommenschaft.

Dritte Lesung ist Ex 14,15–15,1, der Durchzug der Israeliten durch das Meer aus der Sklaverei Ägyptens in die Freiheit. Gemeinsam mit Ex 12, den Anordnungen für das Pessachlamm (siehe Kapitel 13), ist dies der Grundtext des Pessachfestes. Während die Thematik des geopferten Pessachlammes heute stärker die Liturgie am Gründonnerstag und Karfreitag beeinflusst, ist in der Osternacht das eigentliche Befreiungsgeschehen das Hauptthema. An diesen Gott zu glauben heißt, an Befreiung zu glauben. Anstelle eines Psalms wird die Lesung im Gesang unmittelbar fortgeführt: Ex 15,1–6.13.17–18, Auszüge aus dem Lied, das Mose im Anschluss an die gelungene Flucht vor der Streitmacht des tyrannischen Pharao gemeinsam mit dem Volk Israels anstimmte. Im abschließenden Gebet heißt es: „Einst hast du Israel aus der Knechtschaft des Pharao befreit und durch die Fluten des Roten Meeres geführt; nun aber führst du alle Völker durch das Wasser der Taufe zur Freiheit."

Die **vierte bis siebte Lesung** sind überwiegend visionäre Zukunftsbilder. Hier greift die römisch-katholische Liturgie stark auf den Gedanken des Schemas „Verheißung – Erfüllung" zurück und betrachtet die alttestamentlichen Texte schlicht als Vorankündigungen der durch Christus gewirkten Erlösung: Jes 54,5–14 (4. Lesung) zeigt, dass Gott bei allem Zorn auf den Ungehorsam der Menschen doch am Ende Frieden, Gerechtigkeit und Freiheit von Angst zum Recht verhilft, Psalm 30 (29) spricht es aus: „Sein Zorn dauert nur einen Augenblick, doch seine Güte ein Leben lang." Jes 55,1–11 (5. Lesung) zeigt sich als Ankündigung einer ganz und gar geschenkten Erlösung im Bild von Essen und Trinken, dies vertieft das Canticum Jes 12,2–6: „Ihr werdet Wasser schöpfen voll Freude aus den Quellen des Heils." Bar 3,9–15.32–4,4 (6. Lesung) fordert zur Treue zu Gottes Lebensweisung, der Thora, auf, denn sie bringt das Leben; Psalm 19 (18) vertieft: „Die Weisung des Herrn ist vollkommen, sie erquickt den Menschen." Ez 36,16–17a.18–28 (7. Lesung) kündigt eine von Gott gewirkte Befreiung an, die den Menschen in seinem Innersten an diesen Gott und sein Wort binden wird. Psalm 42 (41) singt dazu: „Meine Seele dürstet nach Gott."

Die abschließenden Gebete der Lesungen 4–7 sprechen immer wieder das Motiv der Taufe an, das im Gemeindegottesdienst natürlich umso verständlicher wird, wenn die Osternacht tatsächlich auch der Ort für die Aufnahme neuer Gemeindemitglieder durch die Taufe ist.

Defizitäre Praxis

Wie schon gesagt: Der Umgang mit dieser Fülle an biblischen Aspekten, die die christliche Osterfeier erst in die Tiefe ihrer Bedeutung führen, ist in der Praxis weitgehend desolat. Die Psalmen als vertiefende Meditationen der Lesungen werden zumeist gänzlich ignoriert, die Zahl der Lesungen erheblich vermindert. Oft bleibt nicht einmal die unbedingt vorgeschriebene Mindestzahl von drei alttestamentlichen Lesungen stehen oder es wird sogar auf die Exodus-Lesung verzichtet, obwohl sie mit ihrer Überlieferung des Auszugs aus Ägypten den absolut unverzichtbaren heilsgeschichtlichen Schlüssel zum christlichen Osterfest bildet. Auch in Osterpredigten hört man nur selten Bezüge zur alttestamentlichen Grundlage dieses Festes.

Noch einmal: Dass die Osternachtsfeier der zentrale Gottesdienst des gesamten Kirchenjahres ist, ist mittlerweile wieder breit im Bewusstsein. Doch stellt sich die Osternachtsliturgie in vielen Gemeinden eher als eine „etwas verlängerte Sonntagseucharistie" dar, deren Bedeutungsfülle kaum erfasst ist und in der konkreten Gottesdienstgestaltung auch nicht erfahren werden kann. Bedenkt man, dass noch vor 100 Jahren die Osternacht nahezu ohne Gemeindebeteiligung gefeiert wurde (siehe Kapitel 16), ist die heutige Situation in der römisch-katholischen Kirche schon ein epochaler Fortschritt, allerdings warten in der kirchlichen Feierkultur noch gewichtige Schätze darauf, entdeckt und gehoben zu werden.

Nicht die Bequemlichkeit, sondern das genussvolle „Verkosten des Wortes Gottes" müsste prägende Haltung katholischer Gemeinden sein. Wenn die zentrale christliche Jahresfeier kürzer dauert als ein Fußballspiel, kann dies nicht im Sinn der Sache sein.

Kapitel 18
Die „vierzig Tage" vor Ostern:
Österliche Bußzeit und Heilige Woche

Die Zahl 40

Die Zahl 40 ist in der biblischen Überlieferung von hoher symbolischer Bedeutung: Nach dem Auszug aus Ägypten musste das Volk Israel 40 Jahre lang in der Wüste ausharren, ehe es sein Ziel, das Gelobte Land, in Besitz nehmen konnte. Das Buch Deuteronomium deutet diese Verzögerung als eine Strafe für die Untreue gegenüber Gott: In einer schwierigen Phase der Auswanderung fiel Israel von seinem Gott, der es aus Ägypten befreit hatte, ab und verehrte das sprichwörtlich gewordene Goldene Kalb (Ex 32): ein Schlag ins Gesicht des Monotheismus und des Bilderverbots (Ex 20,1–5). Zwar ließ Gott nicht von seinem Volk ab, er erlaubte aber nicht, dass irgendeiner – nicht einmal Mose als vorbildlicher Anführer – persönlich den neuen Lebensort sehen sollte. Erst die Generation danach durfte in das verheißene Land einziehen. Die Zahl 40 steht hier für einen Generationswechsel, einen Umbruch, eine Phase des Übergangs, in der das Alte nach und nach an Bedeutung verliert und Neues reifen kann: ein Symbol des Wachstums auf ein Ziel hin.

Ähnlich verhält es sich mit den 40 Tagen, die Jesus gemäß der Erzählung in Mt 4,1–11 fastend in der Wüste verbrachte und dort den Versuchungen des Satans widerstand. Erst danach beginnt sein öffentliches Auftreten und seine Verkündigung. Die 40 ist auch hier eine Phase der Besinnung, der Neuorientierung, des Wachstums und der Reife.

Quadragesima: Österliche Bußzeit

Die Zahl 40 hat sich in ihrer Symbolik so stark ins kulturelle Gedächtnis des biblischen Glaubens eingeprägt, dass die Vorbereitungszeit des Osterfestes sogar nach ihr benannt wurde: **Quadragesima**, abgeleitet vom lateinischen Wort *quadraginta* („vierzig"). Wer diese heute auf Deutsch **Österliche Bußzeit** bezeichneten, in der kirchlichen Alltagssprache einfach **Fastenzeit** genannten Wochen im Kalender durchzählt, kommt allerdings nicht auf Anhieb auf die Zahl von 40 Tagen. Die heute übliche Zählung wurde im 6. oder 7. Jahrhundert in Rom eingeführt. Gezählt werden nur Werktage, keine Sonntage (weil diese eigentlich immer Festtage sind, siehe Kapitel 21). Die Zählung endet mit dem Karsamstag (und nicht etwa mit dem Beginn des Österlichen Triduums am Gründonnerstag). So ergibt sich als Beginn der Quadragesima der siebte Mittwoch vor dem Ostersonntag, der **Aschermittwoch** heißt (siehe unten). Diese Zählung kennen nur die westlichen Kirchen, in den östlichen Traditionen wird die Zahl 40 anders berechnet (siehe Kapitel 32).

Eine vierzigtägige Vorbereitungszeit (wie auch immer die Tage genau gezählt werden) kannte schon das 4. Jahrhundert, und dort lässt sich bereits die Doppelfunktion nachweisen, die diesem Abschnitt des Kirchenjahres bis heute zukommt, auch wenn vieles daran im Laufe der Geschichte erheblich stilisiert wurde:

Für die (erwachsenen) Taufbewerberinnen und Taufbewerber ist es die letzte Phase der **Vorbereitung auf die Taufe**, die in der Osternacht stattfindet (siehe Kapitel 17). Die Zeit ist geprägt durch intensive Glaubensunterweisung, das Auswendiglernen und öffentliche Vortragen des Glaubensbekenntnisses sowie andere Riten der Segnung, Fürbitte und Vorbereitung, die **Skrutinien**. Die ganze Gemeinde trägt diese Phase nach Möglichkeit mit, sei es aus Interesse an den lehrhaften Predigten des Bischofs für die Taufbewerberinnen und Taufbewerber, sei es aus persönlicher Verbundenheit mit einzelnen Täuflingen oder als individuelle Erneuerung und Auffrischung des Glaubens.

Zugleich diente die vorösterliche Zeit aber auch dem ritualisierten Ausschluss von Sünderinnen und Sündern aus der Gemeinde (der **Ex-Kommunikation**, also wörtlich dem Ausschluss von der eucharistischen Gemeinschaft). Nach einer Zeit der Buße und Umkehr kehrten die so Sanktionierten erst zur Feier des Triduums in die Gemeinde zurück.

Aschermittwoch und Beginn der Quadragesima

Es liegt nahe, dass besonders der Anfang der Quadragesima unter einem eigenen Vorzeichen steht. Der **Aschermittwoch**, also der siebte Mittwoch vor Ostern, wird durch die Segnung und Auflegung von Asche geprägt: Gläubige erhalten Asche über das Haupt gestreut (ein biblischer Bußgestus, siehe z. B. 1 Makk 3,47) und werden dabei mit dem Vers „Bedenke, Mensch, dass du Staub bist und zu Staub zurückkehrst" oder „Bekehrt euch und glaubt an das Evangelium" an ihre Sterblichkeit und

Erlösungsbedürftigkeit erinnert. Dieser Gestus ist heute meist erheblich stilisiert: Es wird mit angefeuchteter Asche ein Kreuz auf die Stirn gezeichnet (**Aschenkreuz**).

Das Tagesgebet von Aschermittwoch verwendet in seinem lateinischen Originaltext für diese Zeit den Ausdruck *sacramentum quadragesimale*. Leider hat man sich nicht getraut, dies ins Deutsche als „Sakrament der vierzig Tage" zu übertragen.

In der Quadragesima, wie sie die römisch-katholische Liturgie heute begeht, mischen sich die oben genannten Motive. Die Fastenzeit dient der Vorbereitung erwachsener Taufbewerberinnen und Taufbewerber auf die österliche Taufe, zugleich bildet sie eine Art weltweites Exerzitium der Kirche: eine Zeit, die der Besinnung auf die eigene Schuld, der Erneuerung des Glaubens und der Vorbereitung auf das größte Fest des Jahres dienen soll.

Eucharistiefeier und Fasten in der Quadragesima

Interessanterweise waren die Werktage der Quadragesima die ersten Werktage überhaupt, an denen in der päpstlichen Liturgie Roms Eucharistie gefeiert wurde. Diese Entwicklung, die sich in der Mitte des 1. Jahrtausends beobachten lässt, würde man nicht unbedingt erwarten, wenn der theologische Schwerpunkt der Quadragesima auf dem Motiv der Buße läge: Dann wäre gerade der Verzicht auf die Eucharistie (als eine selbst oder von außen auferlegte Sühne) konsequent. Stattdessen hat das Motiv des frei gewählten Fastens – also die Quadragesima als eine freiwillig begangene Zeit der Askese und Besinnung – hier eine eigene Dynamik entfaltet: Wer fastet, wer also Körper und Geist bewusst vor Vergnügungen, Völlerei und Gier einbremst, ist dann umso empfänglicher und sensibilisierter für die „wahre Speise", eben die Eucharistie.

Fastenregeln

Die konkrete Form des Fastens ist heute nicht mehr in gleicher Weise wie früher festgelegt. Noch vor wenigen Jahrzehnten zeigte sich das Fasten – durchaus auch mit sozialem Druck in Gemeinden und ganzen katholischen Landstrichen durchgesetzt – vor allem im Verzicht auf Fleisch, Alkohol und Vergnügungen wie Tanzveranstaltungen, Hochzeitsfeiern und andere rauschende Feste. In den letzten Generationen hat sich eher die Erfahrung niedergeschlagen, dass solche allgemeinen Normierungen eine Tendenz zur Doppelmoral haben: Man beherrscht – womöglich sich darin öffentlich präsentierend – einen gewissen Kanon an disziplinarischen Regeln, findet aber nicht zu moralischer Selbsthinterfragung, zu Gebet und Taten der Nächstenliebe, weil man den Sinn der Fastenzeit durch das Einhalten bestimmter Vorschriften schon als erfüllt ansehen kann. Jesus selbst spricht sich gegen solches „demonstratives" Fasten aus und verlagert den eigentlichen Sinn des Fastens auf die ethische Ebene (siehe Mk 6,1–6.16–18, die Evangelienlesung am Aschermittwoch).

Aufgrund dieser Entwicklung gibt es heute keine allgemein verbreitete detaillierte katholische Fastenpraxis mehr. Neuere Modelle suchen etwa nach bewussten Zeiten für das (gegebenenfalls angeleitete oder in Gruppen reflektierte) Gebet („Exerzitien im Alltag"), nach ökologisch nachhaltigen Formen des Verzichts („Autofasten") oder anderen Varianten, deren Handhabung letztlich dem Urteil der Einzelnen überlassen bleibt. Dieser Umbruch, der in den letzten Jahrzehnten stattgefunden hat, ist sicher eine gute Gegenbewegung gegen ein rein ritualisiertes Fasten, das ohne Konsequenzen für Glauben und Ethik bleibt. Andererseits sind die Einzelnen heute mehr denn je sich selbst überlassen und werden nicht mehr wie in früheren Tagen von einer Gemeinschaft getragen, in der alle das Gleiche tun und einander in diesen Brauch einführen und darin begleiten. Unter dieser Rücksicht bedeutet der weitgehende Verzicht auf gemeinschaftliche Fastenpraktiken gewiss auch einen Verlust, der nur schwer individuell kompensiert werden kann.

Liturgische Texte in der Quadragesima

Die liturgischen Texte der Quadragesima greifen biblische Motive von Fasten, Buße und Umkehr auf. Eine herausragende Rolle spielt auch das Motiv des Wassers mit den darin zu findenden Anspielungen auf die christliche Taufe. Da die österliche Erwachsenentaufe noch immer nicht im allgemeinen Bewusstsein angekommen und in vielen Gemeinden sogar völlig unbekannt ist, sind diese Zusammenhänge nicht immer aus sich heraus verständlich, werden aber in der Liturgie nach wie vor fortgeführt.

Sonntage in der Quadragesima

Die **Sonntage der Österlichen Bußzeit** sind zwar wie alle Sonntage (siehe Kapitel 21) Festtage im Gedenken an die Auferstehung Jesu, sie werden aber liturgisch mit gewisser Zurückhaltung begangen: ohne Gloria in der Eucharistiefeier, ohne den Ruf „Halleluja" (siehe Kapitel 16 und 19), und erwünscht ist nur zurückhaltende Instrumentalmusik, die möglichst nur zur Unterstützung des Gesangs eingesetzt werden soll. Wenig gebräuchlich, aber theologisch hochinteressant sind eigene Segensgebete, die an diesen Tagen anstelle des Schlusssegens der Eucharistiefeier gesprochen werden können.

Der vierte Sonntag der Österlichen Bußzeit – nach seinem lateinischen Eröffnungsgesang **Laetare** benannt – bildet in seiner rituellen Gestaltung einen gewissen Kontrapunkt innerhalb der vierzig Tage, da er bereits eine kleine Vorausschau auf die Osterfreude andeutet.

Der fünfte Sonntag der Österlichen Bußzeit („Passionssonntag") – also zwei Wochen vor Ostern – bildet eine ästhetische Verschärfung des Motivs der Vorbereitung: Ab jetzt sollen Bilder und Statuen im Kirchenraum verhüllt werden, insbesondere werden keine Kreuze mehr gezeigt. Diese Dramatisierung bereitet auf die Kargheit des Karfreitags vor, an dem dann das Kreuz wieder feierlich enthüllt wird (siehe Kapitel 14).

Vorfastenzeit und Karneval/Fasching

Bis zur Liturgiereform von 1969/70 wurden der Fastenzeit noch drei weitere Sonntage vorgeschaltet. In einer recht griffigen – wenngleich mathematisch nicht ganz korrekten – Anspielung auf die Zahl 40 wurden diese Sonntage nacheinander als *Septuagesima* (70), *Sexagesima* (60) und *Quinquagesima* (50) bezeichnet und griffen bereits erste Motive der Fastenzeit auf. Heute existiert diese **Vorfastenzeit** im römisch-katholischen Kirchenjahr nicht mehr, in anderen christlichen Traditionen ist sie aber weiterhin existent (siehe besonders Kapitel 32 und 35).

Unmittelbar vor dem Aschermittwoch – mit regional sehr unterschiedlicher Tradition, inhaltlicher Ausprägung und genau definierter Dauer – ist die Zeit, die je nach Region **Karneval**, **Fasching**, **Fastnacht** oder ähnlich genannt wird und sich im Laufe der Jahrhunderte zu einem rauschhaften Abschied von den Freuden des Alltags entwickelt hat. Karneval ist eine Domäne katholisch geprägter Regionen. Auch wenn diese auf die gesamte Gesellschaft übergreifende Stimmung vielfach in katholischen Gottesdiensten aufgegriffen wird (zum Beispiel in eigenen „Narrenmessen" in den Tagen vor Aschermittwoch), ist der Karneval dennoch kein liturgisches Phänomen im eigentlichen Sinne. Das Kirchenjahr kennt diese Zeit offiziell nicht.

Palmsonntag

Der Sonntag vor Ostern heißt Palmsonntag und erinnert an den triumphalen Einzug Jesu in Jerusalem, den die Evangelien an diesem Tag datieren. Die Eucharistiefeier dieses Tages breitet eine fast unerträgliche Spannung aus: Zuerst wird im Rahmen eines feierlichen Einzugs in die Kirche der Einzug Jesu in Jerusalem abgebildet und gegenwärtig gesetzt, es wird der betreffende Bibeltext Lk 19,28–40 vorgetragen. Dann aber folgt die komplette Erzählung der Passion Jesu (jährlich abwechselnd nach Matthäus, Markus oder Lukas), womit schon die Pointe des Karfreitags vorweggenommen wird (siehe Kapitel 14).

Im Kontext des Palmsonntags ergibt sich durch diese Zusammenstellung eine nachdrückliche Botschaft: Der Jubel gegenüber Jesus ist mit Vorsicht zu genießen. Die jetzt jubeln – also wir selbst –, werden ihn ans Kreuz schlagen.

Es ist daher ein bewusst gewähltes Zeichen, wenn die Asche des Aschermittwochs möglichst aus den Palmzweigen des Vorjahres hergestellt werden soll, die – meist in der europäischen Variante der Weidenkätzchen – im Rahmen des feierlichen Einzugs zu Beginn der Palmsonntagsliturgie von den Gläubigen mitgeführt werden.

Heilige Woche/Karwoche

Mit dem Palmsonntag beginnt die Heilige Woche *(hebdomada sancta)*, die im Deutschen meist Karwoche genannt wird, von althochdeutsch „kara" für „Trauer", „Kummer". Mit dem deutschen Begriff „Karwoche" ist also vor allem der Aspekt von Passion und Tod Jesu verbunden, während der Begriff „Heilige Woche" angemessener das Osterfest mit einschließt.

Auf die drei Tage **Karmontag**, **Kardienstag** und **Karmittwoch** braucht hier nicht eigens eingegangen zu werden. Mit dem Donnerstag – also dem **Gründonnerstag** – setzt dann das Österliche Triduum ein, das bereits ab Kapitel 13 näher vorgestellt wurde.

Kapitel 19
Die „fünfzig Tage" ab Ostern: Osterzeit

Die Zahl 50

So wie es die vierzig Tage vor Ostern als Vorbereitungszeit gibt, gibt es die fünfzig Tage ab Ostern als Entfaltungszeit des Osterfestes. Anders als bei den 40 Tagen (siehe Kapitel 18) werden hier auch die Sonntage mitgezählt. Der offizielle Name ist **Osterzeit** *(tempus paschale)*. Zusammen mit der Österlichen Bußzeit und dem Österlichen Triduum ergibt dies den **Osterfestkreis**, über den Seite 115 eine tabellarische Übersicht gibt.

Die Zahl 50 ergibt sich als Potenzierung der Sieben-Tage-Woche: Die symbolische Überhöhung von „sieben Tagen" geschieht in Form von „sieben Wochen", an die dann ein weiterer Abschlusstag angehängt wird. So ergibt sich die Reihe von 7 × 7 + 1 = 50 Tagen, die am (ersten) Sonntag beginnt und am (achten) Sonntag endet. Auch das jüdische Pessach wird ja am 50. Tag noch einmal aufgegriffen (siehe Kapitel 2 und 20). Für die Osterzeit hat sich auch der griechische Name erhalten: *Pentekoste* heißt „fünfzig" und wird in der Fachtheologie als Bezeichnung für die Osterzeit verwendet.

Osteroktav

Innerhalb der Pentekoste ragt die erste Woche hervor, sie bildet den Auftakt dieser Festzeit und ist liturgisch besonders herausgehoben. Auch das entspricht jüdischer Praxis, etwa dem einwöchigen Pessachfest mit dem achten Tag als Abschlusstag (siehe Kapitel 2). In der christlichen Liturgie heißt eine solche Festwoche **Oktav**, von lateinisch *octo* (acht), gemeint sind also immer sieben Tage plus ein abschließender **Oktavtag**.

Während durch die Jahrhunderte viele Festtage im römisch-katholischen Kalender eine eigene Oktav erhielten – zeitweise bestanden im Laufe des Jahres sage und schreibe 26 Oktaven, von denen sich bis zu drei überschneiden konnten –, wurde diese Praxis 1969/70 ganz erheblich vereinfacht: Nur Weihnachten (siehe Kapitel 22) und Ostern haben noch eine Oktav, wobei die **Osteroktav** in der Liturgie viel deutlicher

Osterfestkreis

Datum	Bezeichnung	Anmerkung
Mittwoch	Aschermittwoch	Beginn der Österlichen Bußzeit
–6 Wochen	1. Sonntag der Österlichen Bußzeit	„1. Fastensonntag"
–5 Wochen	2. So. d. Österl. Bußzeit	
–4 Wochen	3. So. d. Österl. Bußzeit	
–3 Wochen	4. So. d. Österl. Bußzeit	„Laetare"-Sonntag
–2 Wochen	5. So. d. Österl. Bußzeit	„Passionssonntag"
–1 Woche	Palmsonntag	Beginn der Heiligen Woche/ Karwoche
	Gründonnerstag	Beginn des Österlichen Triduums
	Karfreitag	Feier vom Leiden und Sterben Christi, Tagzeitenliturgie (besonders Trauermette), keine Eucharistiefeier
	Karsamstag	Tagzeitenliturgie (besonders Trauermette), keine Eucharistiefeier
Sonntag nach dem 1. Frühlings- vollmond	Ostersonntag	In der Nacht: Osternachtsfeier Beginn der Osteroktav und der Osterzeit
	Osteroktav	
+ 1 Woche	2. Sonntag der Osterzeit	„Weißer Sonntag", Abschluss der Osteroktav
+ 2 Wochen	3. Sonntag der Osterzeit	
+ 3 Wochen	4. Sonntag der Osterzeit	
+ 4 Wochen	5. Sonntag der Osterzeit	
+ 5 Wochen	6. Sonntag der Osterzeit	
Donnerstag	Christi Himmelfahrt	Siehe Kapitel 20
+ 6 Wochen	7. Sonntag der Osterzeit	
+ 7 Wochen	Pfingsten	Abschluss der Osterzeit und des Osterfestkreises, siehe Kapitel 20
Montag	Pfingstmontag	Osterzeit ist bereits abgeschlossen
+ 8 Wochen	Dreifaltigkeitssonntag	Siehe Kapitel 27
Donnerstag	Hochfest des Leibes und Blutes Christi/Fronleichnam	Siehe Kapitel 27
+ 9 Wochen	Sonntag im Jahreskreis	
Freitag	Herz-Jesu-Fest	Siehe Kapitel 27

konturiert ist und sich damit als die zweifellos wichtigste Festwoche im Kalender erweist.

Wie für eine Oktav üblich, sind der erste und der achte Tag die bedeutendsten: Der erste Tag ist der Ostersonntag selbst, der achte Tag ist der **2. Sonntag der Osterzeit**, für den sich der aus der Spätantike überlieferte Name **Weißer Sonntag** erhalten hat. Diese Bezeichnung ist eine etwas missverständliche Vereinfachung des Ausdrucks „Sonntag in weißen Gewändern", lateinisch *dominica in albis*. Der Name verweist zurück auf die Taufe in der Osternacht, nach der die Täuflinge eine ganze Woche lang ihre weißen Taufgewänder zu tragen pflegten. Der Introitusgesang am Weißen Sonntag lässt diesen Bezug noch heute erkennen: „Wie neugeborene Kinder ..." *(Quasimodo geniti infantes)*.

Gemäß der biblischen Chronologie in Joh 20,19–29 steht am achten Tag das Evangelium des „ungläubigen Thomas" im Zentrum.

Die Tage zwischen Ostersonntag und Weißem Sonntag werden als „Montag der Osteroktav", „Dienstag der Osteroktav" usw. bezeichnet oder einfach **Ostermontag**, **Osterdienstag** usw. Demnach ist **Ostersamstag** also der Samstag *nach* Ostern – die vielerorts gebräuchliche Bezeichnung des Karsamstags als Ostersamstag ist daher wenig gelungen.

Im Prinzip sind alle Tage in der Oktav theologisch gleichwertig, allerdings genießt der Ostermontag eine besondere Stellung, da er sich in vielen Ländern als staatlicher Feiertag durchgesetzt hat. Der Ostermontag steht besonders im Zeichen der Erzählung der Emmausjünger (Lk 24,13–35), denen sich der Auferstandene beim Teilen von Brot zu erkennen gibt – gewiss diente diese Überlieferung in der ersten Christengeneration als Schlüssel zum Verständnis der Eucharistie. Hier allerdings weicht die liturgische Chronologie von der biblischen ab, denn Lk 24 datiert das Erlebnis der Emmausjünger am Ostersonntag abends, nicht am Ostermontag.

Osterzeit

Mit Abschluss der Osteroktav beginnt die **2. Woche der Osterzeit**, dann wird mit dem **3. Sonntag der Osterzeit** die **3. Woche der Osterzeit** eröffnet usw. Die römisch-katholische Liturgie all dieser Tage zeichnet sich durch ihre vielen Bezüge auf den Auferstehungsglauben und die Taufe aus.

Während der gesamten Osterzeit wird in der Eucharistiefeier keine einzige alttestamentliche Lesung vorgetragen, an ihre Stelle tritt ein

Abschnitt aus der Apostelgeschichte. Das ist zunächst einleuchtend, wird doch gemäß der biblischen Chronologie die „Zeit nach Ostern" in Erinnerung gerufen, die sich durch die Ausbreitung des Christusglaubens und die Entstehung der ersten christlichen Gemeinden auszeichnet, wovon die Apostelgeschichte Zeugnis gibt. Problematisch ist der Verzicht auf alttestamentliche Lesungen aber dennoch, denn so wird das Vorurteil bedient, dass nach Ostern das Alte Testament überholt und nicht mehr notwendig sei. Sollte es zu einer Neuordnung der Schriftlesungen in der Eucharistiefeier kommen, wäre hier ein Kurswechsel zu erhoffen – allerdings gibt es dafür derzeit keine Anzeichen.

Halleluja und Osterkerze

Für die Liturgie der Osterzeit ist außerdem der Ruf **Halleluja** charakteristisch (siehe Kapitel 16). Während in den 40 Tagen vor Ostern grundsätzlich auf das Wort „Halleluja" verzichtet wird, erklingt es nun umso häufiger: Es findet sich in den gregorianischen Gesängen fast immer, es wird in Eucharistiefeier und Tagzeitenliturgie geradezu reflexartig an die Gesänge angehängt. Ähnlich handhabt es auch der Schatz der deutschsprachigen Osterlieder, die fast immer das Wort „Halleluja" enthalten, mit diesem beginnen oder enden.

In römisch-katholischen Kirchen bleibt während der Osterzeit die **Osterkerze**, die zu Beginn der Osternacht besungen wurde, sichtbar in der Nähe des Altares stehen.

Abschluss der Osterzeit

Die Zeit vom 40. bis zum 50. Ostertag gehört zwar zur Osterzeit, nimmt aber durch die Feste Christi Himmelfahrt und Pfingsten und die dazwischen liegenden Tage einen eigenen Charakter an. Dies soll im folgenden Kapitel näher vorgestellt werden.

Kapitel 20
Christi Himmelfahrt und Pfingsten

Pfingsten am 50. Tag

Mit dem 50. Tag vollendet sich die „Woche der Wochen", also die sieben österlichen Wochen zu je sieben Tagen. Diese symbolische „Oktav von Oktaven" findet ihre Vorlage in der jüdischen Feierpraxis, in der sieben Wochen nach dem Pessachfest das Schawuot-Fest folgt (siehe Kapitel 2). Schawuot war ursprünglich ein Erntedankfest, es entwickelte sich im Laufe der Zeit aber zu einem Fest der Thora, also der von Gott geoffenbarten Lebensordnung des Volkes Israel. Wenn Apg 2 die Herabkunft des Heiligen Geistes und die daraus hervorgehende Predigt des Apostels Petrus genau sieben Wochen nach Ostern datiert und dies als erstes Großereignis und als einschneidenden Missionserfolg der jungen christlichen Gemeinde darstellt, dann wird die Gabe des Geistes als die entscheidende Lebenskraft des Christentums bezeugt, sozusagen als die „in den Menschen einfahrende" und ihm von innen her Kraft gebende Thora (siehe etwa Dtn 30,11–14 oder die Osternachtslesung Ez 36,26–28). Aus dem griechischen *pentekoste* für „fünfzig" entstand das deutsche Wort **Pfingsten**, andere Sprachen lassen die griechische Herkunft noch deutlicher erkennen, etwa das englische *Pentecost*. Die offizielle Bezeichnung ist **Hochfest des Heiligen Geistes**.

Mit diesem 50. Tag ist Ostern vollendet, und die von Jesus Christus angekündigte und von ihm selbst den Zwölf bereits gegebene Gabe des Heiligen Geistes (Joh 20,22) wird zur Lebenskraft der nachösterlichen Gemeinde. An diesem Tag bietet die römisch-katholische Liturgie etliche alttestamentliche Schriftlesungen, die als Vorbilder des christlichen Geistesglaubens gedeutet werden können. Dass diese Bibelstellen in der gottesdienstlichen Praxis eher selten zu hören sind, liegt daran, dass sie für den Pfingsttag sowie für eine eigene am Vorabend zu feiernde Eucharistiefeier als Sammlung von Auswahlmöglichkeiten vorliegen. Würde Pfingsten – was heute wieder nahegelegt, aber nicht auf breiter Ebene praktiziert wird – in Form einer eigenen Vigil eröffnet werden, dann hätten diese alttestamentlichen Schriftlesungen dort ihren angemessenen

Platz und könnten einen reichhaltigen und schillernden Hintergrund für das in Apg 2 erzählte Geschehen von der Herabkunft des Geistes auf die christliche Versammlung bieten.

Christi Himmelfahrt am 40. Tag

Der Chronologie der Apostelgeschichte entspricht zehn Tage vor Pfingsten das Gedächtnis der „Himmelfahrt Jesu Christi" (Apg 1,4–14). Dieses Fest ist nicht ganz so alt wie Pfingsten: Während Pfingsten im späten 4. Jahrhundert überall etabliert war, wurde Christi Himmelfahrt erst im 5. Jahrhundert Allgemeingut. Es fällt auf den Donnerstag der 6. Woche der Osterzeit. In Deutschland, Österreich und der Schweiz ist dieser Tag staatlicher Feiertag. Wo dies nicht der Fall ist, kann um der größeren Beteiligung der Gemeinde willen Christi Himmelfahrt auf den darauf folgenden Sonntag verlegt werden. Das mag zeigen, wie sehr die Kirche dieses Fest wertschätzt und dass sie es unbedingt breit bezeugt und gefeiert sehen möchte, es bedeutet allerdings eine der biblischen Chronologie nicht entsprechende kalendarische Verschiebung.

Zwischen Himmelfahrt und Pfingsten

Die Zeit zwischen Christi Himmelfahrt und Pfingsten hat bei der letzten Liturgiereform 1969/70 einen neuen Charakter angenommen. Dies ist ein römisch-katholischer Sonderweg geblieben, auch wenn er durchaus plausibel begründet ist:
Über viele Jahrhunderte wurde mit dem Pfingstfest eine eigene **Pfingstoktav** eröffnet: Auch Pfingsten erhielt also eine achttägige Feier, die in der ältesten Form mit einem Oktavtag endete. Dieser Oktavtag wurde im späten 1. Jahrtausend aber bereits umgewidmet zu einem besonderen Gedenken der Dreifaltigkeit (siehe Kapitel 27). Die Pfingstoktav bot die Gelegenheit, durch eine große Auswahl von Bibeltexten das Mysterium des Heiligen Geistes von verschiedenen Seiten zu beleuchten.
Allerdings hatte die Oktav aufgrund historisch komplexer Zusammenhänge zugleich einzelne Charakteristika einer Fastenzeit angenommen. Dieser Doppelcharakter der Pfingstoktav als einer Fest- und zugleich Fastenwoche wurde als unbefriedigend erlebt, zudem war die Symbolik der 50 Tage nicht mehr gut erkennbar, wenn an die 50 Tage noch eine weitere Festwoche angehängt wurde. Die römisch-katholische Kirche entschied sich daher, die Osterzeit mit dem Pfingstsonntag enden zu lassen, so dass nun keine Pfingstoktav mehr folgen sollte. Viele der liturgi-

schen Texte, die innerhalb der Pfingstoktav die Überlieferungen über den Heiligen Geist meditierten, wurden jetzt auf die Tage zwischen Christi Himmelfahrt und Pfingsten vorverlegt. So werden diese Tage heute – zwar nicht offiziell in den liturgischen Büchern, aber durchaus sachgerecht – als **Pfingstnovene** bezeichnet und entsprechen dem besonders seit dem Mittelalter populären Brauch, bestimmten Anliegen eine neuntägige Gebetsphase (lateinisch *novem* = neun) zu widmen – hier also der Bitte um das Kommen des Heiligen Geistes, der die heutige Kirche so erfüllen möge, wie er es laut Apg 2 mit der Kirche des Anfangs getan hat.

Bitt-Tage

Aufgrund einer ähnlichen Entwicklung findet sich übrigens auch heute noch mancherorts der schon in der Mitte des 1. Jahrtausends entstandene Brauch, die drei Tage vor Christi Himmelfahrt als Bitt-Tage zu feiern: Dies ist eine Spur der früher in jedem Kalenderquartal zu findenden **Quatember** (*quattuor tempora* = „Quartale", „Jahreszeiten"). Solche kurzen Fastenzeiten sind heute weitgehend in Vergessenheit geraten. Nur am Montag, Dienstag und Mittwoch vor Christi Himmelfahrt hat sich ein gewisser Verbreitungsgrad erhalten. Die Tage werden in Form von Prozessionen und eigenen Bittgottesdiensten gehalten und konterkarieren in gewisser Hinsicht die uneingeschränkte Festfreude der Osterzeit.

Abschluss der Osterzeit und Pfingstmontag

So lässt sich insgesamt feststellen, dass die 50-tägige Osterzeit gegen Ende immer mehr in eine Bitt-Zeit übergeht, wenn nämlich schon vor Christi Himmelfahrt, auf jeden Fall aber zwischen Himmelfahrt und Pfingsten das bittende Gebet das Motiv des Osterjubels überlagert.

Dass der auf Pfingsten folgende Montag als **Pfingstmontag** ein staatlicher Feiertag ist, ist ein historischer Überrest der alten Pfingstoktav. Mit Rücksicht auf diese staatliche Praxis kennt die römisch-katholische Liturgie im deutschen Sprachraum daher auch eine eigene Eucharistiefeier am Pfingstmontag, die wiederum der Motivik des Heiligen Geistes gewidmet ist. Gleichzeitig ist die Osterzeit aber schon abgeschlossen, und in der Tagzeitenliturgie existiert der Pfingstmontag überhaupt nicht; es handelt sich um einen gewöhnlichen Montag „im Jahreskreis" (siehe Kapitel 21).

Vor allem in Deutschland wird der Pfingstmontag heute oft für ökumenische Gottesdienste verwendet, in denen um die Kraft des Heiligen Geistes bei der Überwindung der Spaltung der Christenheit gebetet wird.

Teil III
ANDERE FESTE IM
RÖMISCH-KATHOLISCHEN KALENDER

Kapitel 21

Sonntag und Jahreskreis

Der Sonntag als wöchentliches Osterfest

Christliches Feiern basiert letztlich immer auf dem Osterglauben und wird von diesem genährt. Als zentrales Geschehen hat daher nach Ostern der Sonntag zu gelten, der das wöchentliche Abbild des Ostersonntags ist. Das II. Vatikanische Konzil bezeichnet den Sonntag als „Fundament und Kern des ganzen liturgischen Jahres" (SC 106).

Die Bezeichnung **Herrentag** ist bereits in Offb 1,10 bezeugt und in viele Sprachen eingegangen: Zwar haben germanische Sprachen wie das Deutsche, Englische und Niederländische den Namen dieses Wochentages von der Sonne übernommen (Sonntag, *sunday*, *zondag*), doch in romanischen Sprachen ist die Wurzel „Herr" (lateinisch *dominus*) erkennbar: lateinisch *dies dominica*, französisch *dimanche*, italienisch *domenica*, spanisch *domingo* usw.

Der Sonntag ist also der „kleine Bruder" und engste Verwandte des Osterfestes. Das „Jahresostern" bildet sich im Kleinen im „Wochenostern" ab. Für den Sonntag ist daher in der Liturgietheologie auch der ausdrucksstarke Begriff **Wochenpascha** gebräuchlich.

Sonntagsvigil

Eine prägende Feier des Sonntags, die leider im Laufe der Jahrhunderte fast vollständig verloren gegangen ist und heute nur noch von wenigen Gruppen – zum Beispiel Klöstern – gefeiert wird, ist die Sonntagsvigil, also die liturgische Nachtwache mit der Betrachtung biblischer Lesungen, ähnlich wie in der Osternacht. In der strengsten Variante des Mönchtums dauerte die Sonntagsvigil in der Mitte des 1. Jahrtausends immer die ganze Nacht hindurch, andere Orte kannten sie als Gemeindefeier in der zweiten Nachthälfte, deutlich vor dem Sonnenaufgang. Charakteristisch war dabei die Lesung eines Auferstehungsevangeliums, durch das die Sonntagsvigil unmittelbar an die Osternacht rückgebunden wurde.

Versuche einer ernsthaften Wiederbelebung der Sonntagsvigil, die dem Wachbleiben und dem Osterevangelium einen wöchentlichen Platz im

Gemeindealltag zurückgeben könnte, sind derzeit leider kaum in Sicht. Aussichten auf breitere Rezeption haben wohl in erster Linie Vigilfeiern am Samstagabend, als eine Art feierliche Eröffnung der Nacht und damit des Sonntags insgesamt.

Eucharistiefeier

Zweites Charakteristikum des Sonntags ist die Eucharistiefeier. Spätestens Mitte des 2. Jahrhunderts, vermutlich aber noch früher etablierte sich der Sonntagmorgen (der Morgen als Zeit der Auferstehung, das Sonnenlicht als Symbol des Sieges von Leben, Freude und Frieden über Dunkelheit, Sünde und Tod) als Zeit der gottesdienstlichen Hauptversammlung christlicher Gemeinden: eine Versammlung, in der gemeinsam die Heilige Schrift gehört und in Vergegenwärtigung Jesu Christi Brot gebrochen und gemeinschaftlich Wein getrunken wird. Gemeinsam mit der Sonntagsvigil bildet die Sonntagseucharistie in kompakter Form die Osternachtsfeier ab, die auf diese Weise zum wöchentlichen Zentrum der christlichen Gemeinde wird.

Auch um die Sonntagseucharistie ist es heute nicht ideal bestellt, allerdings aus einem ganz anderen Grund als bei der Sonntagsvigil: Seit vielen Jahrhunderten ist die gewohnheitsmäßige Feier der Eucharistie auch an Werktagen so verbreitet, dass sie nicht mehr als Spezifikum des Sonntags erfahren werden kann. Die historisch damit einhergehende Häufung von Eucharistiefeiern an ein und demselben Tag in ein und derselben Kirche hat aus der (Ver-)Sammlung der Gemeinde eine Art spirituelles Konsumangebot gemacht, von dem man individuell Gebrauch macht (oder auch nicht). Im 20. Jahrhundert wurden diese Angebote über den kompletten Zeitraum von Samstagabend bis Sonntagabend verteilt, so dass katholische Gläubige sich „ihre" passende Zeit aussuchen können und zugleich der Raum für andere sonntägliche Gottesdienstformen neben der Eucharistie (z. B. die oben genannte Sonntagsvigil) schwindet. – In jüngster Zeit kommt im deutschen Sprachraum eine gegenläufige Entwicklung hinzu, die ähnlich fatale Folgen haben könnte: Stehen nicht mehr genügend Priester für die Sonntagseucharistie der Gemeinde bereit und hält die Kirche trotzdem an den rigiden Zulassungsbedingungen für das Priesteramt fest, so können Gemeinden nicht mehr sonntäglich Eucharistie feiern und muss sich der Eindruck verfestigen, nicht die Eucharistie an sich, sondern der Zölibat der Priester bilde den unverzichtbaren Kern der katholischen Kirche.

Sonntagsruhe und Sabbatgebot

In nahezu allen vom Christentum geprägten Kulturen genießt der Sonntag besonderen gesetzlichen Schutz: Schulen und Behörden haben geschlossen, Handel und Wirtschaftsleben unterliegen bestimmten Einschränkungen, die je nach Land und Epoche mal enger, mal weiter gefasst sind. Diese gesellschaftliche Stellung des Sonntags ist in der Gesetzgebung Kaiser Konstantins im 4. Jahrhundert grundgelegt, der durch das Verbot von Gerichtssitzungen am Sonntag den ersten Grundstein für einen allgemein geschützten Wochentag legte, der von Arbeit frei und für den Gottesdienst bestimmt war.

Allerdings: Theologisch notwendig ist der Zusammenhang von Sonntagsfeier und Arbeitsruhe keineswegs. In den ersten drei Jahrhunderten wären Christen sicher nicht auf die Idee gekommen, so etwas zu fordern, sie haben selbstverständlich auch am Sonntag gearbeitet. Wo Christen eine gesellschaftliche Minderheit stellten, war und ist Sonntagsruhe auch heute noch kein Thema. Mit der konstantinischen Gesetzgebung verschoben die Christen fast stillschweigend das biblische Gebot der Sabbatruhe auf den Herrentag. Aus dem alttestamentlichen Gebot, den Schabbat zu heiligen (durch Arbeitsruhe), wurde das staatliche Gebot, den Sonntag zu heiligen (durch Arbeitsruhe und Mitfeier der Eucharistie), der Schabbat an sich wurde nicht mehr beachtet. Obwohl es bibeltheologisch mehr als problematisch ist, den Schabbat als Begründung für die christliche Sonntagskultur heranzuziehen, ist es in allen großen christlichen Kirchen verbreitet, den Sonntag auf diese Weise zu deuten, mit der Folge, dass der Schabbat unter Christen fast vollkommen unbekannt ist.

Wenn Kirchen heute – meist in Union mit Gewerkschaften – auf die Beibehaltung der gesetzlichen Sonntagsruhe drängen, dann können sie sich dafür also kaum auf das biblische Schabbatgebot berufen. Dennoch dürfen die Kirchen in Anspruch nehmen, dass in ihrem Sonntag die biblische Freiheitstradition des Exodus fortlebt: Dass der Mensch nicht auf seine ökonomische Funktionalität reduziert und zum Mittel zum Zweck des wirtschaftlichen Strebens gemacht werden soll und es deswegen in einer Gesellschaft geschützte Räume und geschützte Zeiten geben muss, die dem Zugriff des kommerziellen Anspruchs entzogen sind, ist ein kulturelles Gut, von dem auch Menschen profitieren, die sich selbst nicht als Christen verstehen. Fiele der gesellschaftlich geschützte Sonntag, fielen damit auch Schutzrechte für Arbeitnehmerinnen und Arbeitnehmer, Familien und sozial Schwächere in der Gesellschaft.

Achter Tag

Zur theologischen Bedeutung des christlichen Sonntags gehört, dass er in der Chronologie der Schöpfungserzählung nicht nur der erste Tag der Woche, sondern auch der achte Tag ist, also der erste Tag einer neuen Woche. Der Sonntag wird somit zum eschatologischen (auf die Ewigkeit ausgerichteten) Zeichen des christlichen Auferstehungsglaubens. Christen bestimmen sich aus einer neuen, zukünftigen Welt, daher ist ihr Festtag zugleich der Beginn von etwas ganz Neuem. Die Symbolik der Zahl 8 findet sich daher auch in der christlichen Architektur, etwa in oktogonalen (achteckigen) Taufkapellen.

Siebter Tag?

Der heutige bürgerliche Kalender zählt den Sonntag als siebten Wochentag und lässt die Kalenderwoche mit dem Montag beginnen. Diese Entwicklung ist sehr jung, sie setzte sich erst in den 1970er-Jahren aufgrund einer Empfehlung der „Internationalen Organisation für Standardisierung" (ISO) durch. Für die Kirchen war und ist eine solche, in erster Linie für Handel und Arbeitswelt gedachte Neufassung der „Arbeitswoche" mit Samstag und Sonntag als zweitägigem „Wochenende" an sich irrelevant. Sie prägt aber das gesellschaftliche Bewusstsein und führt nun auch unter Christen zu Verwechslungen, wenn im biblischen oder theologischen Zusammenhang vom ersten, siebten oder achten Tag gesprochen wird; hier besteht leider immer wieder Klärungsbedarf.

Es gab übrigens in der christlichen Geschichte tatsächlich Wochenzählungen, die mit dem Montag begannen, den Sonntag demnach wohl als abschließenden Höhepunkt ansahen und ihn als siebten Wochentag zählten. Diese Vorstellung ist aber immer in der Minderheit geblieben und vor dem Hintergrund der biblischen Tageszählung auch wenig sinnvoll.

Osterfestkreis – Weihnachtsfestkreis – Jahreskreis

Die Sonntage in der römisch-katholischen Liturgie erhalten ihre Substanz einerseits aus der oben genannten Beziehung zum Osterfest: Jeder Sonntag ist ein kleines Ostern. Andererseits lassen die Sonntage auch die Prägung der jeweiligen Jahreszeit erkennen; dazu gehört schon die Farbe der liturgischen Gewänder, siehe Seite 127.

Besonders deutlich wird der spezielle Charakter der Österlichen Bußzeit. Einerseits sind auch die Fastensonntage österliche Festtage, ande-

Liturgische Farben

Farbe	Bedeutung	Anlässe
Weiß	Erlösung, Licht	Gründonnerstag Osterzeit Christusfeste Marienfeste Heiligenfeste (außer Märtyrerfeste)
Rot	entweder: Blut oder: Feuer	Palmsonntag Karfreitag Pfingsten Märtyrerfeste
Violett	Buße, Erwartung	Advent Österliche Bußzeit Feiern im Zusammenhang von Tod und Totengedenken
Schwarz	Trauer, Tod	Begräbnis
Rosa	Übergang zwischen Violett und Weiß	3. Adventssonntag 4. Fastensonntag
Grün	Leben, Hoffnung	Jahreskreis

rerseits ist an ihnen die Festfreude gebrochen: Die Schriftlesungen betonen Umkehr, Buße, Schuld, Leid, die Eucharistiefeier wird ohne Gloria und ohne Halleluja gefeiert, die Gebete sprechen vom Osterfest als etwas, das der Gemeinde erst noch bevorsteht.

Insofern tragen Sonntage immer auch Charakteristika der jeweiligen Festzeit, die naturgemäß im Advent (siehe Kapitel 22) anders ausfallen als in der Osterzeit (Kapitel 19) oder zu Pfingsten (Kapitel 20).

Sonntage, die weder zum Osterfestkreis (siehe Kapitel 13 bis 20) noch zum Weihnachtsfestkreis (siehe Kapitel 22) gehören, werden als **Sonntage im Jahreskreis** durchnummeriert. Das Jahr hat 34 solcher Sonntage, unter denen der erste und der letzte wiederum eigenen Festen gewidmet sind, nämlich der **Taufe des Herrn** (siehe Kapitel 22) und **Christkönig** (siehe Kapitel 27).

Der Jahreskreis beginnt also mit dem Fest der Taufe des Herrn, das in der ersten Januarhälfte liegt, und endet vor dem Advent, der stets Ende November oder Anfang Dezember einsetzt (siehe Kapitel 22). Von Aschermittwoch bis Pfingstsonntag (siehe Kapitel 18 und 19) ist der Jahreskreis unterbrochen und wird dann nach Pfingsten wieder aufgegriffen.

Diese Weise der Nummerierung der Sonntage wurde bei der Reform 1969/70 eingerichtet. Zuvor wurden Sonntage **nach Epiphanie** (siehe Kapitel 22) und **nach Pfingsten** (siehe Kapitel 20) gezählt und in dieser Reihung mit einer Ordnung von liturgischen Texten – zum Beispiel den biblischen Lesungen – versehen. Aufgrund der großen Schwankungsbreite des Osterdatums mussten allerdings oft Sonntage, die eigentlich „nach Epiphanie" stehen sollten, im Spätherbst „nachgeholt" werden. Der Kalender und die Abfolge der Schriftlesungen ist durch die Reform und das einfache Durchnummerieren der Sonntage und Wochen im Jahreskreis erheblich überschaubarer geworden. Allerdings ist diese Zählung weitgehend eine römisch-katholische Besonderheit geblieben, die meisten anderen Kirchen haben diese Gliederung des Jahres nicht übernommen (siehe z. B. Kapitel 36).

Kennzeichnend für die Sonntage im Jahreskreis ist die **Bahnlesung** der Evangelien: Jeweils ein Jahr lang wird ein Evangelium fast vollständig Abschnitt für Abschnitt vorgetragen: ein Jahr lang Matthäus, ein Jahr Markus, ein Jahr Lukas. Das Johannesevangelium findet sich dafür vor allem im Osterfestkreis und im Weihnachtsfestkreis sowie an anderen Festtagen (siehe Kapitel 22 bis 27). Außerdem sind Teile von Johannes in das „Markusjahr" eingefügt, da das Markusevangelium aufgrund seiner Kürze die Sonntage im Jahreskreis kaum hätte füllen können. Auch am 2. Sonntag im Jahreskreis wird immer Johannes gelesen.

Auf die Evangelienlesung inhaltlich abgestimmt – damit aber gewissermaßen auch zu einem reinen Stichwortgeber abgewertet – sind die alttestamentliche Lesung und der Antwortpsalm. Für die neutestamentliche Lesung gilt hingegen wieder das Prinzip der Bahnlesung: Jeweils für einige Wochen werden längere Abschnitte einzelner neutestamentlicher Schriften vorgetragen, ohne inhaltlich auf Evangelium, alttestamentliche Lesung und Psalm abgestimmt zu sein.

Die Sonntage im Jahreskreis entfalten also ihre volle Sinngestalt erst dann, wenn sie in ihrer Vollständigkeit kultiviert und ernst genommen werden. Dann bieten sie einen Zugang zur gesamten Evangelienliteratur, zu damit thematisch verbundenen alttestamentlichen Texten und zu wichtigen Abschnitten des Neuen Testamentes. Einen Überblick über diese Zusammenstellung der Sonntagsevangelien in den drei **Lesejahren**, die mit A, B und C bezeichnet werden, gibt Seite 130–131.

Diese Leseordnung trat 1969/70 in die Nachfolge eines einjährigen Schemas, das in der Regel nur aus neutestamentlicher Lesung und Evangelium bestand. Die neue römisch-katholische Leseordnung wurde weltweit viel beachtet und von einigen Kirchen besonders lutherischer und altkatholischer Konfession (siehe Kapitel 34 und 37) übernommen und in der Folgezeit weiterentwickelt.

Motiviert war die neue Leseordnung durch das Anliegen des Konzils, mehr biblische Texte als zuvor in die Eucharistiefeier zu integrieren. Leider hat sich im deutschen Sprachraum (und nur dort) die bequeme, aber dem Konzil zutiefst widersprechende Unsitte verbreitet, die vorgegebenen Schriftlesungen erheblich zu reduzieren: Oft wird dem Evangelium nur eine einzige Lesung vorangestellt.

Defizite der liturgischen Sonntagskultur

Leider ist es um die Wertschätzung der Sonntagsliturgie in römisch-katholischen Gemeinden nicht immer gut bestellt, und das betrifft nicht nur das eben genannte gewohnheitsmäßige Weglassen ganzer Schriftlesungen.

Gewiss wird *am Sonntag* Gemeindegottesdienst gefeiert, es ist der bestbesuchte Gottesdienst in der Woche und er ist als christliche Hauptversammlung erkennbar. Es wird aber keineswegs immer *der Sonntag* gefeiert. Es scheint, als genüge es nicht, sich am Tag des Herrn zur Feier des wöchentlichen Osterfestes zu versammeln und über mehrere Jahre hinweg die Vertrautheit mit der Evangelien- und sonstigen biblischen Literatur zu kultivieren, um diese in den Gläubigen Wurzeln schlagen zu lassen.

Obwohl das II. Vatikanische Konzil so nachdrücklich den Sonntag in seinem österlichen Wert definiert hat, begünstigt die kirchliche Gesetzgebung den Sonntag oft nicht: Feste wie Epiphanie (siehe Kapitel 22), Christi Himmelfahrt (Kapitel 20), Fronleichnam (Kapitel 27) und andere dürfen auf den nächstgelegenen Sonntag „verschoben" werden, durch päpstlichen Entscheid wurde vor einigen Jahren der Weiße Sonntag (siehe Kapitel 19) zum „Sonntag der Göttlichen Barmherzigkeit" deklariert – was dann in der Verkündigung zu berücksichtigen ist –, von Papst oder Bischofskonferenzen werden besondere thematische Sonntage aus-

Evangelien in der sonntäglichen Eucharistiefeier im Jahreskreis

Lesejahr A sind die Kalenderjahre 2017, 2020, 2023, 2026 usw.

Lesejahr B sind die Kalenderjahre 2018, 2021, 2024, 2027 usw.

Lesejahr C sind die Kalenderjahre 2016, 2019, 2022, 2025 usw.

Lesejahre beginnen am vorausgehenden 1. Adventssonntag, die Sonntage „im Jahreskreis" setzen somit immer erst im Januar ein (siehe Kapitel 21 und 22).

Sonntag im Jahreskreis	Evangelium	Evangelium	Evangelium
(1.) Taufe des Herrn	Mt 3,13–17	Mk 1,7–11	Lk 3,15–16.21–22
2.	Joh 1,29–34	Joh 1,35–42	Joh 2,1–11
3.	Mt 4,12–23	Mk 1,14–20	Lk 1,1–4; 4,14–21
4.	Mt 5,1–12a	Mk 1,21–28	Lk 4,21–30
5.	Mt 5,13–16	Mk 1,29–39	Lk 5,1–11
6.	Mt 5,17–37	Mk 1,40–45	Lk 6,17.20–26
7.	Mt 5,38–48	Mk 2,1–12	Lk 6,27–38
8.	Mt 6,24–34	Mk 2,18–22	Lk 6,39–45
9.	Mt 7,21–27	Mk 2,23–3,6	Lk 7,1–10
10.	Mt 9,9–13	Mk 3,20–35	Lk 7,11–17
11.	Mt 9,36–10,8	Mk 4,26–34	Lk 7,36–8,3
12.	Mt 10,26–33	Mk 4,35–41	Lk 9,18–24
13.	Mt 10,37–42	Mk 5,21–43	Lk 9,51–62
14.	Mt 11,25–30	Mk 6,1b–6	Lk 10,1–12.17–20
15.	Mt 13,1–23	Mk 6,7–13	Lk 10,25–37
16.	Mt 13,24–43	Mk 6,30–34	Lk 10,38–42
17.	Mt 13,44–52	Joh 6,1–15	Lk 11,1–13
18.	Mt 14,13–21	Joh 6,24–35	Lk 12,13–21
19.	Mt 14,22–33	Joh 6,41–51	Lk 12,32–48
20.	Mt 15,21–28	Joh 6,51–58	Lk 12,49–53
21.	Mt 16,13–20	Joh 6,60–69	Lk 13,22–30
22.	Mt 16,21–27	Mk 7,1–23 [ ]	Lk 14,1.7–14
23.	Mt 18,15–20	Mk 7,31–37	Lk 14,25–33
24.	Mt 18,21–35	Mk 8,27–35	Lk 15,1–32
25.	Mt 20,1–16a	Mk 9,30–37	Lk 16,1–13

26.	Mt 21,28–32	Mk 9,38–48 [ ]	Lk 16,19–31
27.	Mt 21,33–44	Mk 10,2–16	Lk 17,5–10
28.	Mt 22,1–14	Mk 10,17–30	Lk 17,11–19
29.	Mt 22,15–21	Mk 10,35–45	Lk 18,1–8
30.	Mt 22,34–40	Mk 10,46–51	Lk 18,9–14
31.	Mt 23,1–12	Mk 12,28b–34	Lk 19,1–10
32.	Mt 25,1–13	Mk 12,38–44	Lk 20,27–38
33.	Mt 25,14–30	Mk 13,24–32	Lk 21,5–19
(34.) Christkönig	Mt 25,31–46	Joh 18,33b–37	Lk 23,35–43

gerufen („Gebetstag um geistliche Berufungen", „Sonntag der Weltkirche", „Caritas-Sonntag") und so weiter, dazu kommen Traditionen wie der „Erntedanksonntag" im Herbst. Gemeinden stellen weitere Sonntage unter selbstgewählte Mottos. Da feiern die 60-Jährigen an einem Sonntag „goldene Erstkommunion", an einem anderen werden alle Ehejubilare des Jahres gefeiert und Ähnliches.

Das bedeutet nicht zwangsläufig, dass zu solchen Anlässen die vorgegebene Abfolge von Schriftlesungen variiert wird (auch wenn dies entgegen den liturgischen Vorgaben immer noch viel zu oft geschieht). Aber Predigten, Liedauswahl, Allgemeines Gebet (Fürbitten) usw. werden dann doch stärker durch die Themenwahl des Tages als durch die biblischen Quellentexte beeinflusst. Alleine die Häufigkeit solcher thematisch gewidmeter Sonntage muss bei den Verantwortlichen und den Gemeinden den Eindruck verfestigen, der Sonntag alleine sei nicht genug für einen Gottesdienst, sondern es brauche jedes Mal neu eine eigene Rechtfertigung, um die Gemeinde zur Feier zu versammeln.

Hier ist leider – entgegen dem Ziel des II. Vatikanischen Konzils, das solche Praktiken unbedingt eindämmen wollte – immer noch die Tendenz erkennbar, den Sonntag zu einem rein zweckorientierten Platzhalter für kirchliche Events zu machen, anstatt ihn in seinem Wert als wöchentliches Osterfest unter besonderen Schutz zu stellen (siehe dazu auch Kapitel 29).

Kapitel 22
Weihnachten und Epiphanie

Doppelfest am 25. Dezember und 6. Januar

An dieser Stelle ist auf jenes Fest einzugehen, das heute in verschiedenen Ausprägungen zu den populärsten Ereignissen weltweit gehört, da es sich über seinen kirchlichen Ursprung hinaus weit in die Gesellschaften verbreitet (und dort oft verselbstständigt) hat: **Weihnachten**.

Die **Geburt Jesu Christi** wird am **25. Dezember** gefeiert, vieles damit verbundene Brauchtum sowie der liturgische Auftakt sind im Laufe der Geschichte immer weiter in den Vorabend, ja auf den Vortag gewandert, so dass heute für viele Menschen der 24. Dezember als eigentlicher Weihnachtstag gilt.

So klar konturiert die gesellschaftliche Wahrnehmung des Weihnachtsfestes auch sein mag – ein Fest des Friedens, der Familie, des Zusammenseins –, so komplex stellt sich Weihnachten in seiner historischen Entwicklung und theologischen Akzentsetzung dar.

Fast alle christlichen Traditionen kennen Weihnachten als ein Doppelfest, das sich auf den **25. Dezember** und den **6. Januar** aufteilt. In der römisch-katholischen Liturgie heißt der 25. Dezember heute **Hochfest der Geburt des Herrn**, landläufig „Weihnachten", also „geweihte (heilige) Nacht". Der 6. Januar ist **Hochfest der Erscheinung des Herrn**, wobei der griechische Begriff *Epiphanie* (wörtlich „Erscheinung [von oben]") ebenfalls in die kirchliche Alltagssprache eingegangen ist. Daneben ist – besonders unter den bis heute griechischsprachigen Christen – der Begriff *Theophanie* („Gotteserscheinung") in Verwendung.

Bedeutung des Weihnachtsfestes

Im 4. Jahrhundert verbreitete sich an verschiedenen Stellen im Mittelmeerraum die Praxis, der Geburt Jesu Christi ein eigenes Fest zu widmen. Einigen aus dieser Zeit überlieferten Predigten verdanken wir Begründungen für die Einführung dieses neuen Brauchs. Es war keineswegs selbstverständlich, ein solches Fest zu feiern – die predigenden Bischöfe sahen sich unter Erklärungsdruck, um Weihnachten in ihren Gemeinden zu legitimieren und zu verankern. Jemandes Geburt zu feiern war eigentlich eher heidnische Praxis. Christen, deren wahre Heimat doch der Himmel war, konnten es als Herabwürdigung empfinden, nun ihren Erlöser wie einen profanen Menschen zu bejubeln, wie es etwa beim Kaiser üblich war.

Auf der anderen Seite konnten die Christen in der Geburt (**Menschwerdung**) Jesu ein zentrales Ereignis ihres Glaubensbekenntnisses sehen: Wenn Gott, der unendlich Ferne, der kein Teil dieser vergänglichen Welt ist, sich selbst zu einem Teil der Welt macht und sich den Gesetzen von Zeit und Raum, von Werden und Vergehen, von Schmerz und Freude, von Lust und Leid unterordnet, dann „heiligt" er die Schöpfung, er gibt sich als ein Gott zu erkennen, der der Welt unendlich nahe und in ihr gegenwärtig ist. Die Geburt Jesu ist ein höchstrangiges Ereignis der Glaubensgeschichte, in dem bereits die endgültige Erlösung der Welt vorgezeichnet ist.

Entsprach dies nicht auch alles den Aussagen im Buch der Psalmen, die nun wie eine prophetische Vorankündigung des Kommens Jesu gelesen werden konnten? In der lateinischsprachigen Liturgie wurden Psalm 2 und Psalm 110 (109) zu Schlüsseltexten für die Botschaft des Weihnachtsfestes. Psalm 2 lässt Gott zum König sagen: „Du bist mein Sohn, heute habe ich dich gezeugt/geboren", und Psalm 110 (109) sagt: „Vor dem Morgenstern habe ich dich gezeugt/geboren." Das Zusammenfügen dieser beiden Texte wurde zu einem Motiv für eine Weihnachtstheologie, die in der Geburt Jesu eine Verbindung zwischen Himmel und Erde, zwischen Zeitlichem („heute") und Ewigem („vor dem Morgenstern") erkannte.

Konkurrierende Festdaten

Von Beginn an konkurrierten zwei Termine um den Weihnachtstermin: Mancherorts – vor allem in der westlichen Hälfte des Römischen Reiches – wurde es am 25. Dezember gefeiert, andernorts – vor allem in der östlichen Reichshälfte – am 6. Januar. Die Gründe für diese Datierung sind heute in der Forschung wieder umstritten. Lange hatte man sich mit der Erklärung zufriedengegeben, dass am 25. Dezember zuvor ein römisches Fest in Gebrauch gewesen sei, das dem „unbesiegten Sonnengott" gewidmet war – dem hätten die Christen nun ihre „wahre Sonne" entgegengestellt. Es gab auch schon im 4. Jahrhundert Versuche, aus den biblischen Angaben ein Geburtsdatum Jesu rückzuberechnen (was allerdings bei unserem heutigen Wissensstand nicht mehr überzeugen kann). Auffällig ist immerhin, dass nach julianischem Kalender (siehe Kapitel 3) am 25. Dezember der traditionelle Tag der Wintersonnenwende war (auch wenn sich dieser aufgrund der Ungenauigkeit des Kalenders faktisch auf den 21. Dezember verschoben hatte). Die Wahl des Datums hätte dann eine hohe symbolische Bedeutung: In der Menschwerdung Christi beginnt das Licht der Sonne Oberhand über die Dunkelheit zu gewinnen.

Die Entwicklung führte schließlich zur Ausbildung eines Doppelfestes: Man feierte in allen Gemeinden sowohl den 25. Dezember als auch den 6. Januar. Die beiden Tage wurden aber je nach Region unterschiedlich akzentuiert. In der lateinischen Liturgie Westeuropas wurde es üblich, am 25. Dezember ausschließlich die Geburt Jesu (Lk 2,1–20) zur Sprache zu bringen und diese dann auch in der Eucharistiefeier als Evangelienlesung zu verkündigen. Der 6. Januar wurde dem Besuch der persischen Sterndeuter beim neugeborenen Kind (Mt 2,1–12) gewidmet, in deren symbolträchtigen Geschenken (Gold, Weihrauch, Myrrhe) sich bereits das Schicksal Jesu ankündigt (Herrschaft, Göttlichkeit, Tod) und der Horizont der Heilsgeschichte über das Judentum hinaus geweitet wird. Von dieser Evangelienlesung und deren späterer frommer Ausschmückung stammt auch der Name **Dreikönig (Dreikönigsfest, Dreikönigstag)**, der für den 6. Januar der bekannteste sein dürfte, auch wenn er nicht der eigentlichen liturgischen Bezeichnung entspricht.

Im Osten des Reiches hingegen wurde am 25. Dezember sowohl der Geburt Jesu als auch der Huldigung durch die Sterndeuter gedacht, während der 6. Januar die Taufe Jesu im Jordan (Mt 3,13–17) und damit seine erstmalige – wenn auch noch nicht öffentlich erkennbare, sondern sich nur langsam enthüllende – Offenbarung als Sohn Gottes als biblischen Bezugspunkt hat.

Heiligabend – Christmette – Hirtenamt

In der römisch-katholischen Liturgie wird der 25. Dezember nicht nur durch Eucharistiefeier und Tagzeitenliturgie begangen, sondern zusätzlich durch eine weitere nächtliche Eucharistiefeier, die den missverständlichen Namen **Christmette** trägt und in der Nacht vom 24. zum 25. Dezember angesetzt ist (eine „Mette" müsste dem Namen nach eigentlich eine *matutina* sein, also eine am sehr frühen Morgen begangene

Vigil; der nächtliche Zeitansatz dieser Feier hat allerdings den Namen „Mette" angezogen). Die Christmette ist meist sehr stimmungsvoll gestaltet und vielerorts die bestbesuchte Liturgie im Jahr.

Etliche weitere, meist kinder- und familiengerechte Gottesdienste rund um die biblischen Erzählungen der Geburt Jesu prägen bereits den Nachmittag des 24. Dezember, den **Heiligabend** (der Begriff bezeichnet ursprünglich natürlich nur den Abend des 24. Dezember, ist aber bald auf den gesamten Kalendertag übergegangen); siehe dazu auch unten den Abschnitt „Adventliches und weihnachtliches Brauchtum".

Mancherorts wird neben der Christmette und der eigentlichen Eucharistiefeier des 25. Dezember auch das **Hirtenamt** gefeiert. Es handelt sich hier um eine Eucharistiefeier am frühen Morgen mit eigenen Schriftlesungen und Gebeten. Historisch beruht das Hirtenamt, dessen Name von der Evangelienlesung der Hirten auf dem Feld (Lk 2,8–20) stammt, auf einem römischen Kuriosum: In der Mitte des 1. Jahrtausends pflegte der Papst zwischen all seinen Weihnachtsfeierlichkeiten am 25. Dezember auch noch die griechische Gemeinde Roms zu besuchen, die an diesem Tag ihr Patronatsfest der heiligen Anastasia feierte. Diese zusätzliche Eucharistiefeier des päpstlichen Kalenders wurde als Weihnachtsmesse in ganz Westeuropa übernommen.

Darüber hinaus kennt der katholische Kalender eine weitere Eucharistiefeier für den Morgen und eine für den Abend des 24. Dezember. In den meisten Gemeinden wird allerdings nur die Christmette gefeiert (in der Dunkelheit, oft mitten in der Nacht, also beginnend um 23 oder 24 Uhr) sowie die eigentliche Eucharistiefeier des 25. Dezember (im Laufe des Tages, zur üblichen Gottesdienstzeit). – Einen Überblick über die Schriftlesungen dieser fünf Eucharistiefeiern gibt Seite 136. Auffällig ist die umfangreiche Verwendung des Propheten Jesaja und des Titusbriefs.

6. Januar: Epiphanie

Gegenüber dem 25. Dezember fristet der 6. Januar geradezu ein Schattendasein. Er gehört zwar ebenfalls zu den Hochfesten der römisch-katholischen Kirche (siehe zu den Festkreisen Kapitel 29), ist aber nicht so populär, vielerorts auch kein staatlicher Feiertag. Seit einigen Jahrzehnten hat der 6. Januar durch die karitative „Sternsingeraktion" einen besonderen Akzent, der auch in den Gemeindegottesdiensten im Mittelpunkt steht. In östlichen Traditionen (siehe besonders Kapitel 31) ist dieser Tag in seiner Festkultur deutlich stärker ausgeprägt und verbreitet.

Schriftlesungen in den Eucharistiefeiern am 24. und 25. Dezember

	24. 12. (vormittags)	24. 12. (abends) Heiligabend	24./25. 12. (nachts) Christmette	25. 12. (morgens) Hirtenamt	25. 12. (tagsüber)
Altes Testament	2 Sam 7 [ ]	Jes 62,1–5	Jes 9,1–6	Jes 62,11–12	Jes 52,7–10
Psalm	Ps 89 [ ]	Ps 89 [ ]	Ps 96 [ ]	Ps 97 [ ]	Ps 98 [ ]
Neues Testament	–––––––	Apg 13,16–25 [ ]	Tit 2,11–14	Tit 3,4–7	Hebr 1,1–6
Evangelium	Lk 1,67–79	Mt 1,1–25	Lk 2,1–14	Lk 2,15–20	Joh 1,1–18

[ ] bezeichnet Auszüge aus den genannten Abschnitten.

Die theologische Bedeutung dieses Festtags kommt gut im Tagesgebet zum Ausdruck, das Seite 137 zeigt.

Weihnachtsfestkreis

Eine Parallelität zwischen Weihnachten und Ostern wird daran erkennbar, dass auch Weihnachten eine eigene Vorbereitungs- und Entfaltungszeit besitzt. Die Gesamtkomposition aus Vorbereitungszeit und Festzeit heißt heute Weihnachtsfestkreis und besteht aus **Advent** und **Weihnachtszeit**.

Advent

Am vierten Sonntag vor dem 25. Dezember beginnt der Advent (lateinisch „Ankunft"). Die Schriftlesungen und Gebete dieser Tage weisen besonders darauf hin, wie sehr mit dem Glauben an die Menschwerdung Jesu Christi zugleich der Glaube an seine Wiederkunft zur Herstellung der endgültigen, gottgewollten Ordnung des Kosmos verbunden ist. Weihnachten ist demnach nicht einfach ein Fest der historischen Rückschau auf ein besonderes Ereignis, sondern zugleich eine Vorausschau auf die eigene Zukunft, die ebenso wie die Vergangenheit vom Kommen des Erlösers geprägt sein wird. Erst ab dem 17. Dezember sind die liturgischen Texte mehr auf die unmittelbare biblische Vorgeschichte der Geburt Jesu konzentriert.

Tagesgebet von Epiphanie

Allherrschender Gott,

durch den Stern, dem die Weisen gefolgt sind,

hast du am heutigen Tag

den Heidenvölkern deinen Sohn geoffenbart.

Auch wir haben dich schon im Glauben erkannt.

Führe uns vom Glauben

zur unverhüllten Anschauung deiner Herrlichkeit.

Darum bitten wir durch Jesus Christus, deinen Sohn,

unseren Herrn und Gott,

der in der Einheit des Heiligen Geistes

mit dir lebt und herrscht in Ewigkeit.

Weihnachtszeit: Vom 25. Dezember bis Taufe des Herrn

Mit dem 25. Dezember beginnt die Weihnachtszeit. Sie umfasst die **Weihnachtsoktav** (bis einschließlich den 1. Januar als Oktavtag) und die weitere Zeit bis zum Sonntag nach dem 6. Januar, der als **Fest der Taufe des Herrn** (siehe Kapitel 23) begangen wird.

Weihnachtsoktav und Fest des heiligen Stephanus

Die **Weihnachtsoktav** wird von mehreren Festtagen überlagert, besonders auffällig ist der 26. Dezember als **Fest des heiligen Stephanus**. Dieser Tag wird – zumal er in vielen Ländern staatlicher Feiertag ist – zugleich als **2. Weihnachtstag** erlebt und bezeichnet, ist aber ein Märtyrerfest, also ein Gedenken eines Menschen, der wegen seines Glaubensbekenntnisses ermordet wurde (siehe Kapitel 25), gemäß der Überlieferung in Apg 6,1–8,3. In der Praxis ergibt sich die Herausforderung, einer weihnachtlich gestimmten Gemeinde die Dramatik des Martyriums angemessen zu vermitteln.

Für diese eigenartige Zusammenstellung zweier so unterschiedlich geprägter Tage gibt es eine auf den ersten Blick vielleicht überraschende Erklärung: Das Stephanusfest ist das ältere! Warum es am 26. Dezember angesetzt wurde, ist heute nicht mehr zu rekonstruieren. Als jedenfalls das Geburtsfest Jesu auf den 25. Dezember festgelegt wurde, sah man keinen Grund, deswegen das bereits bestehende Stephanusgedenken zu verschieben. Erst mit der Ausweitung des Weihnachtsfestes zu einer Oktav und seiner Popularisierung wurde die Abfolge aus Weihnachten und Stephanustag zu einer pastoralen Herausforderung.

Fest der Heiligen Familie

Der Sonntag nach Weihnachten wird als Fest der Heiligen Familie gefeiert (siehe Kapitel 27): ein erst seit dem 19. Jahrhundert allgemein verbreitetes Fest, das bis zur Reform von 1969/70 im Januar lag.

1. Januar

Der 1. Januar ist als **Oktavtag von Weihnachten**, also als achter Tag seit dem 25. Dezember, gemäß der biblischen Chronologie zugleich Tag der Beschneidung und Namensgebung Jesu, wie dies dessen jüdischer Identität entspricht. Zwar wird die Beschneidung Jesu auch heute noch als Evangelium am 1. Januar gelesen (Lk 2,16–21), der Tag selbst jedoch ist seit 1969/70 als eigenes Fest für die **Gottesmutter Maria** bezeichnet. So wird das neue Kalenderjahr zugleich unter Marias Schutz gestellt (siehe Kapitel 24). Diese Entwicklung ist nicht unbedingt glücklich, insofern in ihr die biblische Rückbindung des christlichen Glaubens zugunsten einer zwar gut begründeten, aber wohl doch eher nachrangigen marianischen Frömmigkeit in den Hintergrund tritt.

Ein eigenes **Fest der Beschneidung Jesu** existiert in der römisch-katholischen Liturgie nicht mehr, ein **Fest des Namens Jesu** nur sehr nachrangig (siehe Kapitel 23). Der 1. Januar hat vor einigen Jahrzehnten auch noch den Akzent eines **Weltfriedenstages** erhalten. Dies geht natürlich vom bürgerlichen Jahresbeginn aus, an dessen Anfang die Bitte und das Bemühen um Frieden unter den Menschen stehen soll. Katholische Liturgie am 1. Januar steht also unter der vielleicht doch etwas zu hoch gesetzten Erwartung, a) am Oktavtag von Weihnachten b) mit dem Evangelium von der Beschneidung Jesu c) ein Marienfest zu begehen, das d) zugleich die Bitte um Frieden in der Welt aufgreifen soll.

Einen Überblick über den Weihnachtsfestkreis gibt die Übersicht auf Seite 139. Dort finden sich auch die hier nicht behandelten Feste am 27. und 28. Dezember. Die kalendarische Ordnung im Weihnachtsfestkreis ist außerordentlich kompliziert, da die jährlich wechselnden Überschneidungen zwischen den Sonntagen und den auf feste Kalenderdaten terminierten Festen zu berücksichtigen sind.

Sonntage, Hochfeste und Feste im Weihnachtsfestkreis

(zu den Festrängen siehe Kapitel 29)

Datum	Bezeichnung	Anmerkung
4. Sonntag vor dem 25. Dez.	1. Adventssonntag	
3. Sonntag vor dem 25. Dez.	2. Adventssonntag	
2. Sonntag vor dem 25. Dez.	3. Adventssonntag	„Gaudete"-Sonntag
Sonntag vor dem 25. Dez.	4. Adventssonntag	Ist der 24. Dez. ein Sonntag, so ist er zugleich 4. Adventssonntag und Heiligabend.
24. Dez.	Heiligabend	
25. Dez.	Hochfest der Geburt des Herrn (Weihnachten)	
Sonntag nach dem 25. Dez.	Fest der Heiligen Familie	Verdrängt in der Liturgie ggf. die Feste am 26., 27. und 28. 12. Fällt Weihnachten auf einen Sonntag, wird das Fest der Heiligen Familie nicht am folgenden Sonntag (= 1. 1.) gefeiert, sondern am 30. 12.
26. Dez.	Fest des heiligen Stephanus	Erster Märtyrer der Kirche
27. Dez.	Fest des heiligen Johannes	Apostel und Evangelist
28. Dez.	Fest der Unschuldigen Kinder	Siehe Mt 2,13–18
1. Jan.	Oktavtag von Weihnachten, Hochfest der Gottesmutter Maria	
2. Sonntag nach dem 25. Dez.	2. Sonntag nach Weihnachten	Entfällt in manchen Jahren aufgrund der kalendarischen Gegebenheiten.
6. Jan.	Hochfest der Erscheinung des Herrn (Epiphanie)	
Sonntag nach dem 6. Jan.	Fest der Taufe des Herrn	Falls aufgrund örtlicher Besonderheiten Epiphanie erst am Sonntag nach dem 6. Jan. gefeiert wird, wird das Fest der Taufe des Herrn auf den darauf folgenden Montag verschoben.

Adventliches und weihnachtliches Brauchtum

Innerhalb des gesamten Weihnachtsfestkreises hat sich weltweit ein umfangreiches Brauchtum entwickelt: volkstümliche Feierformen, die nicht im engeren Sinn zur Liturgie der Kirche gehören, die aber erheblichen kulturellen und spirituellen Einfluss ausüben. Da solches Brauchtum regional sehr unterschiedlich ausfallen kann, ist es unmöglich, es in wenigen Sätzen zu beschreiben. Zumindest drei besonders prägende Phänomene sollen aber hier kurz skizziert werden.

Im Advent werden Eucharistiefeiern oft in Form der **Rorate** gefeiert. Ursprünglich handelte es sich hier um Votivmessen zu Ehren Marias (siehe Kapitel 29), die während des Advents besonders verbreitet waren und nach dem Anfangswort ihres lateinischen Eröffnungsgesangs *Rorate caeli* benannt wurden. Heute versteht man unter Rorate einfach Eucharistiefeiern im Advent – meist an Werktagen –, die sehr früh morgens, vereinzelt auch in der abendlichen Dunkelheit bei Kerzenschein gefeiert werden. Aufgrund ihrer stimmungsvollen Raumgestaltung und des meist hohen Aufwands um die Kirchenmusik in diesen Feiern ist die Rorate vielerorts äußerst populär und wird im Advent ein- oder sogar mehrmals pro Woche gefeiert.

Während des Advents befindet sich in den meisten Kirchen ein **Adventskranz**, ein kreisrundes Gesteck mit vier Kerzen. Dieser Brauch verbreitete sich seit dem 19. Jahrhundert aus der evangelischen Kirche Deutschlands überall auf der Welt. Die vier Kerzen werden an den vier Adventssonntagen nacheinander entzündet und machen so das Voranschreiten der Zeit der Erwartung besonders sichtbar. Am 1. Advent wird der Adventskranz oft im Rahmen der Eucharistiefeier feierlich gesegnet.

Für Kinder und Familien gibt es an Heiligabend nachmittags eigens gestaltete **Krippenfeiern (Krippenspiele)**, in denen von Kindern nach Art eines Theaterstücks die Geschichte der Geburt Jesu nachgespielt, dazu Lieder gesungen und in katechetischer Form das Weihnachtsfest familien- und kindgerecht erschlossen werden. In vielen Familien folgt auf den Besuch der Krippenfeier die weihnachtliche Bescherung daheim. Krippenspiele sind oft sehr aufwändig und liebevoll gestaltet, für viele Familien stellen sie den eigentlichen (oder sogar den einzigen) Weihnachtsgottesdienst dar. **Krippendarstellungen** in den Kirchen bleiben dann ab Weihnachten für mehrere Wochen stehen, mancherorts bis zum Fest der Darstellung des Herrn am 2. Februar (siehe Kapitel 23).

Kapitel 23
Herrenfeste (Christusfeste)

Herrenfest – Christusfest

Der Begriff „Herrenfest" (so die offizielle Bezeichnung in den liturgischen Büchern) oder „Christusfest" ist in gewisser Hinsicht unpräzise und kann auf eine falsche Spur führen. Denn selbstverständlich sind alle bisher genannten Feste „Christusfeste": Ostern und der ganze Osterfestkreis, Weihnachten und der ganze Weihnachtsfestkreis, ja jeder Sonntag ist ein Christusfest. Da der christliche Glaube sich von Jesus Christus ableitet, ist überhaupt keine christliche Feier denkbar, die nicht auf ihn und seine Botschaft ausgerichtet wäre.

Unter dem Obertitel Herrenfeste wird in der liturgischen Sprache eine Gruppe von Festen zusammengefasst, die ein bestimmtes Ereignis aus dem Leben Jesu oder eine auf ihn bezogene theologische Überzeugung in den Mittelpunkt stellen und die nicht im kalendarischen Sinn zum Weihnachts- oder Osterfestkreis gehören. In manchen Fällen überschneidet sich die Kategorie Herrenfest auch mit dem, was in der Theologie als **Ideenfest** bezeichnet wird, etwa im Fall von Fronleichnam, Herz Jesu oder Christkönig (siehe Kapitel 27). Im Folgenden soll es nur beispielhaft um einige wichtige Herrenfeste gehen, die biblisch bezeugten Ereignissen aus dem Leben Jesu gewidmet sind und die in diesem Buch nicht schon anderswo thematisiert werden.

Darstellung des Herrn

Ein mit Weihnachten engstens verbundenes Fest ist Darstellung des Herrn am 2. Februar. Hinter dem Wort „Darstellung" verbirgt sich die in der Thora verlangte ritualisierte Darbringung des erstgeborenen Sohnes im Tempel (Lev 12,2–4). Als Erinnerung daran, dass Gott der Eigentümer aller Welt ist, ist ihm jeder erstgeborene Sohn zu überliefern – dies geschieht stellvertretend durch die Opferung von zwei Tauben. Vorgegebenes Datum für dieses Geschehen ist der 40. Tag seit der Geburt, ausgehend vom 25. Dezember für die Geburt Jesu ergibt sich somit der 2. Februar.

Dieses Ereignis wird in der biblischen Schilderung zu einem herausragenden Offenbarungsgeschehen. Im Tempelbezirk Jerusalems erwarten die greisen **Hannah und Simeon** das Kommen des Erlösers, und sie erkennen in dem Kind, das von seinen Eltern Maria und Josef hereingetragen wird, ihre Hoffnung erfüllt. Simeon stimmt die Worte an:

> Nun lässt du, Herr, deinen Knecht, wie du gesagt hast, in Frieden scheiden. Denn meine Augen haben das Heil gesehen, das du vor allen Völkern bereitet hast, ein Licht, das die Heiden erleuchtet, und Herrlichkeit für dein Volk Israel. (Lk 2,29–32)

Diese Worte finden bis heute im katholischen Nachtgebet (Komplet) und im Begräbnisritus Verwendung und bilden eine der wichtigsten Grundlagen für das christliche Verständnis vom vertrauensvollen Loslassen des eigenen Lebens.

Die römisch-katholische Eucharistiefeier wird an diesem Tag mit einer Kerzensegnung und Lichterprozession verbunden. Dieser Brauch ist aus Jerusalem übernommen, wo Darstellung des Herrn schon im 4. Jahrhundert mit einer Prozession von Bethlehem bis in die Jerusalemer Kathedrale begangen wurde. Das Motiv des in den Tempel geführten Jesus wurde zu einer Art Triumphzug des Erlösers ausgestaltet, der in „seine Stadt" und „seinen Tempel" einzieht und hier zum ersten Mal von „seinen Propheten" erkannt und bezeugt wird. Dies hat dem Fest im Griechischen die Bezeichnung *Ipapanti/Hypapante* („Begegnung") eingebracht.

Darstellung des Herrn wurde bisweilen auch als Heiligenfest verstanden (siehe Kapitel 26 und 28) – nämlich als Fest des Propheten Simeon. Noch verbreiteter war allerdings, es als Marienfest (siehe Kapitel 24) anzusehen und zu bezeichnen. Erst die Reform von 1969/70 hat Darstellung des Herrn ausdrücklich als Christusfest deklariert. Aus der Zeit des marianischen Schwerpunkts und aus dem Brauch der Gottesdienste bei Kerzenschein stammt die bis heute bekannte volkstümliche Bezeichnung **Mariä Lichtmess**. In manchen Kirchen bleibt die Weihnachtsdekoration bis zum 2. Februar erhalten.

Verkündigung des Herrn

Ausgehend vom Geburtsfest am 25. Dezember ergibt sich als sinnvoller Termin für die Ankündigung der Geburt Jesu durch den Erzengel Gabriel (Lk 1,26–38) der 25. März (neun Monate zuvor). Dieses Fest breitete sich ab dem 6. Jahrhundert in der christlichen Welt aus. Es galt ebenfalls lange als Marienfest (**Mariä Verkündigung**), erst seit 1969/70 ist der Fokus stärker auf Jesus Christus ausgerichtet.

In der Idealkonstruktion des julianischen Kalenders (siehe Kapitel 2) ist der 25. März Datum der Tag-und-Nacht-Gleiche im Frühjahr. Es gibt Hinweise darauf, dass bestimmte frühchristliche Traditionen auf diesen Kalendertag auch die Erschaffung der Welt, den Auszug Israels aus Ägypten sowie die Auferstehung Jesu datierten. Diese „perfekten Ereignisse" können in einer „perfekten Schöpfung" gar nicht anders geschehen sein als an einem „perfekten Tag", und das ist das Frühjahrsäquinoktium. – Auch wenn der 25. März schon lange nicht mehr astronomische Tag-und-Nacht-Gleiche ist, hat doch in der Verbindung von 25. März (Verkündigung des Herrn) und 25. Dezember (Geburt des Herrn) eine umfassende christliche Interpretation der Schöpfungsordnung eine liturgische Spur hinterlassen.

Verklärung des Herrn

Das Fest der Verklärung des Herrn wurde im christlichen Osten schon in der Mitte des 1. Jahrtausends gefeiert, im Westen wurde es erst im 15. Jahrhundert übernommen. Biblische Grundlagentexte sind Mt 17,1–9 und die Parallelstellen bei Markus und Lukas. Dieses Ereignis ist eine Andeutung der Herrlichkeit des Auferstandenen, die sich gemäß der Erzählung der Evangelien den Zeitgenossen noch nicht erschließen kann, da sie von der Größe des bevorstehenden Ostern noch nichts wissen. Für die nachösterliche Verkündigung wurde diese Überlieferung dann zu einer gleichsam mystischen Vorausschau dessen, was sich erst zu Ostern in aller Klarheit offenbaren sollte. – Datum dieses Festes ist der 6. August, ohne dass es dafür in der biblischen Chronologie konkrete Anhaltspunkte gäbe.

Taufe des Herrn

Die Taufe des Herrn gilt in der liturgischen Terminologie als Herrenfest, auch wenn sie zugleich den Weihnachtsfestkreis (siehe Kapitel 22) abschließt. Ihr Termin ist im römisch-katholischen Kalender der Sonntag nach Epiphanie (6. Januar), während in östlichen Riten das Epiphaniefest selbst im Zeichen der Taufe Jesu steht.

Die Taufe Jesu durch den Täufer Johannes (nicht identisch mit dem Apostel und Evangelisten gleichen Namens) wird in den Evangelien als ein

Offenbarungsgeschehen geschildert, das zwar nicht allen Zeitgenossen zugänglich war, das sich jedoch als eine von Gott gewirkte „Initialzündung" für das öffentliche Auftreten Jesu darstellt (z. B. Mk 1,1–13).

Mit dem Fest der Taufe des Herrn beginnt heute zugleich der Jahreskreis (siehe Kapitel 21), der Tag nach diesem Fest ist also „Montag der 1. Woche im Jahreskreis".

Beschneidung und Namensgebung Jesu

Den Abschluss dieses Kapitels soll ein Festkomplex bilden, der sowohl inhaltlich als auch kalendarisch zum Weihnachtsfestkreis gehört, jedoch in der jüngsten Geschichte marginalisiert wurde und vielleicht etwas mehr Aufmerksamkeit verdient.

Gemäß Lk 2,21 wurde Jesus in Treue zur Thora am achten Tag nach seiner Geburt beschnitten. Die Beschneidung ist das äußerliche Zeichen der Zugehörigkeit zu Gottes Volk und von Gott selbst gewollt (Gen 17,10–14). Sie nimmt den (männlichen) Nachkommen sichtbar und unwiderruflich in das besondere Verhältnis Israels zu Gott auf und gibt ihm damit einen besonderen Auftrag und eine besondere Würde gegenüber der ganzen Welt. Mit dem Ritus der Beschneidung ist zugleich die Namensgebung verbunden, auch dies bezeugt Lk 2,21.

Wird die Geburt Jesu am 25. Dezember gefeiert, so sind Beschneidung und Namensgebung sinnvollerweise auf den 1. Januar zu terminieren. Der Oktavtag von Weihnachten wurde somit zum Fest der Beschneidung Jesu (die in der Liturgiegeschichte das Hauptaugenmerk erhielt, während die Namensgebung eher sekundär hinzutrat). Vom lateinischen Wort für Beschneidung, *circumcisio*, stammt übrigens die Bezeichnung **Zirkumzisionsstil** für die Praxis, den 1. Januar als Jahresanfang zu definieren – was ja eigentlich eine völlig willkürliche Festlegung ist, sich aber schon in vorchristlicher Zeit durchgesetzt hatte (siehe Kapitel 3).

Das Beschneidungsfest ist allen großen christlichen Traditionen bekannt. Nur in der römisch-katholischen Kirche ist es vor einigen Jahrzehnten unter den Tisch gefallen, als der 1. Januar zu einem Marienfest erklärt wurde (siehe Kapitel 22 und 24). Obwohl in der Eucharistiefeier nach wie vor Lk 2,16–21 vorgetragen wird, ist in der liturgischen Bezeichnung keine Rede mehr von Beschneidung und Namensgebung. In einer Zeit neu gewachsener Sensibilität christlicher Verkündigung für ihre jüdischen Wurzeln ist dies eine höchst bedauerliche Akzentverschiebung.

Dem „Namen Jesu" ist nur ein kleiner Überrest geblieben: Seit dem frühen 16. Jahrhundert gab es im Franziskanerorden neben dem Beschneidungsfest noch ein eigenes Namen-Jesu-Fest am 3. Januar. Im Laufe der Geschichte wurde dieses Fest verschiedentlich auf andere Termine verschoben, dann abgeschafft, 2002 wieder für den 3. Januar eingeführt. Es befindet sich allerdings in der niedrigsten Festkategorie („nicht gebotener Gedenktag", siehe Kapitel 29) und ist wenig bekannt.

Kapitel 24
Marienfeste

Maria als Gestalt des Glaubens

Maria ist die alles überragende Heiligengestalt in der christlichen Liturgie und Frömmigkeit. Als Mutter Jesu steht sie zu ihm in einem nicht zu übertreffenden Näheverhältnis. In ihrer Annahme des Auftrags, Mutter des Sohnes Gottes zu werden, ist sie Vorbild für jedes christliche Leben. Maria wird als Mensch geschildert, der sich ganz in den Dienst Jesu stellte – auch wenn dies inneres wie äußeres Leiden mit sich brachte (Mt 2,13–15; Lk 2,39–52; Joh 19,25–27) –, und sie machte sich selbst zur „Wegweiserin" zu ihrem Sohn (Joh 2,6).

Schon die früheste christliche Tradition kam zu der Überzeugung, dass Maria aus diesen Gründen auch Vorbildgestalt in der Erlösung sein müsse und ihr in Gottes Reich ein herausragender Platz zukomme.

Frömmigkeitsgeschichtlich dürfte die enorme Popularität Marias zudem dadurch begünstigt worden sein, dass sie unter den normativen Gestalten des Christentums als einzige Repräsentantin des weiblichen und mütterlichen Typs heraussticht. In der katholischen Frömmigkeit steigerte und steigert sich die Verehrung Marias gelegentlich so weit, dass sie auf den ersten Blick kaum von der Verehrung Gottes oder Jesu Christi zu unterscheiden ist: so als bedürfe der in erster Linie männlich, herrscherlich, mächtig erscheinende Gott eines weiblichen, zärtlichen, sanften Gegenübers.

Maria wird im Kalender durch mehrere bedeutende Festtage geehrt, die zum Teil auf biblischen Quellen, zum Teil auf außerbiblischen Grundlagen fußen. Die folgende Übersicht soll zumindest in die wichtigsten dieser Marienfeste einführen.

Aufnahme Mariens in den Himmel

Am 15. August wird die Aufnahme Mariens in den Himmel gefeiert, umgangssprachlich **Mariä Himmelfahrt** genannt. Dieses Fest beruht auf einer außerbiblischen Überlieferung, wonach Maria nach ihrem natürlichen Tod „mit Leib und Seele" in den Himmel aufgenommen worden sei. Die Ausdrucksweise erinnert stark an das Bekenntnis zum „leeren Grab" bei der Auferweckung Jesu Christi. Maria wird in ihrer Privilegierung als Erlöste ausgewiesen, deren Eingang ins ewige Leben erzählerisch demjenigen Jesu nachgebildet ist. Der 15. August wird damit zu einer Art Fortsetzung des Osterfestes: Beispielhaft für alle Menschen wird anhand von Maria der christliche Erlösungsglaube durchbuchstabiert. Der Mensch geht mit Leib und Seele in die Ewigkeit ein – mögen diese auch gewandelt und geläutert werden müssen, so weist der christliche Glaube doch eine Trennung zwischen einem vergänglichen Leib und einer ewigen Seele stets zurück.

Das Fest von der Aufnahme Mariens in den Himmel ist sicher schon im 5. Jahrhundert an diesem Datum verbreitet gewesen. In traditionell katholischen Gegenden ist es äußerst populär, oft auch staatlicher Feiertag.

Mariä Geburt

Am 8. September wird das Fest Mariä Geburt gefeiert. Nur drei Gestalten erhalten im römisch-katholischen Kalender ein eigenes Geburtsfest: Neben Jesus selbst (Weihnachten) sind dies nur Johannes der Täufer (am 24. Juni) und Maria. Johannes und Maria als die beiden unmittelbaren Vorläufer Jesu (der eine als Prophet, die andere als Mutter) bilden in der christlichen Heiligendarstellung für gewöhnlich die Personengruppe mit der größten Nähe zu Jesus.

Mariä Erwählung (Mariä Empfängnis)

Neun Monate vor dem Geburtsfest, am 8. Dezember, steht im römisch-katholischen Kalender ein Fest mit sehr komplizierter Bezeichnung: **Hochfest der ohne Erbsünde empfangenen Jungfrau und Gottesmutter Maria**. Der umgangssprachliche Name **Mariä Empfängnis** trägt in erster Linie biologische Konnotationen mit sich, in neuerer Zeit ist daher in der Theologie die Bezeichnung **Mariä Erwählung** gerne gesehen, die das göttliche Berufungshandeln zum Ausdruck bringen soll. Gemäß der katholischen Lehre, die 1854 von Papst Pius IX. (Amtszeit 1846–1878) offiziell verkündet wurde, bekennt sich die katholische Kirche zu der Überzeugung, Maria sei von vornherein zu einem „makellosen" Leben bestimmt worden, so dass sie – anders als alle anderen Menschen – frei von Sünde gelebt habe. Diese Vorstellung rückt Maria in eine geradezu übernatürliche Sphäre, die das Menschenmögliche sprengt – die aber umgekehrt gerade die unbegrenzte Möglichkeit des göttlichen Handelns zum Ausdruck bringen kann. Das Dogma von der „unbefleckten Empfängnis" ist ein erheblicher Streitpunkt im ökumenischen Gespräch, außer der katholischen Kirche weisen alle christlichen Konfessionen diese Vorstellung zurück. Das liturgische Fest der Empfängnis Mariens ist bereits seit dem 9. Jahrhundert nachweisbar, es dürfte aus Rückberechnung vom älteren Geburtsfest am 8. September entstanden sein.

Mariä Heimsuchung

Biblischen Ursprungs ist Mariä Heimsuchung als Gedenken der Begegnung zwischen den beiden schwangeren Frauen Maria und Elisabeth (Lk 1,39–56). Dieses Fest wird seit dem Mittelalter gefeiert, sein traditioneller Platz war der 2. Juli. Bei der Reform 1969/70 wurde es in der römisch-katholischen Kirche auf den 31. Mai verlegt, im deutschsprachigen Raum aber auf dem 2. Juli belassen, weil es mancherorts mit recht verbreitetem Brauchtum verbunden war, dem man weiter den angestammten Platz im Jahreslauf lassen wollte.

Weitere Marienfeste

In Parallelisierung zu Christus- und Ideenfesten (siehe Kapitel 23 und 27) entstanden auch Feste, die dem Namen Marias und dem Herz Marias gewidmet sind. **Mariä Namen** wird am 12. September gefeiert, **Herz Mariä** am Samstag nach dem Herz-Jesu-Fest (siehe Kapitel 27).

Das **Hochfest der Gottesmutter Maria** am 1. Januar ist zwar dem Namen nach dezidiert der Mutterschaft Mariens gewidmet, faktisch bildet es aber eine Art allgemeines, umfassendes Marienfest, das in der Textauswahl und Verkündigung nicht auf einen biografischen Einzelaspekt fokussiert ist. Durch die Wahl des 1. Januar wird zugleich jedes neue Jahr unter den Schutz Marias gestellt (siehe auch Kapitel 22).

Akzentverschiebungen

Manche Feste, die heute als Herrenfeste angesehen werden (siehe Kapitel 23), galten früher als Marienfeste, weil in ihrer Überlieferung Maria eine herausragende Rolle spielt. Mit der Reform 1969/70 wurden diese Feste stärker auf Christus fokussiert, so dass sie heute nicht mehr als Marienfeste betrachtet werden.

Schmerzen Mariens

Der Überlieferung, dass die Mutter Jesu am Kreuz dessen grauenhaften Tod mitansehen musste, ist das Fest der Schmerzen Mariens (15. September) gewidmet. Es ist heute nicht mehr besonders bedeutend, hat aber in der Frömmigkeits- und Brauchtumsgeschichte viel an Dichtung, Musik und speziellen Andachtsformen hervorgebracht, die zumindest im traditionellen Katholizismus auch heute noch verbreitet sind.

Mai – Oktober – Samstag

Zu diesem noch immer nicht vollständigen Überblick über Marienfeste sollen noch drei weitere Stichworte genannt werden, nämlich der Monat Mai, der Monat Oktober und der Samstag als wiederkehrender Wochentag.

Der Monat **Mai** ist Zeitpunkt für – im katholischen Brauchtum bis heute höchst populäre – **Maiandachten**: marianisch geprägte Gottesdienste, die seit dem 19. Jahrhundert gewachsenen örtlichen Traditionen folgen und in der beginnenden Sommerzeit gerne unter freiem Himmel gehalten werden. Solche Maiandachten können in manchen Gegenden täglich im Mai stattfinden, ansonsten wöchentlich, auch sonntags.

Der **Oktober** bildet das herbstliche Gegenstück zum Mai: Hier steht die **Rosenkranzandacht** im Mittelpunkt, die zwar ohnehin vielerorts in der katholischen Frömmigkeit allgegenwärtig ist, im Oktober aber besonders häufig als Gemeindegottesdienst gehalten und gegebenenfalls um Marienlieder oder Predigten erweitert wird.

Schließlich ist auch heute noch die Tendenz erkennbar, den **Samstag** dem besonderen Mariengedenken zu widmen. Jahrhundertelang hatte jeder Wochentag eine solche Ausrichtung – zum Beispiel der Montag als Gedenken der Apostel Petrus und Paulus oder des heiligen Josef, der Donnerstag als besonderes Gedenken der Eucharistie usw. Heute hat sich als wöchentliches Gedenken nur der Samstag erhalten. Fällt auf einen Samstag kein eigener Festtag, dann kann an diesem Tag die Eucharistiefeier mit besonderen auf Maria bezogenen Schriftlesungen und Gebeten gehalten werden („Votivmesse zu Ehren der Mutter Gottes", siehe Kapitel 29). Auch das schon genannte Rosenkranzgebet ist am Samstag besonders verbreitet.

Kapitel 25
Märtyrerfeste

Christliches Martyrium

Unter den Christen der ersten Jahrhunderte war das Martyrium ein fast allgegenwärtiges Phänomen: Zwar waren keineswegs alle Christen jederzeit wegen ihres Glaubens Gefahren für Leib und Leben ausgesetzt, aber allen war bewusst, dass der christliche Glaube verlangte, für das Bekenntnis notfalls auch Folter und Tod auf sich zu nehmen.

Martyria bedeutet in der griechischen Sprache zunächst nur „Zeugenschaft", doch das Wort wurde zum Fachbegriff für das **Blutzeugnis**, wenn ein Mensch seinen Glauben mit dem Leben bezahlte.

Es stand außer Frage, dass einem solchen Menschen alle Schuld, die er jemals auf sich geladen haben mochte, von Gott vergeben war. Wer bis zum Letzten im Glauben standgehalten hatte, dem würde Gott ohne Zweifel den freien Weg in die ewige Herrlichkeit ermöglichen, hatte doch Jesus selbst gesagt: „Es gibt keine größere Liebe, als wenn einer sein Leben hingibt für seine Brüder" (Joh 15,13).

Gedenken am Todestag

Der in der Antike verbreitete Brauch, eines Verstorbenen am **Jahrestag seines Todes** zu gedenken, wurde auch in den christlichen Gemeinden praktiziert. Der Todestag wurde dabei als **Geburtstag** gedeutet, nämlich als der Tag, an dem die Märtyrin oder der Märtyrer ins ewige Leben eingegangen, also nach der biologischen Geburt und der Taufe ein drittes Mal „geboren" worden war. Angemessener Ort für dieses Gedenken war das Grab der oder des Verstorbenen, und die angemessene Form des Gedenkens war die Eucharistiefeier. In der Eucharistiefeier weiß sich die irdische Kirche ja verbunden mit der himmlischen Schar, die bereits das Ziel allen gläubigen Lebens erreicht hat. Die Eucharistie war damit die naheliegendste Möglichkeit, mit den ins ewige Leben eingegangenen Schwestern und Brüdern in Verbindung zu bleiben, diese feierten unsichtbar mit. Ein solches gottesdienstliches Gedenken konnte nicht von Trauer über den Verlust geprägt sein, auch nicht von Fürbitte für einen verstorbenen

Menschen, der jetzt nur noch der Gnade Gottes anvertraut werden konnte. Das Märtyrergedenken war ein Fest des Glaubens, eine Fortführung der Gemeinschaft mit denjenigen Gemeindemitgliedern, über deren endgültige Erlösung es keinen Zweifel geben konnte. Diese Feier sollte auch der Stärkung der Lebenden dienen, denen durch derartige Glaubenszeugnisse ein Orientierungspunkt und eine Hoffnung für ihre eigene Zukunft gegeben war.

Diese herausragende Stellung des Blutzeugnisses blieb übrigens nicht ohne destruktive Seiten: So war eine regelrechte **Martyriumssehnsucht** zu beobachten, denn das Martyrium galt als der sicherste Weg in den Himmel. Wer also Zweifel an seiner eigenen Erlösungswürdigkeit hatte, musste fast zwangsläufig darauf hoffen, das Martyrium erleiden zu dürfen.

Vom lokalen Gedenken zum allgemeinen kirchlichen Fest

Der Märtyrinnen und Märtyrer wurde zunächst auf lokaler Ebene gedacht, nämlich idealerweise dort, wo sich das Grab befand. Später verallgemeinerte sich solches Märtyrergedenken und wurde auch an anderen Orten gehalten, bis daraus – jedenfalls in manchen Fällen – weltweite kirchliche Feste wurden. Aufgrund der Vorrangstellung der Stadt Rom in der westeuropäischen Christenheit finden sich im katholischen Kalender bis heute einige uralte stadtrömische Märtyrerfeste der ersten Jahrhunderte: nicht nur die beiden „Apostelfürsten" Petrus und Paulus (29. 6.), sondern etwa auch die Jungfrau Cäcilia (22. 11.), der Diakon Laurentius (10. 8.), der Philosoph Justin (1. 6.), die Jugendlichen Pankratius (12. 5.) und Agnes (21. 1.), der Soldat Sebastian (20. 1.) sowie mehrere römische Bischöfe, etwa Cornelius (16. 9.) und Clemens I. (23. 11.). Den christlichen Märtyrern der Verfolgungen unter Kaiser Nero in der Mitte des 1. Jahrhunderts ist ebenfalls ein eigener Festtag gewidmet (30. 6.).

Es wurden aber auch nichtrömische Martyrien in den weltkirchlichen Kalender aufgenommen und erlangten zum Teil große Popularität, etwa der spanische Diakon Vinzenz (22. 1.), die in der heutigen Türkei wirkenden Bischöfe Blasius von Sebaste (3. 2.) und Polykarp von Smyrna (23. 2.), die sizilianische Jungfrau Agatha (5. 2.), die Afrikanerinnen Perpetua und Felizitas (7. 3.), der „Drachentöter" Georg (23. 4.), Bischof Irenäus von Lyon (28. 6.), die kleinasiatischen Ärzte Kosmas und Damian (26. 9.), die eingesperrte Tochter aus reicher Familie Barbara (4. 12.), die italienische Jungfrau Luzia (13. 12.), die Ägypterin Katharina von Alexandrien (25. 11.) und andere.

Oft waren es die besonders beliebten Gestalten, über deren Leben nur legendarische Überlieferungen vorlagen (etwa die bei uns als Namenspatrone sehr bekannten Georg, Barbara und Katharina). Aufgrund dieses legendarischen Ursprungs sind manche alte Feste in jüngster Zeit aus dem römisch-katholischen Kalender gestrichen worden. Sowenig es notwendig ist, über eine Person jedes biografische Detail nachweisen zu können, und so legitim es ist, dass ein vorbildlicher Mensch im Laufe der Erinnerungsgeschichte immer mehr zu einer Idealgestalt verklärt wird, so wichtig ist es doch für das christliche Martyriumsverständnis, dass es sich bei den Erlösten um echte Menschen handelt und nicht um fiktionale Erzählungen, die der heutigen Kirche womöglich als bloße Motivations- oder gar Disziplinierungsmaßnahme zur Verehrung vorgegeben werden.

Stephanus

Ein Martyrium ragt in der liturgischen Verehrung jedoch über alle anderen hinaus, denn es wird schon in der Apostelgeschichte geschildert und stellt das Urbild christlichen Blutzeugnisses dar: die Steinigung des Stephanus (Apg 6,1–8,3), der als „Erzmärtyrer" und zugleich als Muster für das kirchliche Amt des Diakons verehrt wird. In allen westlichen Kirchen wird der Stephanustag am 26. Dezember begangen. Stephanus stellt das älteste allgemein verbreitete christliche Märtyrerfest dar.

Wie schon in Kapitel 22 kurz erwähnt, gab es dieses Fest schon vor der Entstehung des Weihnachtsfestes am 25. Dezember. Es kommt der Bedeutung des Stephanus wenig zugute, dass sein Festtag in der öffentlichen Wahrnehmung zum „2. Weihnachtstag" geworden und mittlerweile in der römisch-katholischen Kirche sogar noch einmal abgewertet worden ist, weil es in manchen Jahren zugunsten des Festes der Heiligen Familie ganz entfällt.

Märtyrinnen und Märtyrer der Gegenwart

Die Epoche der ersten Jahrhunderte hat das christliche Bild vom Martyrium und seine Bedeutung für den Festkalender erheblich geprägt. Doch ist mit dem Aufstieg des Christentums zur römischen Staatsreligion die Phase der Martyrien keineswegs beendet worden. Besonders im 20. und 21. Jahrhundert ist christliches Martyrium in weiten Teilen der Welt wieder erschreckende Realität geworden. Bis aus solchen grausamen Erfahrungen nicht nur örtliche, sondern weltkirchliche Festtage entstehen, kann viel Zeit vergehen, doch einige Personen, die im 20. Jahrhundert für ihren christlichen Glauben ermordet wurden, sind bereits im allgemeinen katholischen Festkalender zu finden, zum Beispiel die als gebürtige Jüdin im Konzentrationslager ermordete Karmelitin Teresia Benedicta vom Kreuz, besser bekannt unter ihrem bürgerlichen Namen Edith Stein (1891–1942; 9. 8.), oder der polnische Priester und KZ-Häftling Maximilian Kolbe (1894–1941; 14. 8.).

Ökumenisches Märtyrergedenken

Für das Märtyrergedenken gilt wie für das sonstige Heiligengedenken (siehe Kapitel 26), dass die römisch-katholische Kirche nur solche Personen in ihren Festkalender aufnimmt, die selbst katholisch waren bzw. in einer Zeit vor einer etwaigen Kirchenspaltung lebten und wirkten. Es mag einen selbstbezogenen und ignoranten Eindruck erwecken, wenn der katholische Kalender beispielsweise keinen Platz für den bedeutenden, zum Opfer des Nationalsozialismus gewordenen evangelischen Theologen Dietrich Bonhoeffer (1906–1945) oder für den ermordeten Prediger und Bürgerrechtler Martin Luther King (1929–1968) bietet und erst recht nicht für Märtyrinnen und Märtyrer anderer Religionen. Auf der anderen Seite muss man berücksichtigen, dass eine Aufnahme in die eigene Feierkultur eine ideologische Vereinnahmung von Menschen darstellen könnte, die sich in ihrem – zweifellos vorbildlichen – Leben nicht als Angehörige der katholischen Kirche verstanden haben, von der sie dann aber gleichsam vor deren eigenen Karren gespannt würden.

In jüngster Zeit wächst allerdings unter den christlichen Kirchen das Bewusstsein dafür, dass aus der Bedrohtheit des Glaubens auch Solidarität unter den Christen wachsen kann, gleich welcher Konfession sie angehören. Jeder Anspruch, die „richtige" Kirche zu sein, wird relativiert, wenn ein Christ aus einer anderen Kirche sein Leben für seinen Glauben hingibt. Wo Christen bedroht werden, machen die Verfolger keinen Unterschied zwischen katholisch, evangelisch, orthodox oder orientalisch. Wer das Martyrium erleidet, stirbt nicht, weil er katholisch ist, sondern weil er Christ ist. Derzeit verbreitet sich daher die Idee, einen gemeinsamen **Gedenktag aller christlichen Märtyrinnen und Märtyrer** einzurichten, ohne Rücksicht auf die Konfession.

Wieweit diese Idee umsetzbar ist, wird sich allerdings erst zeigen müssen. Ein gemeinsamer Termin, so dass alle Kirchen diesen Gedenktag gleichzeitig begehen, dürfte sich leider aufgrund der je eigenen Kalendertradition kaum finden lassen.

Kapitel 26
Andere Heiligenfeste

Liturgische Heiligenverehrung

Von der im vorigen Kapitel geschilderten liturgischen Verehrung der Märtyrinnen und Märtyrer war es historisch und theologisch nur ein kleiner Schritt, bis auch solchen Glaubensvorbildern, denen die Ermordung erspart blieb, eigene Festtage gewidmet wurden. Die Übergangsstufe von den anerkannten Martyrien zur allgemeinen Praxis der liturgischen Verehrung von Frauen und Männern, die als Vorbild im Glauben und im Leben galten, bilden die **Bekennerinnen und Bekenner** *(confessores)*: So bezeichnete man Personen, die zwar nicht um ihres Glaubens willen getötet wurden, die aber die Bereitschaft gezeigt hatten, die Ermordung, wenn nötig, auf sich zu nehmen. Noch zu ihren Lebzeiten übernahmen diese Menschen besondere Vorbildwirkung in den christlichen Gemeinden und wurden schließlich nach ihrem Tod als „Quasi-Märtyrer" verehrt und den Märtyrern mehr oder weniger gleichgestellt. Am Ende dieser Entwicklung stand, dass für die liturgische Verehrung und die Aufnahme in den Festkalender weder das Martyrium noch die Bekennerschaft erforderlich war, sondern die Zuschreibung eines vorbildlichen Lebens als Christ genügen konnte.

Da die Geschichte immer weiter voranschreitet, hat sich die Zahl der liturgisch begangenen Heiligen so weit vermehrt, dass heute im römisch-katholischen Kalender kein einziger Tag mehr frei von Heiligengedenken ist und etliche Tage mehrfach vergeben sind (siehe dazu die Anmerkungen zu den „nicht gebotenen Gedenktagen" in Kapitel 29).

Heiligsprechung

Der liturgischen Verehrung und der Aufnahme in den Kalender geht mittlerweile ein standardisiertes kirchliches Verfahren voraus. Der Ablauf der Heiligsprechung (oder **Kanonisierung**) – also der kirchlichen Anerkennung einer Person für die liturgische Verehrung – braucht hier nicht näher behandelt zu werden (oder besser gesagt: würde problemlos ganze Bücher füllen). Die erste Person, die eine formale durch den Papst vorgenommene Heiligsprechung erhielt, war der Augsburger Bischof Ulrich (890–973) im Jahr 993.

In der Abstufung von **Seligsprechung** und **Heiligsprechung** spiegelt sich übrigens keine unterschiedliche Gewissheit oder theologische Würdigung wider, sondern die Unterscheidung zwischen Glaubensvorbildern, die nur für eine bestimmte Gruppe – eine Region, ein Bistum, eine Ordensgemeinschaft – echte Vorbildwirkung haben, und solchen, deren Wirkungsgeschichte die gesamte Weltkirche erfasst bzw. in der ganzen Welt gefördert werden soll.

Aus dieser regionalen Ausdifferenzierung ergibt sich in der liturgischen Heiligenverehrung der Unterschied zwischen Personen, die in den Festkalender der weltweiten römisch-katholischen Kirche (**Römischer Generalkalender**) aufgenommen sind, solchen, die nur in einer oder mehreren Regionen liturgisch verehrt werden (z. B. **Regionalkalender des deutschen Sprachgebiets**), und schließlich jenen, die nur in einem einzigen Land, einem oder mehreren Bistümern oder einer Ordensgemeinschaft einen kalendarischen Platz haben (**Diözesankalender** oder andere **Eigenkalender**, etwa „Eigenkalender der Jesuiten").

An der Art und Weise, wie die Verehrung liturgisch geschieht, ändert dieses Nebeneinander von internationalen, nationalen und regionalen Traditionen nichts (siehe dazu Kapitel 29). Sehr wohl aber können einem schon beim Besuch in einem Nachbarbistum Heilige begegnen, von denen man selbst noch nie gehört hat.

Untergruppen der Heiligen

In der Liturgie werden die Heiligen bestimmten Kategorien zugeordnet; dies hat dann Einfluss auf die Auswahl der liturgischen Texte, etwa der Schriftlesungen in der Eucharistiefeier. Ein und dieselbe Person kann dabei durchaus mehreren Gruppen zugleich angehören.

Apostel: Die Verehrung der Apostel, also des namentlich benannten Zwölferkreises um Jesus, ist schon früh bezeugt, zumal alle Apostel bis auf Johannes als Märtyrer gelten. Fast alle Aposteltage sind im Rang eines Festes (siehe Kapitel 29), Petrus und Paulus werden gemeinsam am 29. Juni gefeiert und haben den Rang eines Hochfestes (siehe Kapitel 29). Petrus – als der biblisch bezeugte Sprecher der Apostel und nach römischer Überlieferung erster Bischof von Rom – und Paulus – als der später hinzugekommene „13. Apostel", der zugleich für die Mission und die Aufnahme von Nichtjuden in die christliche Gemeinschaft steht –

genießen in ihrer Verschiedenheit und doch Zusammengehörigkeit schon immer besonders hohe Wertschätzung. Die anderen elf Apostel treten dahinter deutlich zurück, über sie ist auch vergleichsweise wenig bekannt, wenngleich ihre Verehrung in bestimmten Regionen sehr ausgeprägt sein kann.

In die Kategorie der Apostel werden übrigens auch die vier **Evangelisten** Matthäus, Markus, Lukas und Johannes (Letzterer ohnehin mit dem gleichnamigen Apostel identifiziert) gezählt.

Märtyrinnen und Märtyrer: Von dieser Gruppe war bereits in Kapitel 25 ausführlich die Rede.

Hirten der Kirche: Als Hirten der Kirche gelten heilige Bischöfe (und damit auch Päpste).

Kirchenlehrerinnen und Kirchenlehrer: In dieser Kategorie finden sich in der gesamten römisch-katholischen Heiligenverehrung derzeit 36 Personen, die durch ihre Predigten, ihre Schriften oder sonstige Tätigkeit maßgeblichen Einfluss auf die kirchliche Lehrentwicklung genommen haben und deren Werk als Orientierungspunkt für eine angemessene Darstellung des Glaubens dienen kann und soll. Die meisten Kirchenlehrer waren zugleich Bischöfe. Erst in den letzten Jahrzehnten wurde dieser Status auch Frauen zuerkannt: Kirchenlehrerinnen sind die vier europäischen Ordensfrauen Hildegard von Bingen (12. Jh.), Katharina von Siena (14. Jh.), Teresa von Ávila (16. Jh.) sowie Thérèse von Lisieux (19. Jh.).

Jungfrauen: Zu dieser Kategorie gehören vor allem zahlreiche Ordensfrauen, daneben auch viele Frauen aus den ersten christlichen Jahrhunderten, die für ihren Glauben ermordet wurden und somit zugleich als Märtyrinnen verehrt werden.

Ordensleute: Viele Heilige aus den Gruppen „Hirten der Kirche", „Kirchenlehrer" und „Jungfrauen" waren zugleich Ordensleute. Daneben gehören zu dieser Kategorie etliche Heilige aus jüngerer Zeit.

Heilige der Nächstenliebe: Diese Kategorie wurde erst 1969/70 eingerichtet, ihr wurden im Nachhinein dann auch etliche ältere Heilige zugeordnet, deren Wirken besonders als Vorbild der Nächstenliebe verstanden werden kann.

Heilige Erzieherinnen / heilige Erzieher: Dies ist eine Kategorie jüngsten Datums, die das ausgeprägte Bemühen um eine sachgerechte Jugendseelsorge in den letzten Jahrhunderten würdigt.

Heilige Frauen / heilige Männer: In diese Gruppe fallen alle Heiligen, die in keiner der oberen Kategorien erfasst sind. Es fällt auf, dass in der kirchlichen Wahrnehmung die Zugehörigkeit zu einem Leitungsamt oder zum Ordensleben höhere Wertschätzung zu genießen scheint als etwa der Lebensentwurf von Eheleuten, für die es keine eigene Kategorie gibt. Bislang wurden überhaupt nur zwei Ehepaare heiliggesprochen, nämlich das Kaiserpaar Heinrich und Kunigunde (11. Jh.) sowie kurz vor Drucklegung dieses Buches die Eltern der bereits erwähnten Thérèse von Lisieux, Zélie und Louis Martin (19. Jh.).

Bestimmung neuer Festdaten

Der römisch-katholische Kalender ist durch die Hinzufügung neuer Heiliger in ständiger Weiterentwicklung, dies macht auch Revisionen und gelegentliche Streichungen von Heiligen aus dem Kalender unabdingbar. Wie in Kapitel 25 erwähnt, trafen Streichungen in jüngster Zeit besonders Heilige, bei denen davon auszugehen war, dass es sich nicht um reale Personen gehandelt hat, sondern vielmehr vorbildhafte Eigenschaften in eine legendarische Idealgestalt projiziert wurden. Mit Rücksicht auf die örtliche Verbreitung der jeweiligen Namen hat man solche Heilige in bestimmten Regionen mittlerweile doch wieder in den Kalender aufgenommen.

Werden neue Heilige in den Kalender eingefügt, bevorzugt man als Festtag den **Todestag**, soweit dieser bekannt ist. Ist der Todestag nicht bekannt oder bereits durch ein anderes Fest besetzt oder verbindet man mit der Biografie des Heiligen andere herausragende Daten, so können diese bevorzugt werden, etwa der Tauftag oder der Tag eines bestimmten Ereignisses. So wurde dem heiligen Papst Johannes XXIII. (Amtszeit 1958–1963) der 11. Oktober zugeordnet, der mit der Eröffnung des II. Vatikanischen Konzils durch ebendiesen Papst im Jahr 1962 verbunden ist. Papst Johannes Paul II. (Amtszeit 1978–2005) erhielt den 22. Oktober, den Tag seiner Amtseinführung als Bischof von Rom. Der Gedenktag des österreichischen Märtyrers Franz Jägerstätter (1907–1943) wird an dessen Tauftag, dem 21. Mai, begangen, da der Tag der Hinrichtung, der 9. August, bereits durch das Fest der heiligen Teresia Benedicta vom Kreuz (Edith Stein) besetzt ist. Bei ihr war der 9. August tatsächlich der Todestag: Genau ein Jahr vor Jägerstätter wurde sie ebenfalls von den Nationalsozialisten ermordet.

Allerheiligen und Allerseelen

Ein allgemeiner Heiligengedenktag (**Allerheiligen**) ist erstmals im 4. Jahrhundert in Syrien bezeugt, in Irland etablierte sich im 9. Jahrhundert für dieses Fest der 1. November. Eine alte heidnische Tradition, die an diesem Tag den Winteranfang datierte und aus diesem Anlass die guten Geister gegen die nun überhandnehmenden Mächte der Dunkelheit und Finsternis anrief, mag den Hintergrund dafür gebildet haben, dass Christen ihre „guten Geister" genau an diesem Tag zum Thema machten. Das Brauchtum des Halloween (von „All Hallows' Eve", also „Vorabend von Allerheiligen") dürfte ein Überrest dieses keltischen Winterfestes sein.

Ab dem späten 10. Jahrhundert schloss sich, ausgehend vom französischen Kloster Cluny, am 2. November ein allgemeines Totengedenken (**Allerseelen**) an. Der dazugehörige Brauch des Gräberbesuchs hat in unseren Breiten seinen Platz vor allem am Nachmittag des 1. November gefunden. In der Liturgie sind Allerheiligen (als ein festlicher Ausdruck der Überzeugung, dass die vorausgegangenen Glaubenszeugen ins ewige Leben eingegangen sind) und Allerseelen (als stiller Tag des persönlichen Totengedenkens) zwar markant unterschieden, in der öffentlichen Wahrnehmung steht jedoch an beiden Tagen das Totengedenken im Mittelpunkt.

Johannes der Täufer

Schließlich sei noch die dritte Person neben Jesus und Maria erwähnt, deren Geburtstag eigens gefeiert wird, nämlich Johannes der Täufer. Der „Vorläufer" Jesu (Mk 1,4–8) ist ähnlich wie Maria ein „Wegbereiter" für Christus und daher von besonderer Bedeutung im gottesdienstlichen Gedenken. Das Geburtsfest wird am 24. Juni begangen und steht damit fast taggenau dem Geburtsfest Jesu am 25. Dezember gegenüber. Wie Weihnachten zur Wintersonnenwende gefeiert wird, so die Geburt des Johannes zur Sommersonnenwende. Dies mag als symbolische Darstellung des Johanneswortes gedeutet werden: „Ich muss geringer werden, er aber muss wachsen" (Joh 3,30). – Der biblisch überlieferte Tod des Johannes durch Enthauptung (Mk 6,17–29), der ihn als Märtyrer ausweist, wird am 29. August gefeiert, genießt aber kurioserweise nicht denselben Stellenwert wie das Geburtsfest.

Kapitel 27

Ideenfeste

Ideenfeste

Der Begriff „Ideenfeste" ist keine offizielle Kategorie im kirchlichen Sprachgebrauch, sondern basiert auf einer theologischen Beobachtung. Als Ideenfeste fasst man eine Gruppe von Festtagen zusammen, deren Anlässe nicht in einer historischen Gestalt oder einem Ereignis liegen, sondern in einer ausdifferenzierten theologischen Überzeugung. Dabei stehen Ideenfeste keineswegs am Ende einer abstrakten akademischen Entwicklung, sondern sie bilden sich in einer Epoche aus, in der bestimmte Tendenzen in der Frömmigkeit vorherrschen und dann, ausgelöst durch Einzelereignisse oder einflussreiche Personen, in die offizielle kirchliche Liturgie eindringen. Formal werden die meisten der folgenden Feste in die liturgische Kategorie der Herrenfeste eingeordnet (siehe Kapitel 23).

Dreifaltigkeitsfest

Ein vergleichsweise altes Ideenfest ist das Dreifaltigkeitsfest (lateinisch *Trinitatis*), an dem die Überzeugung von der in Gott gegebenen Dreiheit von Personen unter Wahrung der Einzigkeit Gottes selbst zum Ausdruck gebracht wird. Es hat sich spätestens im 10. Jahrhundert allgemein durchgesetzt und wird am Sonntag nach Pfingsten (siehe Kapitel 20) gefeiert.

Fronleichnam

Das wirkungsgeschichtlich bedeutendste Ideenfest ist Fronleichnam, offiziell **Hochfest des Leibes und Blutes Christi**, das am zweiten Donnerstag nach Pfingsten gefeiert wird. Ihm liegt das Bekenntnis zugrunde, dass in den eucharistischen Gaben von Brot und Wein Jesus Christus leiblich gegenwärtig sei (wie auch immer dieser Glaube philosophisch-wissenschaftlich sinnvoll ausformuliert werden kann). In der zweiten Hälfte des 1. Jahrtausends wurde es zunehmend unüblicher, in der Eucharistiefeier die Kommunion zu empfangen, sei es aus ernsthaft empfundener Ehrfurcht oder aufgrund der Fülle moralischer und kultischer Vorschriften, an die der Empfang zunehmend geknüpft wurde. So beschränkte sich die Eucharistiefrömmigkeit auf das Anschauen der eucharistischen Gaben und hier naheliegenderweise auf das Anschauen des Brotes.

Dieser Akt der **Augenkommunion** trennte sich von der eigentlichen Eucharistiefeier: Es wurde üblich, das eucharistische Brot öffentlich auszustellen (dafür wurde die **Monstranz** als Zeigegerät geschaffen), in eigenen gottesdienstlichen Formen zu verehren (**eucharistische Anbetung**) und mit ihm den Segen zu spenden (**eucharistischer Segen**, das Zeichnen einer Kreuzesform mit der Monstranz). Auf eine Vision der Ordensfrau Juliana von Lüttich (ca. 1192–1258) hin wurde 1246 im Bistum Lüttich ein eigenes Fest zur Verehrung der Eucharistie eingerichtet, und da 1261 mit Urban IV. (Amtszeit 1261–1264) ein früherer Lütticher Priester, der Juliana eng verbunden war, Papst wurde, konnte dieser 1264 die Einrichtung des Fronleichnamsfestes für die ganze katholische Kirche verfügen.

In manchen Gegenden wird Fronleichnam bis heute mit größtem Aufwand gefeiert, wenn in festlichen Zügen die Eucharistie durch Städte und Dörfer getragen, besungen und mit ihr der Segen gespendet wird. Der Bezug zur eigentlichen Eucharistiefeier mit ihrer Dynamik von Hören auf Gottes Wort, Lob, Dank und Bitte und schließlich der Vorwegnahme der sich in der Zukunft erfüllenden Gemeinschaft des Menschen mit Gott in Form der Kommunion ist dabei zugunsten eines recht statischen, geradezu kalkulierbaren Verständnisses von Gottesgegenwart zurückgestellt. Magische Vorstellungen von der Wirkung der Augenkommunion und des eucharistischen Segens konnten da nicht ausbleiben und bestehen sicher auch heute noch. Das Fronleichnamsfest entwickelte zugleich starke Tendenzen zur sozialen Abgrenzung der Christen von den jüdischen Mitbewohnerinnen und Mitbewohnern, später dann zur Abgrenzung der Katholiken von den Protestanten. Andererseits war und ist bis heute Fronleichnam ein bedeutender Kulturträger, der Pfarr- und Dorfgemeinschaften sammelt und zum Fest vereint wie sonst zu kaum einer Gelegenheit.

Herz-Jesu-Fest

Das Herz-Jesu-Fest wird am dritten Freitag nach Pfingsten begangen. Die Betrachtung des sich am Kreuz vergießenden Herzens Jesu war schon in den ersten Jahrhunderten bekannt, im Mittelalter und in der Reformationszeit erneut populär und kam schließlich durch den französischen Priester Jean Eudes (1601–1680) zum Durchbruch. Das Herz-Jesu-Fest am heutigen Termin gibt es in der gesamten römisch-katholischen Kirche seit 1846.

Christkönigssonntag

Als Ideenfest kann auch der Christkönigssonntag gelten, der seit 1925 gefeiert wird: zunächst Ende Oktober, seit 1970 am Sonntag vor dem 1. Advent, also als Abschluss des Jahreskreises. Dieses Fest stellt ein Bekenntnis zu Jesus Christus als dem wahren Herrscher der Welt dar. In seiner Entstehungszeit war damit auch eine Positionierung der katholischen Kirche in politischen Verfassungsfragen verbunden, nämlich zugunsten der Monarchie, in betonter Skepsis nicht nur gegenüber dem Kommunismus, sondern auch liberalen Demokratien. Während der Zeit des Nationalsozialismus wurde das Christkönigsfest dann zu einem katholischen Bollwerk gegen das mit gleichsam religiösem Anspruch auftretende „Führerprinzip" rund um Adolf Hitler. Heute hingegen betonen die liturgischen Texte des Christkönigsfests mehr die eschatologische Dimension, also den Glauben an die Wiederkunft Jesu Christi am Ende der Geschichte. – Für ein Ideenfest erweist sich der Christkönigssonntag damit als erstaunlich anpassungsfähig an geistige und theologische Entwicklungen.

Weitere Ideenfeste

Es gibt weitere Feste, in denen sich bestimmte zeitgenössische Frömmigkeitstendenzen oder theologische Schwerpunkte niedergeschlagen haben, auch wenn diese Feste oberflächlich einer oder einem Heiligen gewidmet sind. Dazu gehört etwa das 1571 eingerichtete und heute auf den 7. Oktober datierte Fest **Unsere Liebe Frau vom Rosenkranz**, das formal ein Marienfest ist, historisch als Dank für einen gewonnenen Krieg eingerichtet wurde (früher **Unsere Liebe Frau vom Sieg**) und inhaltlich einer bestimmten Frömmigkeit – eben dem Rosenkranzgebet – gewidmet ist. Oder das schon mehrfach erwähnte **Fest der Heiligen Familie** (heute am Sonntag nach Weihnachten, siehe Kapitel 22), das formal die Gemeinschaft von Maria, Josef und Jesus feiert, historisch und theologisch jedoch dem von der Kirche propagierten bürgerlichen Familienideal im frühen 20. Jahrhundert geschuldet ist.

Wenn Papst Johannes Paul II. im Jahr 2000 den Sonntag nach Ostern in der von der polnischen Ordensfrau Maria Faustyna Kowalska (1905–1938) geprägten Spiritualität zum **Sonntag der Göttlichen Barmherzigkeit** erklärte, dann stellt dies die wohl jüngste Widmung eines Kalenderdatums dar, die als Ideenfest bezeichnet werden kann. Allerdings ging damit keine Änderung der ausgewählten Bibelstellen oder der liturgischen Gebetstexte einher, es handelt sich also nur um eine neue Titulatur für einen bereits bestehenden Festtag.

Schließlich kann auch das Fest **Kreuzerhöhung** am 14. September (siehe Kapitel 33) – zumindest in der Entwicklung, die es seit dem 4. Jahrhundert genommen hat – als Ideenfest gedeutet werden.

Zusammenfassung

Wie an dieser kurzen Darstellung deutlich wird, werden durch Ideenfeste Tendenzen in Theologie und Frömmigkeit überliefert, die einer bestimmten Epoche plausibel, ja sogar notwendig erschienen. Zugleich bedeutet dies aber auch immer eine Festlegung, die sich für folgende Generationen möglicherweise als zu einseitig oder insgesamt fragwürdig darstellen kann und die eher wenig Raum für theologische Weiterentwicklung lässt.

Während daher einerseits die identitätsstiftende Kraft und emotionale Stärke der mit den Ideenfesten verbundenen Frömmigkeit betont wird, steht dem andererseits ein eher skeptisches Urteil seitens vieler Vertreterinnen und Vertreter der Liturgietheologie entgegen, denen die Euphorie, mit der bestimmte Kreise ihre Frömmigkeit als bleibende Norm für folgende Generationen durchsetzen, kritikwürdig erscheint.

Kapitel 28
Alttestamentliche Heilige

Warum alttestamentliche Heilige?

Ein historisch wie theologisch äußerst interessanter Aspekt ist die Verehrung alttestamentlicher Gestalten durch die Widmung christlicher Festtage. Manchen mag dieser Gedanke abwegig erscheinen: Gehört zu einer Heiligengestalt nicht eine explizite Ausrichtung auf Christus, also ein ausdrückliches Bekenntnis zum christlichen Glauben? Wenn ja, dann mögen Personen, die Christus zeitlich vorausgehen, zwar wichtige Zeugen der Heilsgeschichte und des Gottesglaubens Israels sein, in mancher Hinsicht auch angemessene Vorbilder für heutiges Leben, als liturgisch verehrte Heilige eignen sie sich dann jedoch nicht.

Doch für die christliche Kirche ist ein anderer Zugang zum Alten Testament maßgeblich. Wenn es für die ersten Christengenerationen noch gar kein „Neues Testament" gab, so konnte nur die Heilige Schrift Israels, also das, was wir heute „Altes Testament" nennen, Maßstab für das Verständnis des Glaubens sein. Und wenn Jesus sich auf das bezog, was „in der Thora, in den Propheten und in den Psalmen" über ihn geschrieben steht (Lk 24,44), dann darf auch das Alte Testament, obwohl zeitlich vor Jesus verfasst, als Zeugnis über Jesus gelesen und verstanden werden. Wenn Jesus die personifizierte Weisheit, das Wort (griechisch *logos*) Gottes ist (Joh 1), von dem schon die alttestamentliche Literatur so ausführlich spricht, dann müssen schon die Schöpfung, die Thora, der Exodus, die Psalmen ganz von ihm erfüllt sein. Dann aber stellen sich auch die Führungspersönlichkeiten Israels wie Mose, Aaron und Mirjam, Propheten wie Elija, Jesaja und Jeremia, Volksheldinnen wie Judith und Esther, die Patriarchen Abraham, Isaak und Jakob, die Herrscher David und Salomo und selbst der leidende Ijob als authentische Zeuginnen und Zeugen des christlichen Glaubens dar, auch wenn sie nichts von Jesus wissen konnten.

In der Tat war die Aufnahme alttestamentlicher Gestalten in den Kalender nichts Ungewöhnliches – jedenfalls in dem Augenblick, als sich insgesamt die liturgische Heiligenverehrung in Form von Festtagen entwickelte. Den Anfang machten auch hier die Märtyrer (siehe Kapitel 25), nämlich die sieben makkabäischen Brüder, deren Lebenshingabe für den Glauben Israels in 2 Makk 7 erzählt wird.

Alttestamentliche Heilige in Rom

Eine christliche Ortschaft allerdings zeigte sich von Beginn an sehr zurückhaltend in der Aufnahme alttestamentlicher Heiliger in den Kalender: Rom. Zwar verzeichnete die Kirche Roms in ihrem **Martyrologium** (einer bis heute bestehenden und ständig überarbeiteten Heiligenliste) auch alttestamentliche Gestalten, eigene liturgische Festtage wurden ihnen aber in der Regel nicht gewidmet, bis auf die oben genannten sieben makkabäischen Brüder, die in Rom gegen Mitte des 1. Jahrtausends am 1. August gefeiert wurden.

Die Gründe für diese stadtrömische Besonderheit sind bis heute nicht geklärt, die Auswirkungen waren allerdings erheblich. Denn die westeuropäische Kirchengeschichte verzeichnete mehrere Phasen einer starken Orientierung an stadtrömischen Bräuchen – besonders stark war dies zu beobachten im Zusammenspiel der politisch und kulturell aufstrebenden Franken und des römischen Papsttums im 8. und 9. Jahrhundert, in der Abgrenzung der katholischen Identität vom entstandenen evangelischen Christentum im 16. und 17. Jahrhundert und schließlich in einer erneuten Konsolidierung des nunmehr praktisch vollends „römisch" gewordenen Katholizismus im 19. und 20. Jahrhundert. Nach und nach gingen so die regional verbreiteten alttestamentlichen Heiligen zugunsten des aus Rom kommenden Schemas verloren, auch wenn etwa in Deutschland im 16. Jahrhundert alttestamentliche Heiligenfeste noch weit verbreitet gewesen waren.

Andere christliche Kirchen

Auch die anderen Kirchen westlicher Tradition kennen bis heute nur wenig liturgisches Gedenken alttestamentlicher Personen. Am stärksten ausgeprägt ist dieser Aspekt in den anglikanischen Kirchen (siehe Kapitel 37), wo seit dem 18. Jahrhundert eine starke Rückbesinnung auf alttestamentliche Orientierungspunkte stattgefunden hat. Nicht von ungefähr sind im englischen Sprachgebiet alttestamentliche Namen wie Elijah, Moses oder Rebecca deutlich weiter verbreitet als im deutschen. In den von römischem Einfluss weniger berührten Kirchen östlicher Tradition (siehe Kapitel 31–33, 38–40) ist das Gedenken alttestamentlicher Heiliger bis heute eine Selbstverständlichkeit: Sie sind genauso wie Persönlichkeiten der christlichen Kirchengeschichte in den Festkalender aufgenommen.

Israel

Nur in einer einzigen Region pflegt die römisch-katholische Kirche heute in größerem Umfang Feste alttestamentlicher Heiliger, nämlich in Israel. Das dortige **Lateinische Patriarchat** (so die Eigenbezeichnung der römisch-katholischen Kirche im Heiligen Land) verzeichnet in seinem Kalender immerhin acht alttestamentliche Heiligenfeste (alle im Rang eines Gedenktags, siehe Kapitel 29):

> Jesaja, Prophet und Märtyrer (9. 5.)
> Elischa, Prophet (14. 6.)
> Elija, Prophet (20. 7.)
> Jeremia, Prophet (21. 7.)
> Sieben Makkabäer, Märtyrer (3. 8.)
> Mose, Gesetzgeber und Prophet (4. 9.)
> Abraham, Patriarch (9. 10.)
> David, König, und alle Vorfahren Jesu (16. 12.)

Dass diese Praxis auf die römisch-katholische Weltkirche übergreifen könnte, scheint derzeit eher unwahrscheinlich. Einzelne Gemeinschaften in der katholischen Kirche haben aber bereits begonnen, das Gedenken alttestamentlicher Heiliger in ihre Gebetsformen aufzunehmen.

Aber müssen nicht auch Johannes der Täufer (siehe Kapitel 26), Simeon und Hannah (Kapitel 23) oder Joachim und Anna (Kapitel 30), die Eltern der Maria, als Heilige gelten, die weder das Wirken noch den Tod und die Auferstehung Jesu miterlebt haben? Schon die stets praktizierte Verehrung dieser Personen zeigt, dass nichts dagegen spricht, Gestalten aus der Vorgeschichte Jesu zu einem Ort in der katholischen Liturgie zu verhelfen.

Engelfeste

Erwähnen sollte man an dieser Stelle auch, dass Engeln, also in der Bibel bezeugten göttlichen Boten, eigene Festtage gewidmet waren und sind. Da die Engel bereits im Alten Testament bezeugt sind, kann man hierin eine Art liturgischer „Heiligen"-Verehrung erkennen, die Altes und Neues Testament übergreift. Der wichtigste römisch-katholische Engel-Gedenktag ist das Fest der **Erzengel Michael, Gabriel und Rafael** am 29. September.

Kapitel 29
Die Ränge der Festtage

Notwendigkeit von Rangfolgen

Noch gegen Ende des ersten christlichen Jahrtausends war die Zahl der Festtage im Jahreslauf überschaubar. Es gab **Formulare** (also Zusammenstellungen von Schriftlesungen, Gebeten und Gesängen) für Eucharistiefeiern an etwa 150 Tagen im Jahr. Etwa ein Drittel davon entfiel auf die Sonntage, ein weiteres Drittel auf die Werktage der Österlichen Bußzeit, das letzte Drittel schließlich auf die Festtage (Christus-, Marien- und Heiligenfeste), die zum großen Teil aus dem stadtrömischen Kalender übernommen waren, diesen aber um regionale und lokale Besonderheiten je nach Bistum oder Kloster ergänzten. Eucharistie gefeiert wurde demnach erstens an Sonntagen, zweitens an Festtagen, drittens an Fasttagen. Eine Untergliederung nach bestimmten „Wertigkeiten" war hier noch nicht nötig. An allen anderen Tagen wurde ausschließlich die Tagzeitenliturgie gefeiert, deren Ordnung sich von Wochentag zu Wochentag unterschied und dann am Sonntag wieder von vorne begann.

Neben diesen etwa 150 Eucharistie-Tagen gab es aber bereits die Möglichkeit, zusätzliche Eucharistiefeiern einem bestimmten Anliegen zu widmen, zum Beispiel für eine oder einen Verstorbenen, zu Ehren Marias oder um die Erhörung einer bestimmten Gebetsbitte. Diese Praxis der **Votivmessen** (lateinisch *votum* = Gebet, Wunsch, Gelübde) ließ sich je nach Bedarf in den gewachsenen Kalender einfügen, ohne dass weitere Regelungen nötig gewesen wären.

Dann jedoch begann sich die Zahl der Heiligenfeste zu vermehren, bis schließlich an jedem Tag irgendein Heiligenfest zu feiern war oder sogar mehrere Feste auf denselben Tag fielen. Komplizierter wurde es auch mit den Fasten- und Festzeiten, da immer mehr Tage eine eigene (meist eintägige) Vorbereitungszeit oder eine nachfolgende Oktav erhielten. Jeder Sonntag „kollidierte" nun mit einem oder mehreren Festtagen und Festzeiten des Kalenders, und diese kollidierten wiederum untereinander, und bei alldem waren auch noch Votivmessen unterzubringen, die in hoher Zahl in einstmals erlassenen Stiftungen verfügt worden sein konnten.

In dieser Situation bildete sich ein komplexes System von Festrängen aus, das nun die Liturgie ordnete: Wird in der Eucharistiefeier ein Gloria gesungen oder nicht? Werden die vorgesehenen Schriftlesungen des Sonntags vorgetragen oder die des Heiligenfestes, das auf denselben Tag fällt? Darf man an einem bestimmten Tag zusätzliche Votivmessen für Verstorbene feiern oder nicht?

Rubrizistik (benannt nach den in Rot, lateinisch *ruber*, geschriebenen Ausführungsanweisungen in liturgischen Büchern) wurde jetzt zu einem eigenen theologischen Lehr- und Forschungsgebiet. Da die Einhaltung liturgischer Vorschriften zugleich mit moralischem Anspruch aufgeladen war (sich nicht daran zu halten oder Fehler in der Ausführung zu begehen, war eine mehr oder weniger schwere Sünde gegen Gott), haftet der Rubrizistik bis heute nicht zu Unrecht der schale Geruch zwanghafter Bürokratie und Kleingeistigkeit an. Doch andererseits war und ist es der Kirche zu Recht wichtig, in der Fülle ihrer vielen Feieranlässe zwischen solchen, die für den christlichen Glauben von zentraler Bedeutung sind, solchen, die zwar wichtig, aber doch im Zweifel verzichtbar sind, und solchen, die eher zufällig und zeitgebunden sind, zu differenzieren.

Abwertung des Sonntags

Die Entwicklung zeigte dabei eine zunehmende Abwertung des Sonntags: Schon vergleichsweise geringe Feieranlässe sorgten dafür, dass „am Sonntag" nicht „der Sonntag" gefeiert wurde, sondern die Liturgie eines Festtags, der zufällig auf den Sonntag fiel – bis dahin, dass um der größeren Gemeindebeteiligung willen manche Festtage absichtlich auf den Sonntag verschoben werden konnten (siehe Kapitel 21).

Festränge

Im Gefolge des II. Vatikanischen Konzils wurde die so entstandene und über Jahrhunderte ausdifferenzierte Klassifizierung der Festränge erheblich vereinfacht und der Sonntag insgesamt aufgewertet. Das Resultat ist aber immer noch so komplex, dass es hier nicht in allen Einzelheiten dargestellt werden kann. Drei Schemata sind jedenfalls die entscheidenden und sollen hier den Ausgangspunkt für eine etwas vereinfachte Zusammenfassung bilden, die zur Orientierung in der katholischen Liturgiepraxis hilfreich sein kann.

Hochfest – Fest – Gedenktag

Das erste Schema ist die Unterteilung in **Hochfeste**, **Feste** und **Gedenk-tage**, wobei Letztere zu unterscheiden sind in **gebotene** und **nicht gebo-tene Gedenktage**. In liturgischen Büchern gibt es dafür einprägsame Abkürzungen: **H** steht für Hochfest, **F** für Fest, **G** für gebotenen, **g** für nicht gebotenen Gedenktag.

Hochfeste bestimmen die Liturgie vollständig: An Hochfesten wird nichts anderes gefeiert als das Hochfest selbst. Alle Gebete, Schriftle-sungen usw. entstammen dem liturgischen Formular des Hochfestes. Alle anderen Anlässe, die gegebenenfalls auf denselben Tag fallen, wer-den ignoriert (das Hochfest „verdrängt" alle anderen Feieranlässe am selben Tag).

Die Eucharistie eines Hochfestes hat die volle Anzahl von vier Schrift-lesungen (Altes Testament, Psalm, Neues Testament, Evangelium), es werden Gloria und Credo gesungen, es gibt eine eigene Präfation für das Eucharistische Hochgebet, die Tagzeitenliturgie beginnt mit der Vesper am vorausgehenden Abend („1. Vesper").

Je nach genauer Zählweise sowie den Unterschieden zwischen einzelnen Regionen, Diözesen, Pfarrgemeinden oder Ordensgemeinschaften gibt es im Jahreskalender etwa 15–20 Hochfeste.

Feste bestimmen die Liturgie im Regelfall ebenfalls vollständig. Es gibt aber schon erste Ausnahmen: Aus gegebenem Anlass kann auch ein an-deres liturgisches Formular verwendet werden, zum Beispiel anlässlich eines Begräbnisses oder einer Trauung. Nicht jedes Fest hat ein eigenes vollständiges Formular, gelegentlich muss man auf ein **Commune**-Formular (lateinisch *communis* = gemeinsam) zurückgreifen, also eine Auswahl von Texten für eine bestimmte Gruppe von Festen („Herren-feste", „Heilige Bischöfe" usw.).

Die Eucharistie eines Festes hat drei Schriftlesungen (Altes oder Neues Testament, Psalm, Evangelium), es wird das Gloria, aber kein Credo gesungen. – Im Jahr gibt es etwa 30–35 Feste.

Der Unterschied zwischen **gebotenem** und **nicht gebotenem Gedenk-tag** besteht nur im Verpflichtungsgrad: Ein gebotener Gedenktag ist fest vorgegeben, ein nicht gebotener Gedenktag kann gefeiert werden, muss aber nicht.

Gedenktage gibt es nur an Werktagen, nie an Sonntagen. Das Tagesgebet der Eucharistiefeier ist immer aus dem Formular des Gedenktags. Alle übrigen Texte können wahlweise aus dem Formular des Gedenktags (meist wird man hier auf entsprechende Commune-Formulare verwiesen) oder dem Formular des Werktags, auf den der Gedenktag fällt (z. B. Mittwoch der 8. Woche im Jahreskreis), entnommen werden. Nur an manchen Gedenktagen sind einzelne Schriftlesungen fest vorgeschrieben. An einem Gedenktag können auch Eucharistiefeiern anlässlich eines Begräbnisses, einer Trauung usw. gefeiert werden; in diesem Fall kann der Gedenktag ganz außer Acht gelassen werden.

Die Eucharistiefeier hat drei Schriftlesungen (Altes oder Neues Testament, Psalm, Evangelium), es gibt weder Gloria noch Credo.

Pro Woche gibt es meist ein oder zwei, manchmal noch mehr gebotene Gedenktage, selten gar keinen. Nicht gebotene Gedenktage gibt es jeden Tag (außer natürlich an Tagen, die bereits fest an ein höherrangiges Fest vergeben sind).

Sonntage – Werktage – Sonderfälle

Das zweite Schema ist die Unterscheidung zwischen Sonntagen und Werktagen. Als Orientierungspunkt kann gelten, dass Sonntage im Wesentlichen wie Hochfeste behandelt werden, Werktage wie nicht gebotene Gedenktage.

Daneben haben einige wenige Tage einen so speziellen Charakter, dass sie liturgisch einzeln behandelt werden, zum Beispiel Aschermittwoch (siehe Kapitel 18) und Allerseelen (Kapitel 26).

13 Rangstufen

Zusätzlich zu den Schemata von Hochfest – Fest – Gedenktag und Sonntag – Werktag gibt es schließlich noch eine im **Römischen Generalkalender** 1970 festgeschriebene Abfolge von 13 Rangstufen. Diese Liste beseitigt jeden Zweifel, wenn bestimmt werden soll, welche Tage welche kirchliche Wertschätzung genießen und welche Konsequenzen das für die Auswahlmöglichkeiten in der Gestaltung katholischer Eucharistie- und Tagzeitenfeiern hat. Die Übersicht findet sich auf Seite 170–171. Sie vermittelt einen Eindruck davon, wie komplex sich auch heute noch der römisch-katholische Festkalender darstellt, sobald das Schema Hochfest – Fest – Gedenktag, das Schema Sonntag – Werktag und das Schema Osterfestkreis – Weihnachtsfestkreis – Jahreskreis ineinandergeschoben und zueinander in ein theologisches Verhältnis gesetzt werden.

Liturgische Tage nach ihrer Rangordnung

(laut Römischem Generalkalender)

	Kommentar
1. Die Drei Österlichen Tage vom Leiden, vom Tod und von der Auferstehung des Herrn	Das Österliche Triduum als Höhepunkt des christlichen Jahreslaufs
2. Weihnachten (25. 12.) Erscheinung des Herrn (6. 1.) Christi Himmelfahrt Pfingsten Sonntage des Advents Sonntage der Österlichen Bußzeit Sonntage der Osterzeit Aschermittwoch Montag der Karwoche bis Gründonnerstag Tage in der Osteroktav	Weitere höchstrangige Feste und Zeiten. Aufgrund der Struktur des Kalenders kann es zwischen den Tagen der Ränge 1 und 2 niemals Kollisionen geben.
3. Hochfeste, die im Generalkalender verzeichnet sind Allerseelen	Der Generalkalender gilt für die römisch-katholische Kirche weltweit. Falls diese Tage mit einem höherrangigen Tag kollidieren (z. B. kann Verkündigung des Herrn in die Karwoche fallen), werden sie auf den am nächsten liegenden freien Tag verlegt.
4. „Eigen-Hochfeste": Hauptpatron eines Ortes oder einer Stadt Weihetag der betreffenden Kirche Titel der betreffenden Kirche Patron eines Ordens	Die genannten Tage sind zwar Hochfeste, aber nicht weltweit, sondern auf eine Stadt/Diözese oder sogar eine einzelne Gemeinde beschränkt. Auch sie entfallen nie, sondern werden ggf. verlegt.
5. Herrenfeste, die im Generalkalender verzeichnet sind	Dies sind z. B. Darstellung des Herrn (2. 2.), Verklärung des Herrn (6. 8.), Kreuzerhöhung (14. 9.). Feste dieser sowie tieferer Stufen entfallen in den Jahren, in denen sie mit einem höherrangigen Tag kollidieren.
6. Sonntage der Weihnachtszeit Sonntage im Jahreskreis	Gewöhnliche Sonntage werden demnach relativ häufig verdrängt, nämlich von allen auf den Stufen 1–5 angesetzten Festtagen!
7. Sonstige Feste des Generalkalenders	
8. „Eigenfeste"	Solche Feste, die nicht im weltweiten Generalkalender stehen, gibt es in jeder Region, jeder Diözese und jeder Ordensgemeinschaft; sie sind allerdings nicht übermäßig häufig.

9. Wochentage vom 17. bis 24. Dezember Tage der Weihnachtsoktav Wochentage der Österlichen Bußzeit	Hier sind bestimmte Werktage besonders ausgewiesen, ohne dass es sich dabei um Hochfeste, Feste oder Gedenktage handeln würde.
10. Gebotene Gedenktage des Generalkalenders	
11. Gebotene Eigengedenktage	Solche gebotenen Gedenktage einer Region, einer Diözese oder einer Ordensgemeinschaft sind sehr häufig.
12. Nicht gebotene Gedenktage	
13. Sonstige Werktage	

Besonderheiten

Die Auflistung lässt erkennen, dass die vom II. Vatikanischen Konzil gewollte Wertschätzung des Sonntags nur bedingt erreicht wurde (siehe Kapitel 21). Es gibt eine Fülle von Festtagen, die dem Sonntag liturgisch vorgezogen werden. Hinzu kommt – dies ist dieser Auflistung nicht zu entnehmen – die nach wie vor bestehende Option, bestimmte Feste auf Wunsch vom Wochentag auf den nächstgelegenen Sonntag zu verschieben.

Neben solchen Verschiebungen von Festen sowie thematischen Widmungen einzelner Sonntage (siehe Kapitel 21) verdient noch Erwähnung, dass auch manche Wochentage eine besondere Prägung erhalten haben, die in der Auswahl der liturgischen Formulare, vor allem aber in der Verkündigung und in anderen Gebetsformen jenseits von Eucharistiefeier und Tagzeitenliturgie ihren Niederschlag findet: Da gibt es den **Herz-Jesu-Freitag** (1. Freitag im Monat), dem der **Priesterdonnerstag** vorausgeht und dem der **Herz-Mariä-Samstag** folgt. Hier spielen vor allem eucharistische Anbetung, Gebetsstunden um Berufungen in kirchliche Ämter sowie Votivmessen zu Ehren Marias und das Rosenkranzgebet eine besondere Rolle.

Es dürfte leicht zu erahnen sein, dass die Handhabung des römisch-katholischen Festkalenders nicht ganz einfach ist. Wo auf der einen Seite das Abgleiten in zwanghaften Rubrizismus droht, besteht auf der anderen Seite die Gefahr eines willkürlich-subjektiven Umgangs mit dem

Festkalender, der den Bezug zur verbindenden und verbindlichen Überlieferung der gesamten Kirche verliert.

Dankenswerterweise liefert die katholische Kirche aber zugleich die
Machete mit, mit der eine Schneise durch das Dickicht kalendarischer
Bestimmungen geschlagen werden kann. Es handelt sich dabei um das
Direktorium, das als allgegenwärtiges Werkzeug für die Vorbereitung
römisch-katholischer Gottesdienste im folgenden Kapitel erläutert wer-
den soll.

Kapitel 30
Das Direktorium

Direktorium

Das komplizierte System der verschiedenen Festränge und ihres Verhältnisses zu den Sonntagen und den Kirchenjahreszeiten muss man zum
Glück nicht auswendig beherrschen. Für die praktische Anwendung
dient das Direktorium als nützliche Aufbereitung. Jedes katholische Bistum gibt Jahr für Jahr ein eigenes Direktorium heraus, das – neben vielen
allgemeinen Informationen – den Kalender und die für jeden Tag vorgesehenen Vorgaben für den Gottesdienst enthält.

Beispiel 1

Am einfachsten erklärt sich das Direktorium, indem man einen Blick
hineinwirft. Seite 174 zeigt einen Auszug aus dem Direktorium des Bistums Speyer für das Jahr 2015.

Als Erstes findet sich dort der Eintrag für Sonntag, den 26. Juli 2015. Die
Bezeichnung dieses Tages ist „17. Sonntag im Jahreskreis".

Die Zeile darunter weist auf den gebotenen Gedenktag (G) der heiligen
Joachim und Anna hin, der auf den 26. Juli datiert ist. Da dieser Tag im
Jahr 2015 auf einen Sonntag fällt und der Sonntag höherrangig ist als der
Gedenktag (siehe Seite 170–171), finden die heiligen Joachim und Anna
in der Liturgie nicht statt. Im folgenden Jahr werden sie auf einen Diens-
tag fallen und dort wieder begangen werden können.

„**Off** vom Sonntag, Te Deum" bedeutet, dass die Tagzeitenliturgie („Off"
steht für Offizium, einen der lateinischen Begriffe für die Tagzeiten) ohne
Ausnahme so gehalten werden soll, wie sie im Stundenbuch (dem kirchlichen Buch für die Tagzeitenliturgie) für ebendiesen Sonntag vorgeschrieben ist. Wie an Sonn- und Festtagen üblich, gehört dazu auch das „Te
Deum", ein frühkirchlicher Hymnus. Dieser Hinweis wäre nicht unbedingt
nötig, da er sich ohnehin schon aus der Anwendung des Stundenbuchs ergibt, aber zur Sicherheit wird er auch ins Direktorium aufgenommen.

Die nächste Zeile besteht fast nur aus Abkürzungen: **M** bezieht sich auf
die Eucharistiefeier („Messe"), die an diesem Tag gefeiert wird. Diese

Ev   Die Speisung der Fünftausend (Joh 6,1–15)

26 So + 17. SONNTAG IM JAHRESKREIS

Der G des hl. Joachim und der hl. Anna entfällt.

Off vom Sonntag, Te Deum

GR **M** vom Sonntag, Gl, Cr, Prf So,
feierlicher Schlusssegen

L 1: 2 Kön 4,42–44
APs: Ps 145,8–9.15–16.17–18 (R: 16)
L 2: Eph 4,1–6
Ev: Joh 6,1–15

27 Mo der 17. Woche im Jahreskreis

Off vom Tag

gr **M** vom Tag, zB: Tg 1039 (1061); Gg 274; Sg 277
L: Ex 32,15–24.30–34
Ev: Mt 13,31–35

28 Di der 17. Woche im Jahreskreis

Off vom Tag

gr **M** vom Tag, zB: Tg 277; Gg 278; Sg 278
L: Ex 33,7–11; 34,4b.5–9.28
Ev: Mt 13,36–43

Christophe Lucien 2010

29 Mi Hl. Marta von Betanien

G **Off** vom G, eig BenAnt und MagnAnt
W **M** von der hl. Marta

L: Ex 34,29–35
oder aus den AuswL, zB:
1 Joh 4,7–16
Ev: Joh 11,19–27 oder Lk 10,38–42

P. Petrus Cornelius Clous SCJ 1991

Eucharistiefeier ist „vom Sonntag", also genau so, wie es im Messbuch (dem kirchlichen Buch für die Eucharistiefeier) für diesen 17. Sonntag im Jahreskreis vorgesehen ist. Ganz links steht „GR", für die Farbe „Grün" (zu den liturgischen Farben siehe Seite 127), die für die liturgischen Gewänder auszuwählen ist. Am Ende der Zeile stehen vier Angaben, die sich aus dem Messbuch zwingend ergeben, die aber im Direktorium üblicherweise zur Sicherheit hinzugefügt werden: „Gl" = in der Eucharistiefeier wird das Gloria gesungen, „Cr" = die Eucharistiefeier enthält das Credo, „Prf So" = das Eucharistische Hochgebet wird mit einer der „Präfationen für die Sonntage" eröffnet. „Feierlicher Schlusssegen" ist der Hinweis, dass es für diesen Tag im Messbuch eine Auswahl von Segensformeln für den Abschluss der Eucharistiefeier gibt, aus denen ausgewählt werden kann (aber nicht muss).

Darunter sind die vier Schriftlesungen des Tages angegeben, die sich im Lektionar (dem kirchlichen Buch für die Schriftlesungen in der Eucharistiefeier) als Lesungen des 17. Sonntags im Jahreskreis finden lassen: Die erste Lesung (L 1) ist aus dem 2. Buch der Könige (Kapitel 4, Verse 42 bis 44). Der Antwortpsalm (APs) ist Psalm 145 (daraus die angegebenen Verse), wobei das Responsum – der Antwortruf, der von der Vorsängerin bzw. vom Vorsänger vorgetragen und dann von der Gemeinde nach jedem Abschnitt wiederholt wird – dem Vers 16 des Psalms entspricht (R: 16). Die zweite Lesung (L 2) ist aus dem Epheserbrief, Kapitel 4, Verse 1 bis 6, die Evangelienlesung (Ev) aus dem Johannesevangelium, Kapitel 6, Verse 1 bis 15.

Das Speyerer Direktorium fügt übrigens an den Sonntagen ganz oben eine Zeile hinzu, die bereits auf dieses Sonntagsevangelium hinweist („Die Speisung der Fünftausend") – die meisten Direktorien haben so etwas nicht, es soll vermutlich für die Gottesdienstvorbereitenden ein Stichwort aufgreifen, unter dem die Besonderheiten des Tages inhaltlich gebündelt werden können.

Es folgt Montag, der 27. Juli: Montag der 17. Woche im Jahreskreis. Die Tagzeitenliturgie ist „vom Tag" – also genau so, wie es im Stundenbuch für den Montag der 17. Woche vorgesehen ist –, ebenso dann auch die Eucharistiefeier, wiederum in grünen Gewändern. Da allerdings für einfache Werktage im Messbuch sehr viele Auswahlmöglichkeiten bestehen, nennt das Speyerer Direktorium Vorschläge für das Tagesgebet (Tg), das Gabengebet (Gg) und das Schlussgebet (Sg) mit der jeweiligen Seitenzahl im Messbuch. Diese Vorschläge sind nur „zum Beispiel" (zB) angegeben, also unverbindlich. Es ist davon auszugehen, dass die Zuständigen im Bistum Speyer versucht haben, über das ganze Jahr hinweg aus den vielen Auswahlmöglichkeiten des Messbuchs eine kluge Auswahl zu treffen, etwa unter Berücksichtigung der Inhalte der Schriftlesungen des Tages oder so, dass im Laufe des Jahres viele unterschiedliche Gebetstexte des Messbuchs einmal an die Reihe kommen. Dies ist eine Hilfestellung für Liturgieverantwortliche, denen die Zeit oder das Interesse fehlt, alle diese Entscheidungen immer selbst zu treffen.

Darunter steht die – wie an Werktagen üblich – einzige Schriftlesung (L), der Antwortpsalm ist hier nicht angegeben (man muss ihn also dem Lektionar entnehmen), es folgt nur noch die Evangelienlesung. Dass es an solchen Werktagen noch viel mehr Möglichkeiten gibt – zum Beispiel eine Votivmesse (siehe Kapitel 29) mit ganz eigenen Texten zu feiern – oder dass man, wenn man nicht täglich, sondern nur ein- oder zweimal während der Woche Eucharistie feiert, eine Auswahl aus allen Schriftlesungen der Woche treffen kann, ist im Direktorium nicht eigens angegeben, sondern wird als bekannt vorausgesetzt (oder am Beginn des Direktoriums ein für alle Mal genau erklärt).

Dienstag, 28. Juli, ist genauso zu lesen wie der vorausgehende Montag. Ganz unten steht außerdem noch – auch das ist in Direktorien üblich – ein Name mit einer Jahreszahl: das Todesdatum eines Priesters, Diakons oder eines anderen wichtigen Mitarbeiters des Bistums, dessen an diesem Tag im Gebet gedacht werden kann.

Mittwoch, 29. Juli: An diesem Tag ist ein Gedenktag (G), nämlich der der heiligen Marta von Betanien, einer biblischen Gestalt aus dem Umfeld Jesu. Die Tagzeitenliturgie (Off) ist „vom Gedenktag", also genau so, wie es im Stundenbuch für diesen Gedenktag vorgesehen ist, wobei das Direktorium darauf hinweist, dass es eine eigene Benedictus-Antiphon (BenAnt, der Rahmenvers zu dem biblischen Gesang Lk 1,68–79 in den Laudes) und eine eigene Magnificat-Antiphon (MagnAnt, zu Lk 1,46–55 in der Vesper) gibt. Wer das Stundenbuch kennt und weiß, wie viel man an solchen Gedenktagen hin und her blättern muss, kann dies leicht übersehen. Daher sind solche Hinweise im Direktorium eigens vermerkt, auch wenn sie sich aus der genauen Verwendung des Stundenbuchs von selbst ergeben.

Die Eucharistiefeier wird in weißer Farbe (W) gefeiert, man nimmt alle Texte so, wie sie das Messbuch für den Tag der heiligen Marta vorsieht. Es gibt eine eigene Lesung für diesen Anlass, aber darüber hinaus auch

Auswahllesungen (AuswL, in diesem Fall sind Schrifttexte gemeint, die bei verschiedenen Gedenktagen heiliger Frauen passen können; diese Auswahllesungen finden sich wiederum im Lektionar), von denen die Bearbeiter des Direktoriums eine als ihrer Meinung nach besonders geeignet vorschlagen. Darunter folgt die Evangelienlesung (hier werden beide Texte genannt, die das Lektionar für diesen Tag zur Auswahl bereithält) und schließlich wieder ein Totengedenken.

Beispiel 2

Ein Blick auf einen etwas komplizierteren Fall, diesmal im Direktorium des Erzbistums Wien (siehe Seite 178):

Oben, 21. September 2015: das Fest (F) des heiligen Matthäus. Die liturgische Farbe ist Rot (R), die Präfation für Apostelfeste (Prf Ap), der mögliche feierliche Schlusssegen ist gleich mit Seitenzahl im Messbuch (MB), Band II, angegeben. Dankenswerterweise liefern die Bearbeiterinnen und Bearbeiter in Wien auch noch einige Angaben zum Tagesheiligen, danach folgen wieder die Todestage von Mitarbeitern des Erzbistums Wien.

Darunter folgt Dienstag, 22. September 2015: Es ist Dienstag der 25. Woche im Jahreskreis. Es ist aber zugleich (2. Zeile) ein „nicht gebotener Gedenktag" (g), nämlich der Gedenktag des heiligen Mauritius und seiner Gefährten. Diese Heiligen werden nicht weltweit in der katholischen Kirche gefeiert, sehr wohl aber in der deutschsprachigen Region – deshalb der Hinweis auf den Regionalkalender (RK).

In diesem Fall hat man nun die freie Wahl. Die Tagzeitenliturgie ist entweder „vom Tag" oder „vom g". Die Eucharistiefeier kann man feiern „vom Tag": Man feiert also den Dienstag der 25. Woche und lässt das Heiligengedenken aus. Hier sind wieder Gebete unverbindlich vorgeschlagen, darunter stehen die Schriftlesungen von diesem Tag. Die Messe wird in diesem Fall in der liturgischen Farbe Grün (gr) gefeiert.

Man kann aber die Eucharistiefeier auch dem Heiligengedenken widmen, dann wird sie in roten Gewändern gefeiert (r). Im Messbuch gibt es für diesen Anlass kein eigenes Formular, aber ein „Commune für Märtyrer" (Com Mt). Selbst dann noch hat man bei den Schriftlesungen eine weitere Auswahlmöglichkeit: Entweder nimmt man Lesung und Evangelium „vom Tag", also genau wie oben für den Dienstag der 25. Woche angegeben, oder man nimmt die Schriftlesungen aus den Auswahllesungen (AuswL) im Lektionar, die zum Commune für Märtyrer gehören und

21 Mo | **HL. MATTHÄUS, Apostel und**
F | **Evangelist**

Off vom F, Te Deum
R | **M** vom F, Gl, Cr, Prf Ap,
feierlicher Schlusssegen (MB II 558)
L: Eph 4,1–7.11–13
Ev: Mt 9,9–13

Matthäus wird in sämtlichen Apostelverzeichnissen angeführt. Er ist
Zöllner, den Markus Levi nennt und den Jesus von der Zollstelle weg
zu sich berief. Die Nachrichten über sein weiteres Leben sind legendär.
Nach der Überlieferung ist er der Verfasser des ersten Evangeliums.
Sein Leichnam soll nach seinem Martertod in Äthiopien zunächst
nach Paestum und im 10. Jh. nach Salerno gebracht worden sein.

1970: Krisch, Br. Ansgar SVD, Buchh. und Verw., St. Gabriel
1971: Paulai, Karl Emmerich OPraem, Leiter d. Kath. Hilfswerkes
1988: Hradil, Otto, Pfr. i. R.
1991: Gallo, Karl, Pfr. i. R.
2000: Schuhmaier, P. Amideus OSM

22 Di | **der 25. Woche im Jahreskreis**
g | **Hl. Mauritius und Gefährten, Märtyrer**
der Thebäischen Legion (RK)

Off vom Tag oder vom g
gr | **M** vom Tag, zB: Tg 305,2; Gg 125 (123); Sg 219 (217)
L: Esra 6,7–8.12b.14–20
Ev: Lk 8,19–21
r | **M** vom hl. Mauritius und den Gefährten (Com Mt)
L und Ev vom Tag oder aus den AuswL, zB:
L: Weish 3,1–9
Ev: Mt 10,28–33

Von Mauritius ist nur bekannt, dass er als Anführer der Thebäischen
Legion mit seinen Gefährten um 280/300 den Martertod fand. Um
380 wurde über den wiederentdeckten Gebeinen eine Basilika gebaut,
die zu einem berühmten Wallfahrtsort und zur Keimzelle der Abtei
St-Maurice im Wallis wurde. Von dort verbreitete sich der Kult über
ganz Europa. Mauritius gilt als Patron mancher Ritterorden, der Soldaten, der Waffenschmiede und der Färber.

von denen hier wieder sinnvolle, aber unverbindliche Vorschläge ausgewählt sind.

Umgang mit dem Direktorium

Das Direktorium schlägt also eine Schneise durch die drei wichtigsten
liturgischen Bücher: das Messbuch (für den Ablauf und die Texte der
Eucharistiefeier), das Lektionar (für die Schriftlesungen der Eucharistiefeier) und das Stundenbuch (für Ablauf und Inhalt der Tagzeitenliturgie). Die Vertrautheit mit diesen Büchern und den zugrunde liegenden
Normen der katholischen Kirche kann das Direktorium nicht ersetzen, es
soll aber den praktischen, Tag für Tag gebotenen sicheren Umgang mit
ihnen erleichtern.

Für Außenstehende mag das alles sehr unübersichtlich und kleinlich aussehen, und da beruhigt es kaum, dass dieses Regelwerk vor einigen Jahrzehnten um ein Vielfaches komplizierter war und noch dazu die Direktorien in lateinischer Sprache abgefasst wurden. Die Arbeit mit Messbuch,
Lektionar und Direktorium kann sich leicht zu einer hochbürokratischen
Veranstaltung entwickeln.

Diese Komplexität ist historisch leicht nachvollziehbar (siehe Kapitel
29): Je mehr Festtage in den Kalender aufgenommen wurden, umso genauer musste man zwischen den verschiedenen Feieranlässen differenzieren. Hatte man aber einmal mit dem Ausdifferenzieren begonnen, er-
gaben sich schon bald Sonderfälle, denen man durch die Einführung von
Zwischenstufen, Unterformen von Zwischenstufen und schließlich Spe-
zialvarianten von Unterformen von Zwischenstufen begegnete. Es gäbe
sicher Möglichkeiten, den liturgischen Kalender einfacher zu fassen, als
das derzeit der Fall ist (siehe etwa das anglikanische Beispiel in Kapitel 37), und die katholische Kirche sollte von diesen Möglichkeiten Gebrauch machen. Aber *dass* es gewisse Regeln braucht, anhand derer man
die wichtigen von den weniger wichtigen Feieranlässen unterscheiden
kann, sollte unstrittig sein. Würde die Kirche hier keine Sorge tragen,
dann wäre zugleich mit dem Kalender irgendwann jeder Gottesdienst –
also der Ort, an dem die Kirche aus ihrer Quelle schöpft und sich selber
eine nach innen prägende und nach außen sichtbare Gestalt gibt – dem
persönlichen Empfinden der Gottesdienstverantwortlichen vor Ort oder
sogar den Machtkämpfen zwischen Anhängerschaften bestimmter Fröm-
migkeiten in den Gemeinden ausgeliefert. Zumindest von Amtsträgerinnen und Amtsträgern und den engagierten Gruppen, die sich in Gemein-

Hochfeste, Feste und Gedenktage im Erzbistum Paderborn

Die Liste zeigt alle an festen Kalenderdaten befindlichen Hochfeste, Feste und gebotenen Gedenktage am Beispiel des Erzbistums Paderborn (also alle außer den vom Osterdatum abhängigen).

H = Hochfest, F = Fest, G = gebotener Gedenktag

Nicht gebotene Gedenktage – von denen es oft mehrere am selben Tag gibt – sind hier nicht angegeben.

Bei historischen Personen ist das Jahrhundert des Todesdatums angegeben. Bei biblischen Gestalten steht die Angabe „bibl.".

Nicht eigens angegeben ist, ob die Feste im Römischen Generalkalender, im Europäischen Kalender, im Regionalkalender des deutschen Sprachgebietes, im bundesdeutschen Kalender oder nur im Diözesankalender des Erzbistums Paderborn verzeichnet sind.

Beispielsweise wird Birgitta von Schweden laut Römischem Generalkalender am 23. 7. als gebotener Gedenktag in der katholischen Kirche weltweit gefeiert, laut Europäischem Kalender ist dieser Tag ein Fest (seit Birgitta zur „Patronin Europas" erklärt wurde). In Paderborn ist aber der 23. 7. bereits mit dem Hochfest des heiligen Liborius belegt (Bistumspatron), daher ist Birgitta von Schweden hier (und nur hier!) auf den 24. 7. verlegt.

Datum	Rang	Name
1. 1.	H	Gottesmutter Maria
2. 1.	G	Basilius der Große und Gregor von Nazianz (4. Jh.)
6. 1.	H	Erscheinung des Herrn
17. 1.	G	Antonius, Mönchsvater (4. Jh.)
24. 1.	G	Franz von Sales (17. Jh.)
25. 1.	F	Bekehrung des Apostels Paulus
26. 1.	G	Timotheus und Titus (bibl.)
28. 1.	G	Thomas von Aquin (13. Jh.)
31. 1.	G	Johannes Bosco (19. Jh.)
2. 2.	F	Darstellung des Herrn
5. 2.	G	Agatha (3. Jh.)
6. 2.	G	Paul Miki und Gefährten (16. Jh.)

10. 2.	G	Scholastika (6. Jh.)
14. 2.	F	Cyrill und Methodius (9. Jh.)
22. 2.	F	Kathedra Petri
23. 2.	G	Polykarp (2. Jh.)
24. 2.	F	Matthias (bibl.)
7. 3.	G	Perpetua und Felizitas (3. Jh.)
19. 3.	H	Josef (bibl.)
25. 3.	H	Verkündigung des Herrn
7. 4.	G	Johannes Baptist de la Salle (18. Jh.)
11. 4.	G	Stanislaus (11. Jh.)
25. 4.	F	Markus (bibl.)
29. 4.	F	Katharina von Siena (14. Jh.)
2. 5.	G	Athanasius (4. Jh.)
3. 5.	F	Philippus und Jakobus (bibl.)
26. 5.	G	Philipp Neri (16. Jh.)
1. 6.	G	Justin (2. Jh.)
3. 6.	G	Karl Lwanga und Gefährten (19. Jh.)
5. 6.	F	Bonifatius (8. Jh.)
11. 6.	G	Barnabas (bibl.)
13. 6.	G	Antonius von Padua (13. Jh.)
21. 6.	G	Aloisius Gonzaga (16. Jh.)
24. 6.	H	Geburt Johannes' des Täufers (bibl.)
28. 6.	G	Irenäus (3. Jh.)
29. 6.	H	Petrus und Paulus (bibl.)
2. 7.	F	Mariä Heimsuchung
3. 7.	F	Thomas (bibl.)
8. 7.	G	Kilian und Gefährten (7. Jh.)
11. 7.	F	Benedikt von Nursia (6. Jh.)
15. 7.	G	Bonaventura (13. Jh.)
21. 7.	G	Maria Magdalena (bibl.)

22. 7.	F	Jahrestag der Weihe des Hohen Domes zu Paderborn
23. 7.	H	Liborius (4. Jh.)
24. 7.	F	Birgitta von Schweden (14. Jh.)
25. 7.	F	Jakobus (bibl.)
26. 7.	G	Joachim und Anna
29. 7.	G	Marta von Betanien (bibl.)
31. 7.	G	Ignatius von Loyola (16. Jh.)
1. 8.	G	Alfons Maria von Liguori (18. Jh.)
4. 8.	G	Johannes Maria Vianney (19. Jh.)
6. 8.	F	Verklärung des Herrn
8. 8.	G	Dominikus (13. Jh.)
9. 8.	F	Theresia Benedicta vom Kreuz (Edith Stein) (20. Jh.)
10. 8.	F	Laurentius (3. Jh.)
11. 8.	G	Klara von Assisi (13. Jh.)
14. 8.	G	Maximilian Kolbe (20. Jh.)
15. 8.	H	Mariä Aufnahme in den Himmel
20. 8.	G	Bernhard von Clairvaux (12. Jh.)
21. 8.	G	Pius X. (20. Jh.)
22. 8.	G	Maria Königin
24. 8.	F	Bartholomäus (bibl.)
27. 8.	G	Monika (4. Jh.)
28. 8.	G	Augustinus (5. Jh.)
29. 8.	G	Enthauptung Johannes' des Täufers (bibl.)
3. 9.	G	Gregor der Große (7. Jh.)
8. 9.	F	Mariä Geburt
13. 9.	G	Johannes Chrysostomus (5. Jh.)
14. 9.	F	Kreuzerhöhung
15. 9.	G	Gedächtnis der Schmerzen Mariens
16. 9.	G	Kornelius und Cyprian (3. Jh.)
20. 9.	G	Andreas Kim Tae-gon und Paul Chong Ha-sang und Gefährten (19. Jh.)
21. 9.	F	Matthäus (bibl.)

30 Das Direktorium

23. 9.	G	Pius von Pietrelcina (20. Jh.)
27. 9.	G	Vinzenz von Paul (17. Jh.)
29. 9.	F	Michael, Gabriel und Rafael, Erzengel (bibl.)
30. 9.	G	Hieronymus (5. Jh.)
1. 10.	G	Theresia vom Kinde Jesus (19. Jh.)
2. 10.	G	Schutzengel
4. 10.	G	Franz von Assisi (13. Jh.)
7. 10.	G	Unsere Liebe Frau vom Rosenkranz
15. 10.	G	Theresia von Jesus (von Ávila) (16. Jh.)
17. 10.	G	Ignatius von Antiochien (2. Jh.)
18. 10.	F	Lukas (bibl.)
28. 10.	F	Simon und Judas (bibl.)
1. 11.	H	Allerheiligen
2. 11.		Allerseelen
4. 11.	G	Karl Borromäus (16. Jh.)
9. 11.	F	Weihetag der Lateranbasilika
10. 11.	G	Leo der Große (5. Jh.)
11. 11.	G	Martin von Tours (4. Jh.)
12. 11.	G	Josaphat (17. Jh.)
19. 11.	G	Elisabeth (13. Jh.)
21. 11.	G	Unsere Liebe Frau in Jerusalem
22. 11.	G	Cäcilia (3. Jh.)
24. 11.	G	Andreas Dung-Lac und Gefährten (18. Jh.)
30. 11.	F	Andreas (bibl.)
3. 12.	G	Franz Xaver (16. Jh.)
7. 12.	G	Ambrosius (4. Jh.)
8. 12.	H	Mariä Erwählung
14. 12.	G	Johannes vom Kreuz (16. Jh.)
25. 12.	H	Geburt des Herrn (Weihnachten)
26. 12.	F	Stephanus (bibl.)
27. 12.	F	Johannes (bibl.)
28. 12.	F	Unschuldige Kinder (bibl.)

den um die Gottesdienstgestaltung bemühen, ist daher durchaus zu erwarten, dass sie die bestehenden Grundregeln kennen und sicher damit umgehen können.

Gliederung liturgischer Bücher – Beginn von Kirchen- und Lesejahr

Liturgische Bücher haben in der römisch-katholischen Kirche übrigens immer dieselbe Gliederung:

Im ersten Teil finden sich alle Angaben für den **Weihnachtsfestkreis**, vom 1. Adventssonntag bis zum Fest der Taufe des Herrn. Daran schließt sich der **Osterfestkreis** an, von Aschermittwoch bis zum Pfingstsonntag, auf den Pfingstmontag, Dreifaltigkeitssonntag, Fronleichnam und Herz-Jesu-Fest folgen.

Im zweiten Teil folgt der **Ablauf der jeweiligen Feier** (der **Ordo**) mit genauen Angaben und Erklärungen, im Fall des Messbuchs also der Ablauf der Eucharistiefeier vom Einzug bis zum Schlusssegen, im Fall des Stundenbuchs der Ablauf der einzelnen Tagzeitenfeiern. Im Ordo sind vereinzelt auch festzeitspezifische Auswahlmöglichkeiten eingetragen, zum Beispiel Präfationen für das Eucharistische Hochgebet. Das Lektionar enthält diesen allgemeinen zweiten Teil nicht.

Im dritten Teil folgen alle Angaben für den **Jahreskreis**, von der 1. bis zur 34. Woche, auch das Christkönigsfest findet sich hier eingefügt.

Im vierten Teil schließlich folgen sämtliche **Festtage**, die nicht zum Weihnachts- oder Osterfestkreis gehören. Sie sind in der Regel nach dem Kalenderjahr geordnet, also von Januar bis Dezember. Daran werden die **Commune**-Formulare sowie **Votiv**-Feiern angefügt.

Diese Konstruktion liturgischer Bücher gilt allerdings nur idealtypisch. Aufgrund der Menge des Materials müssen die Bücher in mehrere Bände aufgeteilt werden, es existieren auch vereinfachte, kostengünstigere Ausgaben für den privaten Gebrauch. Da finden sich dann Publikationen, die nur die Sonntage, Hochfeste und Herrenfeste beinhalten, solche, die nur für den Weihnachtsfestkreis gemacht sind, oder solche, die nur für einzelne Lesejahre gelten usw.

Der **Beginn der Lesejahre** ist immer der 1. Adventssonntag, man spricht in diesem Zusammenhang dann auch vom **Beginn des Kirchenjahres**. Allerdings sollte man diese Bezeichnung nicht überbewerten. Die populäre Deutung, wonach im Laufe des Kirchenjahres die gesamte Abfolge der Heilsgeschichte abgebildet werde (vom Warten auf den Messias bis zu dessen Kommen, seinem Tod und seiner Auferstehung bis zu seiner

Wiederkunft), geht gewiss am Kern der Sache vorbei, für die ausschließlich das Osterfest den zentralen Orientierungspunkt bildet. Ein „Jahresanfang" im theologischen Sinn lässt sich nicht zwingend am 1. Advent festmachen, auch wenn die liturgischen Bücher naturgemäß mit irgendeinem Tag des Jahres beginnen müssen.

Teil IV
ANDERE CHRISTLICHE RITEN
UND KONFESSIONEN

Kapitel 31
Byzantinischer Ritus:
Überblick und zwölf Hauptfeste

Byzantinischer Ritus: Orthodoxe und katholische Kirchen

Mit dem Begriff **byzantinischer Ritus** bezeichnet man die liturgische, kirchenrechtliche, theologische und spirituelle Kultur, die ihren historischen Bezugspunkt in der Stadt **Konstantinopel** hat. Diese wurde im Jahr 330 durch Kaiser Konstantin zu seinem Hauptsitz und damit zur östlichen, neuen Reichshauptstadt (neben Rom) gemacht. Der frühere Name der Stadt, **Byzanz,** hat sich zur Bezeichnung der mit Konstantinopel verbundenen Kultur erhalten, die man daher „byzantinisch" und nicht etwa „konstantinopolitanisch" nennt. Während das alte, westliche Rom im Jahr 476 als Kaisersitz verloren ging, bestand „Ost-Rom" bis 1453 als christliche Reichshauptstadt fort, ehe es unter osmanische Herrschaft geriet. Heute trägt Konstantinopel den Namen **Istanbul** und ist die größte Stadt der Türkei.

Das byzantinische Christentum wurde in seiner Frühzeit vor allem durch Antiochien (Syrien) und Jerusalem beeinflusst. Spätestens mit der Errichtung der *Hagia Sophia* („Heilige Weisheit") als Bischofskirche in der Mitte des 6. Jahrhunderts entwickelte Konstantinopel eine eigene stilprägende Bedeutung, die bis heute in allen Kirchen und Liturgien des byzantinischen Ritus erkennbar ist und die schließlich auch die syrische und die Jerusalemer Kultur weitgehend überformte.

Fast alle **orthodoxen Christen** gehören dem byzantinischen Ritus an (etwa 200 Millionen Menschen weltweit), es gibt aber auch **Katholiken des byzantinischen Ritus**: die **griechisch-katholischen Ostkirchen** oder, eher despektierlich: die (mit Rom) **unierten Byzantiner**. Die Zahl dieser katholischen Byzantiner beträgt weltweit etwa 10 Millionen, es gibt sie vor allem in der Westukraine und im Nahen Osten sowie aufgrund von Auswanderungsbewegungen in kleinerer Zahl überall auf der Welt. Der byzantinische Ritus gehört zu den vom II. Vatikanischen Konzil erwähnten „anerkannten Riten" der katholischen Kirche (SC 4).

Sein theologischer Reichtum und seine historische Bedeutung sind unbestritten, sein Bekanntheitsgrad unter Katholiken ist aber eher gering, da diese den Katholizismus gemeinhin mit dem römischen Ritus gleichsetzen („römisch-katholisch") und oft überhaupt nicht wissen, dass es auch „nicht-römische" Katholiken gibt, deren Liturgie und Spiritualität nicht von Rom her geprägt ist, sondern von anderen theologischen und kulturgeschichtlichen Bezugspunkten.

Auch wenn sich das byzantinische Christentum theologisch nicht über nationale Identitäten definiert, hat die historische Entwicklung besonders der letzten beiden Jahrhunderte dazu geführt, dass heute praktisch jede große orthodoxe Nation Osteuropas ein eigenes selbstständiges kirchliches **Patriarchat** (sozusagen eine „orthodoxe Landeskirche") darstellt. Orthodoxe Christen in der westlichen Hemisphäre sind der kirchlichen Struktur ihrer Heimatländer angegliedert, so dass etwa in Deutschland und Österreich auf demselben Gebiet mehrere orthodoxe Bistümer nebeneinander bestehen („serbisch-orthodox", „russisch-orthodox" usw.).

Nebeneinander verschiedener Kalender

Diese Entwicklung ist auch für die Festkalender nicht unbedeutend, denn manche byzantinische Kirchen verwenden den julianischen, andere den gregorianischen, wieder andere den meletianischen Kalender (siehe Kapitel 7). Daher kann es sein, dass in ein und derselben Stadt unterschiedliche orthodoxe Gemeinden an unterschiedlichen Tagen Weihnachten oder andere Feste feiern; nur das Osterfest wird in allen Kirchen gleichzeitig gefeiert (siehe dazu die Übersicht auf Seite 56).

Wenn also im Folgenden vom „25. März" die Rede ist, ist immer zu bedenken, dass der 25. März des gregorianischen und meletianischen Kalenders mit dem uns bekannten bürgerlichen Datum übereinstimmt, während der 25. März nach julianischem Kalender auf den 7. April unseres staatlichen (= gregorianischen) Kalenders fällt.

Festränge

Der byzantinische Ritus kennt eine Rangfolge von Festen, die in ähnlicher Weise wie die römisch-katholische Rangfolge (siehe Kapitel 29 und 30) Abstufungen in der theologischen Bedeutung vornimmt. Diese Rangordnung wirkt sich auch auf die Liturgie aus, ist allerdings in mancher Hinsicht noch komplexer als die römische. Anstatt die Details dieser Klassifizierung zu erläutern, sollen hier nur jene Feste des byzantinischen Kirchenjahres genannt werden, die meist als **Hauptfeste** bezeichnet werden. Im folgenden Kapitel 32 kommt dann das byzantinische Osterfest zur Sprache, in Kapitel 33 zwei dem römischen Christentum eher weniger bekannte Besonderheiten der byzantinischen Tradition.

Zwölf Hauptfeste

Die Bedeutung der zwölf Hauptfeste zeigt sich zum Beispiel darin, dass auf einer **Ikonostase**, also der Bilderwand, die in einer byzantinischen Kirche errichtet ist, in einer eigenen Reihe die Ikonen dieser zwölf Feste nebeneinander zu sehen sind – nur bei kleinen Ikonostasen oder in niedrigen Kirchenräumen wird auf diese Festikonen verzichtet. So ist bei dem liturgischen Geschehen, das sich primär am Altar, am Ambo und im Dialog zwischen Vorsteher und Gemeinde abspielt, immer die Fülle der heilsgeschichtlichen Ereignisse im Blickfeld, die den gesamten Zyklus des Kalenders durchziehen.

Für den byzantinischen Ritus ist eine besonders hymnische, pathetische Sprache charakteristisch. Während die Feste im römischen Ritus eher technische Bezeichnungen haben, spiegelt sich in den byzantinischen Ausdrücken stärker der feierliche, huldigende Charakter wider. Für die aus der griechischen oder einer slawischen Sprache übernommenen Begriffe gibt es verschiedene deutsche Übersetzungen; ich übernehme hier die Terminologie aus dem „Liturgikon" des Neophytos Edelby, das eine der wichtigsten, vor allem aber die umfassendste Ausgabe der Besonderheiten des byzantinischen Kirchenjahres in deutscher Sprache darstellt.

Ostern – Palmsonntag – Christi Himmelfahrt – Pfingsten

Als Erstes ist selbstverständlich das **Osterfest** (**Heiliger und Großer Sonntag**, „Auferstehung unseres Herrn Jesus Christus") zu nennen. Als wichtigstes Fest wird es oft nicht zu der Zwölferreihe gezählt, sondern dieser vorangestellt. Zählt man es doch dazu, wird eines der anderen Feste aus der Liste gestrichen. Auf seine Feierpraxis geht das folgende Kapitel 32 ein. Mit dem Osterfest kalendarisch verbunden sind **Christi Himmelfahrt** („Himmelfahrt unseres Herrn und Erlösers Jesus Christus") und **Pfingsten** („Sonntag der Heiligen Pentekoste") am 40. bzw. 50. Tag ab Ostersonntag (siehe Kapitel 20). In der byzantinischen Liturgie steht Pfingsten dabei eher im Zeichen der gesamten Dreifaltigkeit: Dieses Bekenntnis bildet den krönenden Schlusspunkt der Pentekoste. Ein eigenes Fest des Heiligen Geistes wird an den Pfingstsonntag angehängt, entspricht also kalendarisch dem Pfingstmontag. Am Sonntag nach Pfingsten hat das Allerheiligenfest seinen Platz gefunden, das im Westen am 1. November begangen wird. Der Ostern vorausgehende **Palmsonntag** zählt ebenfalls zu den Hauptfesten. Die Daten dieser Feste hängen natürlich mit der genauen Bestimmung des Osterdatums zusammen.

Die weiteren Hauptfeste

Die übrigen Hauptfeste befinden sich an festen Kalenderdaten:

25. Dezember: „Geburt des Herrn, Gottes und Erlösers Jesus Christus dem Fleische nach",

6. Januar: „Theophanie (Epiphanie) unseres Herrn, Gottes und Erlösers Jesus Christus".

Auf dieses weihnachtliche Doppelfest und seine unterschiedliche Ausprägung in West und Ost war bereits Kapitel 22 eingegangen. Hier sei noch einmal daran erinnert, dass die Anbetung des Neugeborenen durch die Sterndeuter im byzantinischen Ritus bereits am 25. Dezember thematisiert wird, während der 6. Januar dem Gedenken der Taufe Jesu gewidmet ist. Unbedingt erwähnt werden sollte in diesem Zusammenhang die **Große Wasserweihe**, die möglichst am 6. Januar (gelegentlich auch später, z. B. am folgenden Sonntag) gefeiert wird. Aus dem Gedenken der Taufe Jesu im Jordan entstand der Brauch einer Segnung von Wasser, mit dem die Gläubigen dann besprengt werden und das sie mit nach Hause nehmen. Besonders populär sind solche Segnungen, wenn sie an fließendem Wasser gehalten werden, von kleinen örtlichen Bächen bis hin zu großen Flüssen. Auch im deutschsprachigen Raum wird in den Medien über dieses Ereignis vielfach berichtet.

Dem 25. Dezember wird eine vierzigtägige Fastenzeit vorangestellt, die allerdings nicht so streng ausfällt wie die Fastenzeit vor Ostern (siehe Kapitel 32).

Gelegentlich begegnet auch „Beschneidung des Herrn" (1. Januar) als eines der zwölf Hauptfeste, in diesem Fall fehlt eines der anderen hier genannten.

2. Februar: „Hypapante (Begegnung) unseres Herrn, Gottes und Erlösers Jesus Christus".

Dieses Fest ist im Westen als „Darstellung des Herrn" bekannt und wurde in Kapitel 23 bereits vorgestellt. Der byzantinische Blick richtet sich unter dem Stichwort „Begegnung" sowohl auf die besondere Rolle des Simeon, der seinen neugeborenen Messias erblickt, als auch auf die Zusammenführung von Jesus und dem Jerusalemer Tempel. Das „Begegnungsfest" inszeniert also eine Art ersten Einzug des wahren Herrschers in seine Herrscherstadt – die er allerdings nicht als militärischer Sieger, sondern zunächst als kleines Kind und später dann vom Kreuz her regiert.

25. März: „Verkündigung unserer Allheiligen Gottesgebärerin und immerwährenden Jungfrau Maria".

Auch dieses Fest entspricht seinem westlichen Pendant („Verkündigung des Herrn", siehe Kapitel 23), wird aber in der byzantinischen Praxis deutlich stärker auf Maria fokussiert.

6. August: „Verklärung unseres Herrn, Gottes und Erlösers Jesus Christus".

Die Verklärung Jesu als eine Vorausschau der Herrlichkeit der Auferstehung ist auch im Westen bekannt (siehe Kapitel 23), dort aber weder im offiziellen liturgischen Rang noch in der verbreiteten Frömmigkeit von solcher Bedeutung wie im Osten.

15. August: „Entschlafung unserer Allheiligen Herrin, der Gottesgebärerin und immerwährenden Jungfrau Maria".

Unter dem Namen „Mariä Aufnahme in den Himmel" steht dieses Fest auch im Westen im Rang eines Hochfestes (siehe Kapitel 24). Ihm ist eine vierzehntägige Fastenzeit vorangestellt.

8. September: „Geburt unserer Allheiligen Herrin, der Gottesgebärerin und immerwährenden Jungfrau Maria".

Dieses Fest ist ebenfalls im römischen Ritus bekannt (siehe Kapitel 24), dort aber nicht so hoch angesiedelt und auch kaum populär. Gelegentlich fehlt es in der Liste der zwölf byzantinischen Hauptfeste.

14. September: „Allgemeine Erhöhung des kostbaren und lebenspendenden Kreuzes".

Das Fest „Kreuzerhöhung" wird in Kapitel 33 näher thematisiert.

21. November: „Eintritt unserer Allheiligen Herrin, der Gottesgebärerin und immerwährenden Jungfrau Maria, in den Tempel (Mariä Opferung)".

Auch dieses Fest kommt in Kapitel 33 zur Sprache. Im Westen ist es als „Unsere Liebe Frau in Jerusalem" nur im Rang eines Gedenktags und wenig entfaltet.

Anmerkungen zum byzantinischen Festkalender

Die Auflistung der zwölf Hauptfeste im byzantinischen Ritus lässt die enge Verwandtschaft zum römischen Kalender erkennen. Wenn auch in unterschiedlicher Ausprägung und genauer Bezeichnung, so kennen doch West wie Ost dieselben Feste. Erst bei den täglichen Heiligengedenken gibt es dann Abweichungen: Das gilt sowohl für die Auswahl der Heiligen als auch für die Zuordnung fester Kalenderdaten. Ebenfalls erkennen lässt sich die außerordentlich hohe Wertschätzung, die Maria im liturgischen Gedenken erfährt.

Nicht zu den zwölf Hauptfesten wird übrigens der Festtag der Apostel **Petrus und Paulus** am **29. Juni** gezählt, obwohl er immerhin durch eine eigene Fastenzeit („Apostelfasten") ausgezeichnet ist, die eine Woche nach Pfingsten beginnt und daher, abhängig vom verwendeten Kalender und vom Osterdatum, zwischen null (!) und 42 Tagen dauern kann.

Ein genauer Beginn des liturgischen Jahres ist nicht bestimmt, allerdings gibt es zwei herausragende Daten, die in den liturgischen Büchern den Auftakt bilden:

Das eine ist das Osterfest – wozu auch die vorbereitende Zeit gerechnet wird, so dass die liturgischen Bücher mit dem Montag nach dem 11. Sonntag vor Ostern, also mit dem Beginn der „Vorfastenzeit" einsetzen (siehe Kapitel 32).

Das andere prägende Datum ist der 1. September, der traditionelle Jahresbeginn nach konstantinopolitanischer Zählung. Die Liste der an festen Kalenderdaten terminierten Feste beginnt daher in liturgischen Büchern mit dem 1. September, hier findet sich auch an entsprechender Stelle Weihnachten eingereiht. Man führt also keinen „Weihnachtsfestkreis" als eigene Rubrik in den liturgischen Büchern, wie auch die Schriftlesungen in den Wochen vor Weihnachten – anders als im römischen Advent – inhaltlich keine hinführende Funktion für das Weihnachtsfest haben.

Mehr noch als der römisch-katholische Kalender bietet der byzantinische für jeden Tag gleich mehrere Heiligengedenken, die sich dann – je nach Festrang – in unterschiedlicher Weise auf Eucharistiefeier und Tagzeiten auswirken. Während in Klöstern meist täglich Eucharistie und Tagzeiten vollständig gefeiert werden, wird in gewöhnlichen Gemeinden nur am Sonntag und an hohen Festtagen die Eucharistie gefeiert (von wenigen Ausnahmesituationen abgesehen immer am Vormittag). Hinzu kommt die Vesper (am vorausgehenden Abend), mit der der Sonn-

oder Festtag eröffnet wird, in größeren Gemeinden auch noch das Morgenlob vor der Eucharistiefeier. In der vorösterlichen Fastenzeit (siehe Kapitel 32) gelten zum Teil völlig abweichende Regelungen und Bräuche, die hier nicht näher dargestellt werden können.

Prägend für die Eucharistiefeier im byzantinischen Ritus, die **Heilige Liturgie** oder **Göttliche Liturgie** genannt wird, sind zwei Schriftlesungen – eine neutestamentliche Brieflesung („Epistel") und eine Evangelienlesung – sowie mehrere je nach Anlass wechselnde Gesänge, die das Mysterium des jeweiligen Tages zur Sprache bringen. Diese liturgischen Gesänge sind von sehr hymnischem, in westlichen Ohren geradezu pathetischem Charakter und von hohem theologischem Anspruch. Oft stellen sie den Endpunkt einer sich in Gebet und Poesie äußernden theologischen Reflexion dar. Als Teil der Liturgie dienen sie den späteren Generationen als Maßstab für das richtige Verständnis des Glaubens und als Quelle theologischen Arbeitens. Hier drei Beispiele:

Troparion vom Fest Mariä Geburt (8. September)

Deine Geburt, Gottesmutter, hat dem ganzen Erdkreis Freude beschert. Denn aus Dir ging auf die Sonne der Gerechtigkeit, Christus, unser Gott. Er nahm den Fluch hinweg, brachte den Segen, zerstörte den Tod und schenkte uns ewiges Leben.

Erstes Troparion vom Palmsonntag (mit Rückbezug auf den vorausgehenden „Lazarus-Samstag" mit der Evangelienlesung Joh 11,1–45)

Um vor Deinem Leiden die allgemeine Auferstehung zu bezeugen, hast Du den Lazarus von den Toten erweckt, Christus, Gott. Darum tragen auch wir, wie damals die Kinder, die Zeichen des Sieges und rufen Dir zu, dem Sieger über den Tod: Hosanna in den Höhen! Gepriesen sei, der da kommt im Namen des Herrn!

Kondakion von der Verklärung des Herrn (6. August)

Auf dem Berge wurdest Du verklärt, Christus, Gott. Die Jünger schauten, wie sie vermochten, Deine Herrlichkeit, auf dass sie, wenn sie Dich gekreuzigt sehen, das Leiden als freiwillig begreifen, der Welt aber verkünden, dass Du in Wahrheit bist der Abglanz des Vaters.

Kapitel 32
Byzantinischer Ritus: Ostern

Ostern

Das Osterfest mit seiner Vor- und Nachbereitungszeit stellt sich im byzantinischen Ritus als ein hochkomplexes Gesamtkunstwerk dar. Mehr als einige besondere Charakteristika können hier nicht genannt werden, der Schwerpunkt der Darstellung liegt dabei auf den Feiern von Gründonnerstag bis Ostersonntag. Die byzantinische Begrifflichkeit wird nur zum Teil übernommen, um nicht die Verständlichkeit zu erschweren.

Große Fastenzeit

Die vorösterliche Fastenzeit (Große Fastenzeit) wird mit ihren vierzig Tagen anders gezählt als im römischen Ritus: Nur die Montage bis Freitage werden in die Berechnung einbezogen, daher beginnt die Fastenzeit am 8. Sonntag vor Ostern, also zehn Tage vor dem römischen Aschermittwoch. Gemäß den traditionellen Fastenregeln, die auch heute noch von vielen Gläubigen detailliert mitvollzogen werden, aber zugleich den gesundheitlichen Möglichkeiten und dem spirituellen Fassungsvermögen individuell angepasst werden können, gelten für unterschiedliche Tage auch unterschiedliche Speiseregeln. Das reicht vom Verzicht auf Fleischprodukte über den Verzicht auf sämtliche tierische Produkte und den Verzicht auf Pflanzenöle bis hin zur strengsten Form, die nur in Klöstern praktiziert wird: dem Verzicht auf jegliche Mahlzeit am Karfreitag. Zur Fastenzeit gehören verschiedene liturgische Rituale wie an bestimmten Wochentagen die **Liturgie der vorgeweihten Gaben** (Vesper mit Kommunionfeier), der **Bußkanon des Andreas von Kreta** und das **Große Apodeipnon** (spezielle Form der Komplet).

Der 4. Sonntag vor Ostern wird mit einer festlichen Kreuzverehrung verbunden, der Samstag vor dem Palmsonntag ist **Lazarus-Samstag** im Gedenken an das Wunder der Wiederauferweckung des Lazarus ins irdische Leben (Joh 11,1–45), das als Vorausschau auf die todesüberwindende Macht Jesu zu verstehen ist.

An vielen Stellen in den Gottesdiensten der Fastenzeit wird das **Gebet Ephräms des Syrers** (ca. 306–373) gesprochen, das auf Seite 198 wiedergegeben ist.

Die sonntäglichen Eucharistiefeiern der Großen Fastenzeit werden mit der **Basilios-Anaphora** gehalten, einem dem Kirchenlehrer Basilios dem Großen (ca. 330–379) zugeschriebenen Hochgebet, das deutlich umfangreicher ist als die an den meisten sonstigen Sonn- und Festtagen gebräuchliche **Chrysostomos-Anaphora** (nach Johannes Chrysostomos, um 345–407). Von der Anaphora abgeleitet spricht man auch einfach von **Basilios-Liturgie** und **Chrysostomos-Liturgie**.

Gründonnerstag

Am Gründonnerstag wird zunächst eine Verbindung aus Vesper und Basilios-Liturgie gehalten; aufgrund des noch folgenden umfangreichen Gottesdienstprogramms findet diese Feier oft schon am Vormittag statt. Der Ritus der Fußwaschung ist wie im römischen Ritus bekannt (siehe Kapitel 13), wird aber nur durch Bischöfe ausgeübt.

Die für den Gründonnerstag noch prägendere Feier ist die am Abend stattfindende Karfreitagsvigil (das byzantinische Pendant zur Trauermette, siehe Kapitel 14), die **Gottesdienst der 12 (Passions-)Evangelien** genannt wird. Zu Boden geneigt hört die Gemeinde zwölf Abschnitte aus den verschiedenen Fassungen der Leidensgeschichte Jesu, die durch ihre Aneinanderreihung zueinander in Beziehung gesetzt und jeweils durch weitere Gesänge und Psalmen ergänzt werden. Die erste der 12 Evangelienlesungen umfasst mehr als vier Kapitel des Johannesevangeliums, die anderen elf sind zum Teil deutlich kürzer. Es sind im Einzelnen: Joh 13,32–18,1; Joh 18,1–28; Mt 26,57–75; Joh 18,28–19,16; Mt 27,2–32; Mk 15,16–32; Mt 27,33–54; Lk 23,32–49; Joh 19,25–37; Mk 15,43–47; Joh 19,38–42; Mt 27,62–66.

Karfreitag

Charakteristikum des Karfreitags ist die **Grablegungsvesper**, die oft schon am Vormittag gefeiert wird. In ihr wird die Schilderung der Hinrichtung Jesu aus allen vier Evangelien vorgetragen, ebenso die Grablegung nach Mt 27,55–61. Die Grablegung wird dann in ritualisierter Form durch die Aufstellung eines „Grabtuchs" im Kirchenraum abgebildet.

Die **Karsamstagsvigil** wird am Freitagabend gehalten, in ihr wird zum Ausdruck gebracht, dass das christliche Grabesgedenken immer erfüllt ist von der Freude über die Auferstehung. Als Beispiel dazu auf Seite 199 ein Troparion aus dieser Feier.

Karsamstag

Die **Karsamstagsvesper** wird, mit der Basilios-Liturgie verbunden, in der Regel schon am Vormittag gefeiert. Im byzantinischen Ritus ist somit der Karfreitag der einzige Tag ohne Eucharistiefeier, während im römischen auch der Karsamstag ohne Eucharistie begangen wird (siehe Kapitel 15). Die Auswahl der Lesungen der Karsamstagsvesper erinnert stark an die römische Osternachtsfeier (siehe Kapitel 17): Gen 1,1–13; Jes 60,1–16; Ex 12,1–11; Jona 1,1–4,11; Jos 5,1–5; Ex 13,20–15,1; Zef 3,8–15; 1 Chr 17,8–23; Jes 61,10–62,5; Gen 22,1–18; Jes 61,1–9; 2 Chr 4,8–37; Jes 63,11–64,5; Jer 31,31–34; Dan 3,1–56. Danach folgen noch Röm 6,3–11 und das Auferstehungsevangelium Mt 28,1–20.

Anders als der römische Karsamstag ist der byzantinische also bereits deutlich als österlicher Festtag ausgewiesen, als Auftakt des Ostersonntags. Das Motiv der **Höllenfahrt** (siehe Kapitel 15) ist eng mit diesem Tag verbunden: Die christliche Kirche feiert bereits den (unsichtbaren) Beginn jenes Geschehens, das in der biblischen Chronologie erst am Sonntag früh offenbar werden wird. So lautet der Vers, der zur Kommunion gesungen wird:

Es erwacht der Herr wie ein Schlafender und steht auf, um uns zu retten. Alleluja, alleluja, alleluja.

Troparion aus der byzantinischen Karsamstagsvigil

Gepriesen bist Du, Herr, lehre mich Deine Weisungen!

Der Engel Versammlung ist erstaunt, als sie Dich zu den Toten gezählt sieht, der Du, Retter, des Todes Macht zerstört, mit Dir den Adam auferweckt und alle aus der Hölle befreit hast.

Gepriesen bist Du, Herr, lehre mich Deine Weisungen!

Weshalb mischt ihr, Jüngerinnen, das Salböl mitleidvoll mit Tränen? Der am Grabe erstrahlende Engel rief den Myronträgerinnen zu: Seht das Grab und wisset, der Retter ist auferstanden aus dem Grab!

Gepriesen bist Du, Herr, lehre mich Deine Weisungen!

Ganz in der Frühe eilten die Myronträgerinnen weinend zu Deinem Grab; der Engel aber trat zu ihnen und sprach: Die Zeit des Weinens ist vorüber; weint nicht, sondern meldet die Auferstehung den Aposteln!

Osternacht und Pentekoste

Mit der **Osternachtsfeier** beginnt die **Pentekoste** (siehe Kapitel 19). Diese Festzeit wird auch **Blumen-Triod** genannt, ihr Abschluss ist der Sonntag nach Pfingsten (Pfingsten hat eine eigene Oktav, die mitgezählt wird), der als **Allerheiligenfest** (siehe Kapitel 26) gefeiert wird.

Die **Ostervigil** in Verbindung mit der Chrysostomos-Liturgie ist die umfangreichste Feier des gesamten Kirchenjahres. Wird sie in einer großen Kathedrale oder einem Kloster mit einem Chor gefeiert, der seine gesanglichen Möglichkeiten voll ausschöpft, kann sie durchaus fünf Stunden oder noch länger dauern. Sie wird immer in der Nacht gefeiert.

Berühmtheit hat in diesem Gottesdienst die Johannes Chrysostomos zugeschriebene Osterpredigt erlangt. Sie wird stets in der Osternachtsfeier vorgetragen und dürfte damit die meistgehörte Predigt in der gesamten christlichen Geschichte darstellen. Ihr Text findet sich auf Seite 200–201 in Übersetzung von Aleksej Mal'cev.

Ab diesem Tag ist immer wieder im Gottesdienst das Ostertroparion zu hören:

Christ ist erstanden von den Toten, im Tode bezwang Er den Tod und hat allen in den Gräbern das Leben gebracht!

Osterpredigt des Johannes Chrysostomos

Der wichtigste Hintergrund zum Verständnis ist Mt 20,1–16. Auf dieses „Gleichnis von den Arbeitern im Weinberg" nimmt die Predigt zu Beginn ausführlich Bezug.

Unseres Vaters unter den Heiligen, Johannes Chrysostomos, Erzbischof von Konstantinopel, katechetische Rede auf den heiligen und glanzvollen Tag der ruhmreichen und heilbringenden Auferstehung Christi, unseres Gottes.

Wenn jemand fromm ist und Gott liebt, so erquicke er sich an dieser schönen und lichten Feier.

Wenn jemand ein wohlgesinnter Knecht ist, so gehe er fröhlich ein in die Freude seines Herrn.

Wenn jemand sich beim Fasten abgemüht hat, so empfange er jetzt seinen Lohn.

Wenn jemand von der ersten Stunde an gearbeitet hat, so empfange er heute, was ihm zu Recht gebührt.

Wenn jemand nach der dritten Stunde gekommen ist, so feiere er dankend.

Wenn jemand nach der sechsten Stunde angelangt ist, so zweifle er nicht, denn er wird nichts einbüßen.

Wenn jemand bis in die neunte Stunde säumte, so trete er ohne Bedenken herzu, ohne sich zu fürchten.

Wenn jemand erst zur elften Stunde angelangt ist, der fürchte sich nicht ob der Saumseligkeit;

denn da der Gebieter freigebig ist, so nimmt Er den Letzten an wie den Ersten:

Er erquickt den, der um die elfte Stunde gekommen ist,

ebenso wie den, der von der ersten Tagesstunde an gearbeitet hat.

Gegen den später Kommenden ist Er gnädig und gegen den Ersten freundlich.

Jenem gibt Er, und diesem schenkt Er.

Die Werke nimmt Er auf, und den Entschluss begrüßt Er.

Die Tat ehrt Er, und die Absicht lobt Er.

Also gehet alle ein in die Freude unseres Herrn!

Die Ersten und die Letzten, empfanget den Lohn!

Die Reichen und die Armen, freuet euch miteinander!

Die Ausdauernden und die Nachlässigen, ehret den Tag!

Die ihr gefastet habt und die ihr nicht gefastet habt, freut euch heute.

Der Tisch ist beladen, genießet alle.

Das Kalb ist gemästet, niemand gehe hungrig hinaus.

Alle genießt von dem Gastmahl des Glaubens; alle genießt von dem Reichtum der Güte.

Niemand beklage sich über Armut, denn es ist erschienen das gemeinsame Reich.

Niemand betrauere Übertretungen, denn die Vergebung ist aus dem Grabe aufgestrahlt.

Niemand fürchte den Tod, denn des Erlösers Tod hat uns befreit.

Er hat ihn vernichtet, der von ihm umfangen wurde.

Gefesselt hat Er den Hades, Er, der zum Hades hinabstieg.

Er ließ Bitterkeit den erfahren, der gekostet hatte von Seinem Fleisch.

Dieses vorausnehmend rief Jesaja aus:

„Der Hades", spricht er, „wurde voll Bitterkeit, als er Dich unten antraf";

er wurde voll Bitterkeit, denn er wurde hinweggerafft;

er wurde voll Bitterkeit, denn er wurde gestürzt;

er wurde voll Bitterkeit, denn er wurde gefesselt.

Er nahm den Leib und begegnete Gott!

Er nahm Erde und traf auf den Himmel!

Er nahm, was er sah, und fiel durch das, was er nicht sah!

Wo ist, Tod, dein Stachel, wo, Hades, dein Sieg?

Auferstanden ist Christus, und du bist gestürzt.

Auferstanden ist Christus, und gefallen sind die Dämonen.

Auferstanden ist Christus, und es freuen sich die Engel.

Auferstanden ist Christus, und das Leben herrscht.

Auferstanden ist Christus, und kein Toter ist im Grab.

Denn Christus ist auferstanden von den Toten und die Erstlingsgabe der Entschlafenen geworden.

Ihm sei die Ehre und die Macht von Ewigkeit zu Ewigkeit.

Amen.

Gläubige des byzantinischen Ritus begrüßen einander von Ostern bis Christi Himmelfahrt mit der Formel „Christus ist erstanden" – „Er ist wahrhaft erstanden", auch Predigten beginnen und enden mit diesem Gruß.

Pfingsten – Kniebeugungsvesper

Der byzantinische Ritus feiert auch das Fest **Christi Himmelfahrt** am 40. Tag sowie das **Pfingstfest** am 50. Tag. Auf die Charakteristik des Pfingsttages im byzantinischen Ritus war schon Kapitel 31 eingegangen. Gemäß der Ordnung des I. Konzils von Nikaia (325) sollen christliche Gläubige während der gesamten 50 Tage von Ostern bis Pfingsten wie auch an jedem Sonntag das Knien vermeiden. In der damaligen und für die byzantinischen Gläubigen bis heute verbindlichen Auslegung war das Knien ein Bußgestus und daher unangemessen für einen freudigen Tag wie den Sonntag oder die gesamte Pentekoste. Da in der griechischen (wie übrigens auch in der lateinischen) Sprache die Wörter für „aufstehen" und „auferstehen" identisch sind, konnte die christliche Gemeinde das Knien zu Ostern nur als Leugnung des Auferstehungsglaubens deuten und untersagte es daher.

Diese Praxis hat zur Ausbildung der **Kniebeugungsvesper** geführt, die am Pfingstsonntag abends – also liturgisch gesprochen zur Eröffnung des Montags – gefeiert wird. In dieser Vesper wird zum ersten Mal nach 50 Tagen wieder bewusst und in rituell besonders nachdrücklicher Gestaltung gemeinsam gekniet.

Kapitel 33
Byzantinischer Ritus: Feste kirchen-
geschichtlicher Ereignisse und Synaxis-Feste

Kirchengeschichtliche Ereignisse

Mehr als dem römischen Ritus sind dem byzantinischen eigene Festtage
kirchengeschichtlicher Ereignisse vertraut. Selbstverständlich ist eigentlich jedes Heiligengedenken zugleich eine Feier eines kirchengeschicht-
lichen „Ereignisses", nämlich einer Person und ihres beispielhaften
Glaubenszeugnisses. Was der römische Ritus jedoch nicht kennt, sind
eigene Feste im Gedenken an Konzilien und ihre Beschlüsse: Ein „Gedenktag des II. Vatikanischen Konzils" oder ein „Fest des Glaubensbekenntnisses von Nizäa-Konstantinopel" existiert im römischen Ritus
nicht, im byzantinischen gibt es Vergleichbares sehr wohl, und es ist zum
Teil sehr populär.

Sonntag der Orthodoxie

Das wohl bedeutendste dieser Feste ist der Sonntag der Orthodoxie, auch
– in wörtlicher Übertragung des Wortes „orthodox" – **Sonntag der
Rechtgläubigkeit** oder manchmal auch **Ikonensonntag** genannt.
Es handelt sich um den 6. Sonntag vor Ostern. Hintergrund dieses Festtags ist der **Bilderstreit**, der im 8. und bis weit ins 9. Jahrhundert in und
um Konstantinopel mit erbitterter Heftigkeit, die bürgerkriegsähnliche
Zustände annahm, ausgefochten wurde. Es ging darin um die theologische Frage, ob es erlaubt, ja womöglich sogar geboten sei, Christus, die
Heiligen sowie biblische Ereignisse auf eigens dafür angefertigten Bil-
dern (**Ikonen**) darzustellen und zu verehren, oder ob dies eine unzulässi-
ge Trennung der sichtbaren von den unsichtbaren Eigenschaften der
göttlichen Offenbarung und damit letztlich eine verwerfliche Verehrung
von materiellen Gegenständen darstelle.
Der konstantinopolitanische Bilderstreit wogte hin und her, und es kam
zu verschiedenen kirchlichen Versammlungen, die einander widersprechende Beschlüsse fassten, einander verurteilten und mal die Oberhand

hatten, mal ins Hintertreffen gerieten. Letztlich setzte sich die Position des 787 einberufenen **II. Konzils von Nikaia** durch, das die Ikonenverehrung nicht nur legitimierte, sondern sogar zur Pflicht für alle Christen erklärte. Dieses Konzil ist heute von allen großen christlichen Kirchen als siebtes ökumenisches Konzil anerkannt, auch wenn die Ikonenverehrung in der westlichen Christenheit kaum fortgeführt wurde.

Nachdem sich die Position von Nikaia endgültig etabliert hatte, wurde in der Mitte des 9. Jahrhunderts die Einrichtung eines eigenen Festes durchgesetzt: eben jenes „Sonntags der Rechtgläubigkeit". An diesem Tag werden in Kirchen des byzantinischen Ritus Auszüge aus den Konzilsbeschlüssen verlesen, daneben werden in Prozessionen Ikonen umhergetragen und in besonderer Weise verehrt.

Wo sich mehrere orthodoxe Landeskirchen auf demselben Gebiet begegnen – zum Beispiel im deutschen Sprachraum –, wird dieser Tag auch genutzt, um in sprachübergreifenden gemeinsamen Gottesdiensten die Glaubensübereinstimmungen aller orthodoxen Kirchen zu erfahren und öffentlich zu bezeugen. Dem II. Konzil von Nikaia 787 ist sogar ein eigenes Ikonenmotiv gewidmet.

Neben dem „Sonntag der Orthodoxie" gibt es im Gedenken an dasselbe Ereignis auch noch den Tag der **350 Väter des siebten ökumenischen Konzils**, der am zweiten oder dritten Sonntag im Oktober begangen wird.

Sonntag der 318 Väter

Der 6. Sonntag nach Ostern (also in römischer Terminologie der 7. Sonntag der Osterzeit) ist einem anderen Konzilsgedenken bzw. seinen Protagonisten gewidmet: **Sonntag der 318 Väter des ersten ökumenischen Konzils von Nikaia.**

Diese bereits mehrfach erwähnte Bischofsversammlung formulierte ein verbindliches Glaubensbekenntnis, das einige Jahrzehnte später durch das I. Konzil von Konstantinopel zum **Nizäno-Konstantinopolitanum** (im Deutschen auch als „Großes Glaubensbekenntnis" bekannt) erweitert wurde und noch heute für alle Christen Gültigkeit hat.

Weitere Feste

Es gibt darüber hinaus etliche weitere kirchengeschichtliche Ereignisse, aus denen Festtage hervorgingen. Viele davon kann man als „Ideenfeste" bezeichnen, denn sie haben im Laufe der Zeit und in der liturgischen Praxis ein Eigenleben angenommen, das nicht mehr unmittelbar auf das zugrunde liegende geschichtliche Ereignis rückschließen lässt. Zwei solche Feste, die später sogar im Westen übernommen wurden, zählen zu den in Kapitel 31 genannten zwölf byzantinischen Hauptfesten und sollen deshalb hier näher erläutert werden.

14. September: Kreuzauffindung

Das Fest der **Erhöhung des kostbaren und lebenspendenden Kreuzes (Kreuzauffindung)** hat seinen Platz am 14. September und ist äußerst populär. Gemäß seiner Gründungslegende habe Helena, die Mutter Kaiser Konstantins, an einem 13. September (womöglich im Jahr 350) in Jerusalem das Kreuz Jesu Christi aufgefunden, wo es dann am folgenden Tag ausgestellt und von da an bis zu seinem Verlust im 12. Jahrhundert feierlich verehrt wurde.

Definitiv spielte die rituelle Verehrung des Kreuzes in Jerusalem eine große Rolle. Sie verbreitete sich über Konstantinopel bis nach Rom und bildet den Ursprung der Kreuzverehrung in der römisch-katholischen Karfreitagsliturgie (siehe Kapitel 14).

In seiner heutigen Form ist das Fest der Kreuzerhöhung oder Kreuzauffindung durch eine Theologie des Kreuzestodes Jesu Christi geprägt – ähnlich wie am Karfreitag – und daher in gewisser Weise aus seinem historischen Ursprung herausgewachsen. Es ist ein freudiger Festtag, der im Gedenken an Gottes Großtaten begangen wird und in Dankbarkeit dafür, dass Christus für die Menschen, die er liebte, alles auf sich genommen hat. Ein wiederkehrender liturgischer Ruf an diesem Tag lautet:

Vor deinem Kreuz fallen wir, Herr, anbetend nieder; deine heilige Auferstehung lobpreisen wir.

Im Westen existiert das Fest „Kreuzerhöhung" am 14. September ebenfalls, ist aber bei weitem nicht so wirkmächtig.

21. November: Mariä Opferung

Der römische Kalender kennt am 21. November den Gedenktag „Unsere Liebe Frau in Jerusalem". Diese Bezeichnung lässt kaum noch den Ursprung jenes Festes erkennen, das der byzantinische Ritus **Eintritt unserer Allheiligen Herrin, der Gottesgebärerin und immerwährenden Jungfrau Maria, in den Tempel** oder kurz **Mariä Opferung** nennt. Diesem Fest liegen eine außerbiblische Überlieferung (ähnlich wie bei der Aufnahme Mariens in den Himmel) sowie ein historisches Ereignis (ähnlich wie beim Kreuzerhöhungsfest) zugrunde.

Im November 543 wurde eine Marienkirche in Jerusalem eingeweiht; aus diesem Ereignis entwickelte sich bald ein allgemeiner Festtag, der im 14. Jahrhundert auch im Westen übernommen wurde. Dieser Tag stand im Gedenken einer Überlieferung, nach der Maria schon als kleines Kind eine lange Zeit im Jerusalemer Tempelbezirk gelebt habe – sich also gleichsam einer Art klösterlichem Leben „opferte" –, ehe sie mit Josef verheiratet wurde. Diese Erzählung wird heute als eine weitere Facette zum Verständnis Marias gesehen, deren Existenz ganz auf den Willen Gottes ausgerichtet war, was sie befähigte, im wahrsten Sinne des Wortes zur Trägerin des Evangeliums zu werden. Maria wird zur Wegbereiterin und zum „Vorspiel" (so ein häufiger Ausdruck in der Liturgie nicht nur dieses Tages) Jesu Christi und ist darin Vorbild christlicher Existenz.

Synaxis-Feste

Das griechische Wort *synaxis* bedeutet „Zusammenschau". Wenn man im byzantinischen Ritus von einem Synaxis-Fest spricht, meint man damit, dass eine Person oder eine Glaubensüberzeugung nicht nur in Form mehrerer einzelner Aspekte und Feste, sondern an einem bestimmten Tag „allgemein" gefeiert wird. Das naheliegendste Beispiel, das auch die römisch-katholische Kirche kennt, ist das Allerheiligenfest (siehe Kapitel 26): Neben den vielen Festtagen für einzelne Heilige werden hier sämtliche Heilige gemeinsam gefeiert oder, abstrakt gesprochen, das Phänomen der Heiligkeit mit einem eigenen Fest gewürdigt. Auch der Dreifaltigkeitssonntag (siehe Kapitel 27) als ein Fest, an dem Vater, Sohn und Heiliger Geist in ihrer Gesamtheit zum Festinhalt geworden sind, könnte man als Synaxis deuten.

Der byzantinische Ritus lässt Synaxis-Feste in der Regel unmittelbar auf einen anderen Festtag folgen, zu dem die Synaxis in besonderer Beziehung steht. Drei solcher Beispiele seien genannt:

Auf das Fest der Geburt Jesu am 25. Dezember folgt am 26. Dezember die **Synaxis Mariens** (das Fest des Märtyrers Stephanus wurde daher im byzantinischen Ritus auf den 27. Dezember verschoben – siehe Kapitel 22 und 25). Schließlich ist die zentrale Auszeichnung Mariens ihre Rolle als Mutter Jesu, somit fügt sich die Marien-Synaxis sinnvoll an das

Weihnachtsfest an. Auf die Epiphanie am 6. Januar, die ja im byzantinischen Ritus auf die Taufe Jesu fokussiert ist (siehe Kapitel 22), folgt am 7. Januar die **Synaxis Johannes' des Täufers**. Auf den 29. Juni (Petrus und Paulus) folgt am 30. Juni die **Synaxis aller Apostel**.

Kapitel 34
Lutherische Kirche: Überblick

Lutherisches Christentum

Das evangelisch-lutherische Christentum – benannt nach dem Reformator Martin Luther (1483–1546) – nahm seine Identität in Fortführung, aber auch in bewusster Abgrenzung vom vorgefundenen geistlichen Erbe Westeuropas an.

Ähnliches galt in der Gegenrichtung: Die katholische Kirche blieb von der Reformation nicht unbeeinflusst. Katholische Identitätsfindung geschah ab dem 16. Jahrhundert maßgeblich durch Auseinandersetzung mit – und Abgrenzung von – der reformatorischen Bewegung und ihrer Institutionalisierung als eigener Kirche. Ein Beispiel dafür ist die immer stärker werdende Betonung der Rolle des Papstes in der katholischen Weltkirche – auch in liturgischen Fragen –, wohingegen die evangelische Christenheit ihr Verständnis von Kirche stärker über die Eigenständigkeit der einzelnen Landeskirchen und Gemeinden definierte. Die katholische Kirche fokussierte ihr Gottesdienstverständnis immer mehr auf den Aspekt der eucharistischen Anbetung und die spezifische Rolle des Priesters im ritualisierten Kult, während der evangelische Gottesdienst die Heilige Schrift und die Predigt stärker ins Zentrum rückte. Wo die katholische Kirche die Zahl ihrer Heiligen jetzt erst recht immer mehr vermehrte und ihnen einen immer größeren Platz im Festkalender einräumte, zeigte sich die evangelische Kirche gegenüber der Feier und vor allem der direkten Anrufung der Heiligen zunehmend reservierter. Wo die katholische Kirche ihre Lehre immer mehr auf der Basis der mittelalterlichen Schultheologie (Scholastik) ausformulierte, bildete die evangelische Kirche ihre Theologie stärker durch den unmittelbaren Rückgriff auf die Heilige Schrift, auf die Theologie der ersten christlichen Jahrhunderte (Patristik) und auf Martin Luther und die in seinem Umfeld entstandenen Bekenntnisschriften aus.

Wie in Kapitel 6 dargelegt, haben die lutherischen Kirchen und Gebiete nach und nach den **gregorianischen Kalender** übernommen.

Evangelisches Kirchenjahr

In der Ausprägung von Kalender und Kirchenjahr ist die Verwandtschaft von römisch-katholischer und evangelischer Kirche ganz offensichtlich. Weite Teile stimmen überein (oder haben bis zu einseitig durchgeführten Reformen übereingestimmt). Eingriffe in das Vorgefundene wurden in der evangelischen Liturgie besonders dann vorgenommen, wenn es dafür theologische Gründe gab: Hier ist die Ausprägung der konfessionellen Lehrentwicklung gewissermaßen zur Liturgie geronnen.

Dank der seit der Mitte des 20. Jahrhunderts erheblich verbesserten Zusammenarbeit beider Kirchen, die heute das Verbindende und nicht mehr das Trennende in den Mittelpunkt stellen, kann der Blick auf die Praxis des Gesprächspartners das kritische Bewusstsein für eigene Einseitigkeiten schärfen. Die Zeit, in der der Vergleich des eigenen mit dem fremden Erbe von rechthaberischer Polemik geprägt war, ist heute erfreulicherweise weitestgehend überwunden.

Da jede evangelische Landeskirche ihre eigene **Agende** (liturgische Ordnung) erlassen kann, orientiere ich mich im Folgenden nur an einem einzigen Beispiel, nämlich der evangelischen Kirche in Österreich und ihrem **Evangelischen Gottesdienstbuch** (das wiederum eine eigene Ausgabe der **Agende der Vereinigten Evangelisch-Lutherischen Kirche in Deutschland** [VELKD] darstellt).

Die Sonn- und Festtage

Die Liste der verzeichneten Sonn- und Festtage zeigt die Übersicht auf Seite 210–211. Für die Sonntage rund um Ostern haben sich die lateinischen Namen der Introitus-Gesänge erhalten – anders als in der römisch-katholischen Kirche, wo diese traditionellen Bezeichnungen fast komplett verschwunden sind. Die Psalmen, denen der Introitus entnommen ist, werden übrigens heute im lutherischen Gottesdienst als **Eingangspsalm** von allen zu Beginn der Feier gemeinsam gesprochen oder gesungen.

Die Struktur um Advent und Weihnachten, Passions- und Osterzeit entspricht der römisch-katholischen, auch wenn die einzelnen Bezeichnungen im Detail voneinander abweichen können. Der Passionszeit sind drei weitere Sonntage vorgeschaltet (dies entspricht den in der römisch-katholischen Kirche abgeschafften Sonntagen der Vorfastenzeit – siehe Kapitel 18), die übrigen Sonntage werden **nach Epiphanias** und **nach Trinitatis** gezählt. All das entspricht weitgehend

Evangelisch-lutherisches Kirchenjahr

Entnommen aus: „Evangelisches Gottesdienstbuch. Agende für die Evangelische Kirche der Union und für die Vereinigte Evangelisch-Lutherische Kirche Deutschlands. Ausgabe für die Evangelische Kirche A. B. in Österreich"

Die Sonn- und Feiertage des Kirchenjahres

1.–4. Sonntag im Advent
Christfest
1. Sonntag nach dem Christfest
Altjahrsabend und Neujahrstag
2. Sonntag nach dem Christfest
Fest der Erscheinung des Herrn – Epiphanias
1.–5. Sonntag nach Epiphanias
Letzter Sonntag nach Epiphanias
3.–1. Sonntag vor der Passionszeit – Septuagesimae, Sexagesimae, Estomihi
Aschermittwoch
1.–6. Sonntag der Passionszeit – Invokavit, Reminiszere, Okuli, Lätare, Judika, Palmsonntag
Tag der Einsetzung des Heiligen Abendmahls – Gründonnerstag
Tag der Kreuzigung des Herrn – Karfreitag
Karsamstag
Tag der Auferstehung des Herrn – Ostersonntag
Ostermontag und Osterwoche
1.–5. Sonntag nach Ostern – Quasimodogeniti, Miserikordias Domini, Jubilate, Kantate, Rogate
Christi Himmelfahrt
6. Sonntag nach Ostern – Exaudi
Tag der Ausgießung des Heiligen Geistes – Pfingstsonntag
Pfingstmontag und Pfingstwoche
Tag der Heiligen Dreifaltigkeit – Trinitatis
1.–18. Sonntag nach Trinitatis
Erntedanktag

19.–24. Sonntag nach Trinitatis
Drittletzter Sonntag des Kirchenjahres
Vorletzter Sonntag des Kirchenjahres
Buß- und Bettag
Letzter Sonntag des Kirchenjahres – Ewigkeitssonntag

Die unbeweglichen Feste und Gedenktage der Kirche

Datum	Name
1. 1.	Beschneidung und Namengebung Jesu
25. 1.	Berufung des Apostels Paulus
2. 2.	Darstellung des Herrn – Lichtmess
24. 2.	Apostel Matthias
25. 3.	Ankündigung der Geburt des Herrn
25. 4.	Evangelist Markus
3. 5.	Apostel Philippus und Jakobus der Jüngere
24. 6.	Geburt Johannes' des Täufers
25. 6.	Gedenktag der Augsburgischen Konfession
29. 6.	Apostel Petrus und Paulus
2. 7.	Heimsuchung Mariä
25. 7.	Apostel Jakobus der Ältere
24. 8.	Apostel Bartholomäus
21. 9.	Apostel und Evangelist Matthäus
29. 9.	Erzengel Michael und alle Engel
18. 10.	Evangelist Lukas
28. 10.	Apostel Simon und Judas
31. 10.	Gedenktag der Reformation
1. 11.	Gedenktag der Heiligen
30. 11.	Apostel Andreas
21. 12.	Apostel Thomas
26. 12.	Erzmärtyrer Stephanus
27. 12.	Apostel und Evangelist Johannes
28. 12.	Unschuldige Kinder

dem römisch-katholischen Festkalender vor der Reform von 1969/70, stellt also keineswegs einen evangelischen Sonderweg, sondern gemeinsames Erbe dar.

Entgegen dem weitverbreiteten Gerücht, die evangelische Kirche kenne kein liturgisches Heiligengedenken, findet sich in der Agende eine stattliche Anzahl von Marien-, Apostel-, Evangelisten- und Märtyrerfesten, und zwar ausschließlich solche, die auf vormittelalterliche Zeit zurückgeführt werden können, außerdem auch Allerheiligen am 1. November. Einige Christusfeste werden ebenfalls an genau jenen Tagen begangen, an denen sie auch der römische Ritus datiert.

Rein evangelische Festtage sind nur der **Buß- und Bettag** (vorletzter Mittwoch vor dem 1. Advent), der **Ewigkeitssonntag** (am Sonntag vor dem 1. Advent, also kalendarisch dem Christkönigssonntag, inhaltlich aber eher dem Allerseelentag vergleichbar), der **Gedenktag der Augsburgischen Konfession** (die Confessio Augustana wurde am 25. Juni 1530 auf dem Reichstag zu Augsburg vorgestellt und ist die wichtigste konfessionelle Bekenntnisschrift der evangelisch-lutherischen Kirche) und der **Gedenktag der Reformation** am 31. Oktober (der in einigen evangelisch geprägten deutschen Bundesländern gesetzlicher Feiertag ist und der auf die Veröffentlichung der 95 Thesen Martin Luthers zum kirchlichen Ablasswesen am 31. Oktober 1517 zurückgeht).

Das Textbeispiel auf Seite 213 zeigt ein liturgisches Gebet zum Gedenktag der Confessio Augustana. Es macht deutlich, wie sehr die evangelische Kirche heute auf das Verbindende aller Christen ausgerichtet ist, wenn sie sogar an einem ihrer konfessionellen Eigenfeste die Vielstimmigkeit der Christenheit in den Vordergrund stellt.

Die Auflistung all dieser Festtage bedeutet nun nicht, dass diese in evangelischen Gemeinden unbedingt in Form von Gottesdiensten begangen werden – nur an Sonntagen, Feiertagen und einigen wenigen herausragenden kirchlichen Festen sind evangelische Gemeindegottesdienste üblich. Dennoch lässt die Übersicht erkennen, dass a) das evangelische Kirchenjahr dem katholischen auch nach 500 Jahren der Trennung immer noch aufs Engste verwandt ist, dass es b) eine deutlich weniger umfassende, aber sehr wohl vorhandene Reihe von Heiligenfesten im Kalender gibt, deren Daten in den meisten Fällen mit dem katholischen Festtagsdatum übereinstimmen, und dass c) die konfessionelle Identität nicht durch eine Fülle neu entstandener Eigenfeste gewonnen wurde, sondern im Gegenteil durch die weitgehende Reduzierung auf ein altes

Gebet zum Gedenktag der Confessio Augustana

Gott, unsere Zuversicht und Stärke,

du erhältst deine schwache Kirche

und erneuerst sie durch deinen Geist:

Gib deiner Christenheit in aller Welt Einigkeit und Mut,

in vielen Stimmen den einen Glauben zu bekennen

und dich alleine zu rühmen.

Dir, dreieiniger Gott, sei Ehre in Ewigkeit.

kalendarisches Grundraster, das in weiten Zügen das Gemeinsame vieler christlicher Konfessionen abbildet.

Wie es gewachsener evangelischer Tradition entspricht, wird der Gemeindegottesdienst entweder in Form des **Abendmahles** (Eucharistiefeier) oder in Form des **Predigtgottesdienstes** gefeiert (bei dem dann der Fokus stärker auf der Verkündigung und Auslegung der Heiligen Schrift liegt).

Leseordnung und Predigttexte

Für die hier vorgestellte Agende ist besonders das Nebeneinander von Leseordnung und Predigttext charakteristisch, wie es 1978 festgelegt wurde. Demnach gibt es für jeden Tag drei biblische Lesungen (Altes Testament, Epistel und Evangelium), darüber hinaus drei weitere Predigttexte, von denen nur ein geringer Teil dem Alten Testament entstammt. Über einen sechsjährigen Zyklus hinweg ist immer einer dieser insgesamt sechs Bibeltexte als Predigttext vorgesehen, soll also durch die Predigerin oder den Prediger ausgelegt werden. In den Jahren, in denen der Predigttext nicht aus den drei liturgischen Lesungen ausgewählt ist, kann er entweder eine der Lesungen ersetzen oder zusätzlich zu ihnen hinzutreten (er wird in diesem Fall zu Beginn der Predigt eigens vorgetragen).

Zu dieser Auswahl von sechs Bibeltexten, dem Eingangspsalm und der Auswahl an Tagesgebeten kommen ferner noch ein Bibelvers als **Wochenspruch** sowie ein Kirchenlied als **Wochenlied**. – Predigttext, Wochenspruch und Wochenlied prägen die evangelische Frömmigkeit

stark, werden in Kalendern veröffentlicht, in Gemeindebriefen ange-
kündigt und kommentiert und bilden oft den großen Rahmen für die
Verkündigung im Gottesdienst.

Im folgenden Kapitel sollen nun die lutherische Osterfeier und das Re-
formationsfest am 31. Oktober näher in den Blick genommen werden.

Kapitel 35
Lutherische Kirche:
Ostern und Reformationstag

Ostern

Die evangelisch-lutherische Agende, die eben vorgestellt wurde, ist in den meisten lutherischen Gemeinden im deutschen Sprachraum in Gebrauch. Das bedeutet – wie schon gesagt – nicht, dass alle Festtage auch tatsächlich in jeder Gemeinde liturgisch begangen werden, auch kann der gottesdienstliche Gestaltungsspielraum von Gemeinde zu Gemeinde sehr unterschiedlich umgesetzt werden: Die Agende dient hier nicht immer als buchstabengenaue Vorgabe. Folgt man aber der Agende, dann findet man für die lutherische Osterfeier einen ähnlichen dreitägigen Ablauf wie aus der römisch-katholischen Ordnung bekannt (siehe Kapitel 13–17): Der **Gründonnerstag** wird zugleich als „Tag der Einsetzung des Heiligen Abendmahles" begangen, der **Karfreitag** als „Tag der Kreuzigung des Herrn", der **Ostersonntag** gliedert sich in eine Feier in der Nacht und eine Feier am Tag, daran schließt sich die **Osterwoche** an. Auch für den **Karsamstag** bietet die Agende eine eigene Gottesdienstform.

In der wechselseitigen konfessionellen Polemik, aber auch im Gefolge der Römerbrief-Interpretation Martin Luthers konnte der Karfreitag in der evangelischen Kirche als wichtigster Tag des Osterfestes empfunden werden, während er in der katholischen Kirche über lange Zeit von nur geringer Bedeutung für den Gemeindegottesdienst war. Dies ist bis heute daran zu erkennen, dass traditionell katholisch geprägte Staaten in Europa den Karfreitag nicht als gesetzlichen Feiertag eingerichtet haben, während die stärker evangelisch geprägten Länder den Karfreitag sogar durch besondere Ruhevorschriften schützen.

Am Ostersonntag, aber mindestens genauso am Karfreitag ist die Abendmahlsfeier sehr weit verbreitet, während es ansonsten eher der örtlichen Gewohnheit oder bewussten Entscheidungen einzelner Gemeinden entspricht, wie regelmäßig sie Abendmahl feiern oder ob sie die Form des Predigtgottesdienstes für die Gemeindefeier bevorzugen.

Karfreitag

Die **alttestamentliche Lesung** am Karfreitag ist Jes 52,13–53,12, entspricht also der römisch-katholischen. Das „4. Gottesknechtslied" aus dem Buch Jesaja zeigt sich am Karfreitag als eine in der jüdischen Bibel angelegte Hintergrundfolie, vor der das Geschick Jesu am Kreuz verständlich wird und von Gott her einen Sinn erhält.

Die **Epistellesung** ist 2 Kor 5,14b–21. In ihr steht das souveräne Versöhnungshandeln Gottes im Vordergrund: Gott rettete den Menschen, indem er ihm seine Schuld nicht anrechnete.

Evangelienlesung ist Joh 19,16–30. Dies ist nicht die gesamte Passionserzählung wie in der römisch-katholischen Liturgie, sondern nur deren Abschluss, Kreuzigung und Tod mit dem Schlussvers, in dem Jesus sterbend die Worte spricht: „Es ist vollbracht."

In den drei Jahren des sechsjährigen Predigtzyklus, in denen keine dieser drei Lesungen im Mittelpunkt steht, sind folgende Texte als Predigttexte vorgesehen: Lk 23,33–49, Mt 27,33–50 (die Schilderungen von Kreuzigung und Tod im Lukas- und im Matthäusevangelium im Unterschied zum sonst vorgesehenen Johannesevangelium) sowie Hebr 9,15.26b–28 (die Pointe dieses Textes ist die explizite Ankündigung der Wiederkunft Christi). Der sechsjährige Zyklus der Predigttexte sieht in den Jahren I, III und V eine der drei Passionserzählungen als Predigttext vor, in den Jahren II, IV und VI die anderen drei Texte.

Vergleichbar der römischen Liturgie verzichtet auch die lutherische von Aschermittwoch bis zur Osternacht auf den Halleluja-Ruf. Der Karfreitag kann in der ungeschmückten Kirche gefeiert werden, seine liturgische Farbe ist Schwarz oder Violett. Der Gottesdienstablauf kann am Karfreitag insgesamt modifiziert sein, unterscheidet sich aber auch dann nicht grundlegend von der Art und Weise, wie evangelisch-lutherische Sonn- und Festtagsgottesdienste sonst gefeiert werden, sei es mit, sei es ohne Abendmahl.

Selten, aber nicht ganz unüblich sind Tagesgebete, die sich an Jesus Christus richten. Für den Karfreitag ist dies bei einer der drei Auswahlmöglichkeiten der Fall, das Gebet findet sich auf Seite 217.

Dieses Gebet spricht die Grausamkeit des Kreuzes aus und schlägt die Brücke zwischen dem Leiden Christi und allen Formen von Leid, die Menschen je erfahren haben oder heute erfahren. In dieser Hinsicht handelt es sich um ein eminent politisches Gebet. Das „Zeichen der Vernichtung" wird allerdings zugleich gewendet zu einem „Zeichen der Hoff-

Jesus Christus, dein Kreuz –

Zeichen der Not, Zeichen des Unrechts,

Zeichen der Vernichtung.

Und doch ist es nicht das Ende deines Weges.

Es wird uns zum Zeichen der Hoffnung,

weil du lebst und wirkst in Ewigkeit.

nung", das seinerseits den Auferstehungsglauben voraussetzt. Hier wird deutlich, dass auch der evangelische Karfreitagsgottesdienst – auch wenn er in der öffentlichen Wahrnehmung der wichtigste Gottesdienst im Jahr sein mag – nicht denkbar ist ohne das Geschehen der Auferstehung, das dann am Ostersonntag explizit ausgesprochen werden wird.

Osternacht und Ostersonntag

Auch für Osternacht und Ostersonntag richtet sich das Schema der Texte an der üblichen Ordnung aus, es gibt also keine eigene Form der Ostervigil.

Die Schriftlesungen in der Osternacht sind Jes 26,13–19 („Deine Toten werden leben, die Leichen stehen wieder auf"), Kol 3,1–4 („Ihr seid mit Christus auferweckt") und Mt 28,1–10 (Osterevangelium), die weiteren drei Predigttexte sind 1 Thess 4,13–14 („Wenn Jesus – und das ist unser Glaube – gestorben und auferstanden ist, dann wird Gott durch Jesus auch die Verstorbenen zusammen mit ihm zur Herrlichkeit führen"), Joh 5,19–21 („Wie der Vater die Toten auferweckt und lebendig macht") und 2 Tim 2,8–13 („Denk daran, dass Jesus Christus, der Nachkomme Davids, von den Toten auferstanden ist").

Alle diese Texte sprechen ausdrücklich von der Auferstehung der Toten: sei es die Auferstehung Christi, die Auferstehung der Verstorbenen oder die prophetische Ankündigung von auferstehenden Toten. Die Textauswahl unterscheidet sich somit erheblich von den römisch-katholischen Osternachtslesungen (siehe Kapitel 17).

Das Motiv des Lichts taucht in einem in eher klassischer Gebetssprache formulierten Tagesgebet auf, eine andere Auswahlmöglichkeit schafft den Rückbezug zum Kreuz, das nun – im Licht der Auferstehung – als „Baum des Lebens" erscheint; beide Texte sind auf Seite 219 wiedergegeben.

Am Ostersonntag schließlich lauten die Schriftlesungen 1 Sam 2,1–2.6–8a („Der Herr macht tot und macht lebendig"), 1 Kor 15,1–11 („Christus ist für unsere Sünden gestorben, gemäß der Schrift, und ist begraben worden. Er ist am dritten Tag auferweckt worden, gemäß der Schrift") und Mk 16,1–8 (Osterevangelium); die anderen Predigttexte sind Mt 28,1–10, Joh 20,11–18 (ebenfalls Osterevangelien) und 1 Kor 15,19–28 („Wie in Adam alle sterben, werden in Christus alle lebendig gemacht").

Im Zentrum dieser Texte steht also ebenfalls das explizite Auferstehungsbekenntnis. Auffällige Spuren der jahrhundertealten gemeinsamen Überlieferung der westeuropäischen Christenheit zeigt die Auswahl des Eingangspsalms und des Halleluja-Verses, die beide Ps 118 entnommen sind, außerdem der hier „Leitvers" genannte Rahmenvers des Eingangspsalms: „Auferstanden bin ich und bin nun immer bei dir, Halleluja. Du hältst deine Hand über mir, Halleluja." – Wo heute am Ostersonntag eine katholische Eucharistiefeier mit gregorianischem Choral gefeiert wird, ist genau dies der Introitus-Gesang.

31. Oktober: Reformationstag

Schließlich noch ein Blick auf den Festtag, der wie kein zweiter für die Identität der evangelischen Kirche steht: der **Gedenktag der Reformation** am 31. Oktober. Neben dem Evangelium Mt 5,1–10 (den „Seligpreisungen") steht die Epistellesung Röm 3,21–28, die den Kern der Rechtfertigungstheologie des Paulus zusammenfasst. Dies wiederum war entscheidende Grundlage für die Kritik Martin Luthers an den Zuständen in der Kirche seiner Zeit, in der Gottes Gnade als käuflich erschien und Gottes souveränes Urteil von den Mächtigen in einer zutiefst korrupt gewordenen Kirche quasi in Besitz genommen wurde. Eines der drei angebotenen Tagesgebete fasst die darauf aufbauende evangelische Lehre prägnant zusammen, es findet sich auf Seite 219.

Lutherische Tagesgebete zur Osternachtsfeier

Schöpfer des Lebens, du lässt diese heilige Nacht erstrahlen
im Licht der Auferstehung unseres Herrn:
Erwecke alle Getauften zu neuem Leben
und bewahre in ihnen deinen Geist,
damit sie offenbar werden als deine Kinder und dich ehren.
Darum bitten wir um deines lieben Sohnes Jesu Christi willen,
der mit dir und dem Heiligen Geist lebt und regiert
von Ewigkeit zu Ewigkeit.

Durch deine Macht, Gott,
hast du Jesu Kreuz zum Baum des Lebens verwandelt.
Durch deine Macht, Gott,
verwandelst du unsere Angst in Zuversicht,
unsere Lähmung in neuen Mut.
So wird unser Leben zu einem Gleichnis
für die Auferstehung vom Tod zum Leben.
Auf dich hoffen wir in Zeit und Ewigkeit.

Lutherisches Tagesgebet zum Reformationstag

O Gott,
befreie uns von dem ängstlichen Bemühen,
uns vor dir zu rechtfertigen.
Dir sind wir recht –
allein durch Jesus Christus.

Kapitel 36

Reformierte Kirche: Überblick

Reformiertes Christentum

Das reformierte Christentum entstand in etwa zeitgleich mit dem lutherischen im 16. Jahrhundert, seine prägenden Gestalten waren regional unterschiedlich, die wichtigsten jedoch Johannes (Jean) Calvin (1509–1564) in Genf, Ulrich (Huldrych) Zwingli (1484–1531) und Heinrich Bullinger (1504–1575) in Zürich, Martin Bucer (1491–1551) im Elsass. Das reformierte Christentum schreibt der je einzelnen Gemeinde die entscheidende Autorität für das kirchliche Leben und Feiern zu. Aus diesem Grund lassen sich keine allgemeinen Normen für das Kirchenjahr festmachen. Zwar kennt die reformierte Kirche auch liturgische Bücher, die die Vorgaben für Ablauf und Inhalt des Gottesdienstes enthalten, diesen kommt aber grundsätzlich nur empfehlender Charakter zu.

Unierte Kirchen

Das reformierte Christentum in Deutschland und Österreich ist durch eine historisch bedingte Entwicklung, die sich vorrangig im 19. Jahrhundert abgespielt hat, vielerorts eng mit dem lutherischen Christentum verzahnt. In manchen Regionen bilden lutherische und reformierte Gemeinden eine gemeinsame **unierte** (vereinigte) Landeskirche.

Dies hat die Folge, dass in Deutschland und Österreich beide Traditionen oft undifferenziert unter dem Oberbegriff „evangelisch" zusammengefasst und als eine einheitliche Richtung des Christentums wahrgenommen werden. Sie stehen einander in der Tat sehr nahe (seit der **Leuenberger Konkordie** von 1973 besteht wechselseitige Zulassung zum Abendmahl, und auch ein Austausch von Amtsträgerinnen und Amtsträgern ist möglich), sind aber dennoch verschiedene Kirchen mit unterschiedlichem geschichtlichem und theologischem Hintergrund. Aufgrund der geschilderten Entwicklung kam es zu erheblichem Einfluss lutherischen Gedankenguts und lutherischer Kultur auf das reformierte Christentum. In der Schweiz (einer der Stammregionen der Reformierten) wie auch im übrigen Ausland kann das eigene Gepräge des reformierten Christentums daher viel deutlicher ausgebildet sein als in Deutschland – dies betrifft zum Beispiel die Gestaltung eines Kirchenraums genauso wie den Ablauf eines Gottesdienstes oder eben die Festtagskultur.

Unter all diesen Einschränkungen kann daher nur ein sehr exemplarischer Einblick in das reformierte Kirchenjahr gegeben werden.

Reformierte Liturgie

Im Vergleich zur römisch-katholischen Feierpraxis fällt zunächst auf, dass das **Abendmahl** (Eucharistiefeier) im reformierten Gottesdienstleben eine sehr geringe Rolle spielt und sich auf wenige Anlässe im Jahr beschränkt. Streng traditionelle Gemeinden feiern nur viermal im Jahr Abendmahl: zu Weihnachten, Ostern, Pfingsten und am ersten Sonntag im September. Manche feiern es heutzutage deutlich häufiger, etwa einmal im Monat, aber immer noch seltener als lutherische Gemeinden. Der Gottesdienst ist stärker auf die Predigt konzentriert, damit kommt der Rolle der Predigerin oder des Predigers und somit der Textauswahl der in der Predigt ausgelegten Bibeltexte die entscheidende Rolle zu.

Das Kirchenjahr

Reformierte Gemeinden, die dem lutherischen Christentum nahestehen, verwenden oft die lutherischen Lesungs- und Predigttexte (siehe Kapitel 34), andere hingegen überlassen die Auswahl ganz der Predigerin/dem Prediger und lehnen von übergeordneten Autoritäten festgelegte Schrifttexte für bestimmte Tage ausdrücklich ab.

In den erstgenannten Gemeinden kann sich somit eine weitgehende Übernahme des lutherischen Festkalenders ergeben. Sogar der auf einem Ereignis der lutherischen Kirche beruhende Reformationstag am 31. Oktober wird in reformierten Gemeinden gefeiert – hier im Sinne des Gedenkens einer allgemeinen Reformationsbewegung im Europa des frühen 16. Jahrhunderts. Auch wenn reformierte Gemeinden nicht direkt auf Luther zurückgehen, verdanken sie doch seiner Person und seinem Wirken eine historische Konstellation, die auch die Durchsetzung reformierter Theologie ermöglichte oder zumindest sehr begünstigte. Ein eigener Feiertag des reformierten Bekenntnisses – etwa in Form eines Gedenktags des „Ersten Helvetischen Bekenntnisses" von 1536, des „Zweiten Helvetischen Bekenntnisses" von 1561 oder des „Heidelberger Katechismus" von 1563 – existiert hingegen nicht.

Liturgisches Heiligengedenken wird im Allgemeinen nicht gepflegt, auch wenn Bezeichnungen wie „Michaelistag" durchaus gebräuchlich sind und sogar vereinzelt typisch katholische Feiertage wie Allerheiligen am 1. November oder Allerseelen am 2. November zu Anlässen für reformierte Gottesdienste werden.

Beim Osterfest – nach **gregorianischem Kalender** datiert – liegt der Akzent traditionell stärker auf dem Karfreitag, wenngleich eine Neukultivierung einer Osternachtsfeier als zentraler Ostergottesdienst diskutiert und erprobt wird. Wie in der lutherischen Kirche sind die lateinischen Bezeichnungen für die Sonntage vor Ostern gebräuchlich, auch die Vorfastenzeit ist durchaus bekannt. In Aspekten wie diesen kann reformiertes Gemeindeleben stärkere Reste jahrhundertealter westeuropäischer Praxis aufweisen, als dies die heutige römisch-katholische Praxis tut.

Der deutsche **Reformierte Bund** hat 1999 ein Buch mit dem Titel „Reformierte Liturgie. Gebete und Ordnungen für die unter dem Wort versammelte Gemeinde" veröffentlicht, das für den Gottesdienst in reformierten Gemeinden verwendet werden kann. Zu den Gemeinden des Reformierten Bundes gehören etwa zwei Millionen Menschen, die innerhalb des evangelischen Spektrums in Deutschland die stärker reformierte, aber dennoch in gutem Verhältnis zum lutherischen Christentum stehende Ausrichtung repräsentieren. (Der Bund bildet also keine Konkurrenz zur **Evangelischen Kirche in Deutschland** [EKD], die den Dachverband lutherischer, reformierter und unierter Landeskirchen darstellt.)

Dieses Gottesdienstbuch enthält interessanterweise auch Hinweise zu jüdischen Feiertagen. Zwar werden jüdische Feste nicht in Form reformierter Gottesdienste begangen, es handelt sich eher um allgemeine Informationen zur jüdischen Feierkultur und der Bedeutung einzelner Feste (siehe Kapitel 2). Dennoch stellt dieses Buchkapitel eine auffällige Reminiszenz an den jüdischen Ursprung des christlichen Glaubens dar, die an dieser Stelle besondere Erwähnung verdient.

Kapitel 37
Anglikanische und altkatholische Kirche: Überblick

Anglikanisches und altkatholisches Christentum

Zwar haben anglikanisches und altkatholisches Christentum aus unterschiedlichen Anlässen in unterschiedlichen Zeiten ihre Identität ausgebildet, doch stehen sie einander theologisch, kulturell und organisatorisch äußerst nahe.

Die **anglikanische Kirche** entstand in England aus Ablehnung päpstlicher Eingriffe in die Ernennung von Bischöfen in der ersten Hälfte des 16. Jahrhunderts. Was sich aus Sicht des römischen Papstes als Bruch der Kirchengemeinschaft darstellte, war aus englischer Sicht das treue Festhalten an eigenen Traditionen und Zuständigkeiten, die verteidigt werden durften und mussten. Der Name „anglikanisch" bedeutet nichts anderes als „englisch".

Die **altkatholische Kirche** entstand aus Ablehnung der Beschlüsse des I. Vatikanischen Konzils (1869/70), besonders der Erklärung des Primats des Papstes in der Glaubenslehre und in den rechtlichen Vollzügen der katholischen Kirche. Was sich aus Sicht des römischen Papstes als Bruch der Kirchengemeinschaft darstellte, war aus altkatholischer Sicht das treue Festhalten am überlieferten Glauben (daher auch die Eigenbezeichnung „alt-katholisch"), von dem die Großkirche durch das Konzil abgewichen sei.

Die anglikanische Kirche geriet schon bald in einen starken theologischen Sog der Reformation auf dem europäischen Festland, doch in Liturgie und Kirchenjahr blieb die große Verwandtschaft zur römisch-katholischen Kirche sofort erkennbar. Anglikaner und Altkatholiken sind – ähnlich wie Orthodoxe und Lutheraner – dezentral in Landeskirchen organisiert, denen die Zuständigkeit für die Ordnung des kirchlichen Lebens zukommt. Anglikaner und Altkatholiken stehen seit 1931 in voller Kirchengemeinschaft: Die Gläubigen können in der jeweils anderen Kirche alle Sakramente empfangen und Dienste übernehmen, auch die Amtsträgerinnen und Amtsträger können untereinander ausgetauscht werden. Anglikanische Gemeinden finden sich schwerpunktmäßig in allen Ländern, die früher zum britischen Empire gehörten – weltweit umfasst die anglikanische Kirchengemeinschaft etwa 80 Millionen Menschen –, Altkatholiken findet man besonders im deutsch- und niederländischsprachigen Raum; weltweit sind es etwa 70 000 Gläubige. Anglikaner und Altkatholiken verwenden den **gregorianischen Kalender**.

Anglikanisches Kirchenjahr

Im Folgenden sei der Festkalender der **Episcopal Church** vorgestellt. Es handelt sich um die anglikanische Landeskirche der USA, die ca. 2 Millionen Menschen in ca. 100 Bistümern umfasst.

Die Episcopal Church sortiert ihre Feste in verschiedene Rangstufen:

Als *Principal Feasts* (etwa „Hochfeste") gelten Ostern, Christi Himmelfahrt, Pfingsten und der Dreifaltigkeitssonntag – alle vier Termine hängen vom Osterdatum ab – sowie Allerheiligen (am 1. November oder dem darauf folgenden Sonntag), Weihnachten (25. Dezember) und Epiphanie (6. Januar).

Als nächste Stufe folgen die **Sonntage**.

Daran schließen sich die *Holy Days* an (entspricht in etwa den römisch-katholischen „Festen"). Drei *Holy Days* werden auch dann begangen, wenn sie auf einen Sonntag fallen, nämlich Namen Jesu (1. Januar), Darstellung des Herrn (2. Februar) und Verklärung des Herrn (6. August). Alle übrigen *Holy Days* werden, sofern sie auf einen Sonntag fallen, auf den nächsten freien Wochentag verlegt. Es handelt sich hier um etwa 20 Feste im Jahr, von denen die meisten mit römisch-katholischen Hochfesten oder Festen übereinstimmen. Bemerkenswert ist, dass auch der US-amerikanische Nationalfeiertag *Independence Day* am 4. Juli sowie das eng mit der Besiedlungsgeschichte europäischer Einwanderer in Nordamerika verbundene *Thanksgiving* am 4. Donnerstag im November als *Holy Days* gelten.

Die Episcopal Church kennt das **Fasten** am Aschermittwoch und Karfreitag sowie möglichst an jedem Freitag. Es werden Kirchweih- und Patronatsfeste sowie eine große Reihe von Heiligengedenktagen begangen, deren Häufigkeit in etwa mit den „gebotenen Gedenktagen" des römisch-katholischen Kalenders übereinstimmt. Unter den Heiligen befinden sich viele aus den ersten christlichen Jahrhunderten, viele aus der anglikanischen Kirche des 19. und 20. Jahrhunderts, aber auch nichtanglikanische Glaubenszeugen wie Martin Luther und Ignatius von Loyola (1491–1556). Fronleichnam und Herz Jesu (siehe Kapitel 27), die eng an spezifisch katholische Frömmigkeit und Theologie des 2. Jahrtausends gebunden sind, kommen im anglikanischen Kirchenjahr nicht vor.

Die Sonntage werden **nach Epiphanie** und **nach Pfingsten** gezählt, was, abhängig vom Osterdatum, Verschiebungen von Sonntagen in eine andere Jahreszeit nötig machen kann (siehe Kapitel 21). Das Kirchenjahr wird in die Jahreszeiten Advent, Weihnachtszeit, Epiphaniezeit, Fastenzeit, Heilige Woche, Osterzeit und Zeit nach Pfingsten untergliedert (Epiphaniezeit und Zeit nach Pfingsten bilden also das, was in der römisch-katholischen Kirche heute Jahreskreis genannt wird).

Anglikanische Liturgie in der katholischen Kirche

Ein nicht ganz unwichtiges Detail: Die Päpste Johannes Paul II. (Amtszeit 1978–2005) und Benedikt XVI. (2005–2013) haben Anglikanern, die in die römisch-katholische Kirche übertreten, gestattet, dies unter Beibehaltung ihrer anglikanischen Liturgie zu tun – damit ist der sogenannte *Anglican Use* nunmehr als eine Art eigener Ritus in der katholischen Kirche beheimatet.

Altkatholisches Kirchenjahr

Als Beispiel für das altkatholische Kirchenjahr werfe ich einen Blick auf das **Katholische Bistum der Alt-Katholiken in Deutschland**, das ca. 15000 Gläubige umfasst. Sitz des für ganz Deutschland zuständigen Bischofs ist Bonn.

Der Vergleich mit dem römisch-katholischen Kirchenjahr fällt besonders leicht, da die deutschen Altkatholiken (anders als etwa diejenigen in der Schweiz) die römische Kirchenjahresreform von 1969/70 weitgehend mitvollzogen haben. Daher stimmen Weihnachtsfestkreis (siehe Kapitel 22), Osterfestkreis (siehe Kapitel 13–20) und Jahreskreis (siehe Kapitel 21) überein. Für die Österliche Bußzeit wird auch der Begriff **Vierzigtagezeit** verwendet, der **Sonntag vom wiederkommenden Herrn** entspricht dem römischen Christkönigssonntag, das Fronleichnamsfest wird als **Danktag für die Eucharistie** begangen. Gut 30 Feste und Gedenktage haben eigene liturgische Formulare, dabei handelt es sich weitgehend um die Hochfeste, Herren-, Marien- und Apostelfeste des römisch-katholischen Kalenders. Darüber hinaus gibt es einige weitere

Gedenktage besonders von Heiligen aus den ersten Jahrhunderten sowie von prägenden und vorbildlichen Gestalten aus der altkatholischen Kirchengeschichte.

Zusammenfassung

Anglikanisches wie altkatholisches Kirchenjahr zeigen eine enge Verwandtschaft mit ihren römisch-katholischen und evangelischen Pendants. Erst in der genauen Auswahl der gefeierten Feste und Heiligen sowie in der detaillierten Zusammenstellung der jeweiligen Schriftlesungen und Gebetstexte – auf die hier nicht näher eingegangen werden kann – entfaltet sich das je eigene konfessionelle Profil. Im Übrigen aber ist eine Parallelisierung aller hier genannten westlichen Kirchen problemlos möglich, da sie alle offenkundig aus gemeinsamem kulturellem Erbe schöpfen.

Kapitel 38
Koptischer und äthiopischer Ritus: Überblick

Koptisches und äthiopisches Christentum

Das **koptische Christentum** (das Wort „*kopt*-isch" hat dieselbe sprachliche Wurzel wie „ä-*gypt*-isch") ist jener Zweig des christlichen Ägyptens, der die theologische Entwicklung der römischen Reichskirche – besonders die dort ausgearbeitete Bestimmung des Verhältnisses von Gottheit und Menschheit Jesu – im 4. und 5. Jahrhundert ablehnte. Ähnliches gilt für alle Kirchen, die in diesem und den folgenden beiden Kapiteln vorgestellt werden und die in der Fachsprache unter dem Oberbegriff **orientalisch, altorientalisch** oder **orientalisch-orthodox** zusammengefasst werden. Alle orientalischen Kirchen stehen zueinander in voller Sakramentengemeinschaft; Gläubige einer orientalischen Kirche können also die Sakramente auch in einer anderen orientalischen Kirche empfangen.

Auf ägyptischem Boden gab es in der Mitte des 1. Jahrtausends über etliche Generationen ein konfliktgeladenes Nebeneinander von „reichskirchlichen" und koptischen Bischöfen und Gemeinden. Die reichskirchliche Gruppe bildet heute das **Griechisch-orthodoxe Patriarchat von Alexandrien und ganz Afrika**, also einen Teil der orthodoxen Kirchengemeinschaft, und ist im Lauf der Geschichte in hohem Maße in griechisch-byzantinischen Einfluss geraten. Dieses Patriarchat umfasst heute nur noch etwa 250 000 Menschen und wird im Folgenden nicht behandelt, da es aufgrund seiner Entwicklung mittlerweile zu den byzantinischen Kirchen zu zählen ist (siehe Kapitel 31–33).

Die eigentliche koptische Kirche hingegen (**Koptisch-orthodoxe Kirche** – trotz der Eigenbezeichnung gehört diese Kirche nicht zur orthodoxen Kirchengemeinschaft) bildet mit ungefähr 12 Millionen Gläubigen eine bedeutende religiöse Minderheit im heutigen Ägypten. Weitere 3–4 Millionen leben über die ganze Welt verstreut, besonders im übrigen Afrika, in Europa und Nordamerika. Ein kleiner Teil der Kopten bildet eine katholische Ostkirche, steht also in voller Einheit mit dem römischen Papst und der römisch-katholischen Kirche. Diese **Koptisch-katholische Kirche** umfasst weltweit etwa 200 000 Menschen und ist der Grund dafür, dass die koptische Liturgie auch Heimatrecht in der katholischen Kirche genießt.

Das **äthiopische Christentum** wird mit dem koptischen unter dem Oberbegriff **alexandrinisch** zusammengefasst, obwohl für den unbedarften Beobachter auf den ersten Blick kaum Gemeinsamkeiten zu erkennen sind. Die äthiopischen Eigenheiten wurden durch die besondere Situation Äthiopiens beeinflusst, das nach der Ausbreitung des Islams die einzige christlich geprägte Nation Afrikas geblieben war und keine geografische Verbindung zu anderen christlichen Gebieten mehr hatte. Die **Äthiopisch-Orthodoxe Tewahedo-Kirche** bewahrte ihre kirchliche Verbindung mit der räumlich weit entfernten koptischen Kirche vor allem dadurch, dass das Oberhaupt der Äthiopier bis in die Mitte des 20. Jahrhunderts durch das Oberhaupt der Kopten (das wie der römische Bischof den Titel „Papst" führt) ernannt wurde. Erst seit 1950 verwaltet sich die äthiopische Kirche völlig selbstständig. Mit der Bildung des Staates Eritrea entstand 1993 auch eine eigenständige **Eritreisch-Orthodoxe Tewahedo-Kirche**. Zur äthiopischen Kirche zählen etwa 50 Millionen Menschen, zur eritreischen etwa 2 Millionen.

Koptisches Kirchenjahr

Der **koptische Kalender**, der trotz seiner eigenen Monats- und Tageszählung parallel zum julianischen läuft, wurde bereits in Kapitel 9 vorgestellt. Die koptisch-katholische Kirche verwendet ihren Kalender parallel zum **gregorianischen Kalender**, pflegt aber in manchen Regionen auch den **meletianischen Kalender** mit der Folge, dass sie die Hauptfeste gemeinsam mit der koptischen Mutterkirche begehen kann.

Der koptische Ritus zählt im Jahreslauf **sieben große Hauptfeste** und **sieben kleine Hauptfeste**, die allesamt auf Christus bezogen sind. Die sieben großen Feste sind im Einzelnen:

> 29. Baramhat = 25. März^{jul} = 7. April^{greg}: **Verkündigung des Herrn**,
> 29. Kiyahk = 25. Dezember^{jul} = 7. Januar^{greg}: **Geburt des Herrn**,
> 11. Tubah = 6. Januar^{jul} = 19. Januar^{greg}: **Erscheinung des Herrn**.

Diese Auswahl dreier weihnachtlicher Feste bedarf keiner näheren Erklärung mehr (siehe Kapitel 21, 23 und 31), auch die Parallelität der Daten zum julianischen Kalender ist klar zu erkennen.

Vom Osterdatum abhängig sind die übrigen vier Hauptfeste, nämlich **Palmsonntag, Ostern, Christi Himmelfahrt** und **Pfingsten**.

Etwas überraschender mag dagegen die Auswahl der sieben kleineren Hauptfeste erscheinen:

> 6. Tubah = 1. Januar^{jul} = 14. Januar^{greg}: **Beschneidung des Herrn**,
>
> 8. Amshir = 2. Februar^{jul} = 15. Februar^{greg}: **Einzug des Herrn in den Tempel**,
>
> 24. Bashans = 19. Mai^{jul} = 1. Juni^{greg}: **Flucht der Heiligen Familie nach Ägypten**,
>
> 13. Tubah = 8. Januar^{jul} = 21. Januar^{greg}: **Erstes Wunder des Herrn in Kana**,
>
> 13. Misra = 6. August^{jul} = 19. August^{greg}: **Verklärung des Herrn**,
>
> **Gründonnerstag**,
>
> **Thomas-Sonntag** (Sonntag nach Ostern).

Die Auswahl dieser Feste stimmt nur zum Teil mit dem überein, was aus westlichen oder byzantinischen Kirchen bekannt ist. Auffällig ist das von ägyptischem Lokalkolorit beeinflusste Fest von der Flucht der Heiligen Familie (Mt 2,13–15). In der biblischen Bilderwelt ist Ägypten ja nicht nur das Land der pharaonischen Sklaverei (Ex 1), sondern auch Herkunftsland des Mose (Ex 2), und christliche Deutung alttestamentlicher Prophetie (Hos 11,1) erwartet den „neuen Mose", nämlich Jesus, aus Ägypten.

Neben diesen 14 Hauptfesten sowie weiteren Heiligenfesten – darunter einige Marienfeste, die in ihrer Praxis den Hauptfesten vergleichbar sind – kennt das koptische Kirchenjahr auch die Besonderheit **monatlicher Feste**. Es sind dies das Gedenken des Erzengels Michael am 12. jedes Monats, das Gedenken Mariens am 21. und schließlich eine Art „Christus-Synaxis" (siehe Kapitel 33) – ein Gedenken von Verkündigung, Geburt und Auferstehung des Herrn – am 29. jedes Monats. Aufgrund der abweichenden Monatslängen (siehe Kapitel 9) entsprechen diese Tage aber nicht in jedem Monat demselben Tag im julianischen oder gregorianischen Kalender.

Die koptische Praxis kennt sechs im Detail unterschiedlich ausgeführte **Fastenzeiten**, nämlich 40 Tage vor Weihnachten, 40 Tage (sieben Wochen ohne Sonntage und Samstage) vor Palmsonntag, in der Heiligen Woche – was als zwei verschiedene Fastenzeiten gezählt wird –, in unterschiedlicher Länge vor dem Fest der Apostel Petrus und Paulus (siehe Kapitel 32), 14 Tage vor dem Fest der Aufnahme Mariens in den Himmel (siehe Kapitel 24 und 32) sowie schließlich das dreitägige **Ninivefasten** in Abbildung von Jona 3, das drei Wochen vor der vorösterlichen Fastenzeit stattfindet.

Da auch jeder Mittwoch und jeder Freitag sowie die Vortage von Weihnachten und Epiphanie als Fastentage gelten, kommt die koptische Praxis auf über 200 Fastentage pro Jahr, die natürlich nicht von allen Gläubigen in gleicher Weise und gleicher Strenge einzuhalten sind, sondern je nach Bedarf ausdifferenziert werden, wobei die asketischsten Spielarten nur in Klöstern praktiziert werden.

Äthiopisches Kirchenjahr

Der **äthiopische Kalender**, der abgesehen von den Monatsnamen dem koptischen entspricht, wurde bereits in Kapitel 9 vorgestellt. Einige Phänomene des äthiopischen Festprogramms sind dem eben genannten koptischen vergleichbar, es gibt aber auch Unterschiede:

Die Äthiopier zählen je **neun große und neun kleine Hauptfeste**. Zu den sieben koptischen **großen Hauptfesten** kommen bei den Äthiopiern noch **Verklärung des Herrn** und der **Karfreitag** hinzu.

Die neun **kleinen Hauptfeste** sind die **drei Sonntage vor Weihnachten**, die im Gedenken an die irdische Predigttätigkeit Jesu, an sein Kommen auf die Erde und sein Wirken als guter Hirte begangen werden, außerdem **Heiligabend**, **Beschneidung des Herrn**, das **Wunder zu Kana**, **Verklärung des Herrn** („Ölbergfest"), **Darstellung des Herrn** („Geburt des Simeon") und das **Fest der Kreuzauffindung**. Alle diese Feste wurden in ihrer römischen oder byzantinischen Ausprägung bereits in Kapitel 22, 23 und 33 vorgestellt.

Darüber hinaus zählt der äthiopische Kalender 33 Marienfeste, weitere Apostel- und andere Heiligenfeste; zudem ist jeder Monatstag einem bestimmten Gedenken gewidmet, ähnlich wie dies oben für drei Tage im Monat für die koptische Tradition geschildert ist.

Die Fastenzeiten entsprechen in etwa den koptischen, somit kommt auch die äthiopische Christenheit auf etwa 200 Fastentage im Jahr.

Kapitel 39

Westsyrischer und armenischer Ritus: Überblick

Westsyrisches und armenisches Christentum

Unter der **westsyrischen** (oder **antiochenischen**) Tradition versteht man jene Ausprägung des Christentums, die ihr theologisches und organisatorisches Zentrum in **Antiochien** hat, also im syrischsprachigen Gebiet nördlich von Israel. Der syrische Anteil der römischen Reichskirche gehört heute zum Verbund der orthodoxen Kirchen und heißt **Griechisch-Orthodoxes Patriarchat von Antiochia (und dem ganzen Morgenland)**. Diese orthodoxe Kirche von Antiochien ist allerdings im Laufe der Geschichte so stark von Konstantinopel beeinflusst worden, dass sie heute nicht mehr als Trägerin der westsyrischen Kultur gezählt wird. Die eigentliche westsyrische Liturgie lebt in anderen Kirchen fort, die nicht zur Orthodoxie, sondern zu den orientalischen Kirchen gehören (siehe Kapitel 38). Sie führen oft den Begriff „orthodox" im Sinne von „rechtgläubig" als Eigennamen.

Zu den Westsyrern zählen heute die **Malankara Orthodox-Syrische Kirche** (ca. 2,5 Millionen Menschen, vor allem im Westen Indiens) und die **Syrisch-Orthodoxe Kirche von Antiochien** (ca. 3 Millionen Menschen, ebenfalls vor allem im Westen Indiens). Ferner gibt es drei **syrisch-katholische** Kirchen, also Kirchen syrischen Ursprungs, die in voller Gemeinschaft mit dem römischen Papst stehen, nämlich die **Syrisch-Maronitische Kirche von Antiochien** (ca. 3,5 Millionen Menschen, vor allem im Libanon), die **Syrisch-Katholische Kirche** (ca. 150 000 Menschen, vor allem in Syrien und im Libanon) und die **Syro-Malankarische Kirche** (ca. 400 000 Menschen, vor allem in Indien).

Die **armenische** Christenheit steht kaum in historischer Beziehung zu den Westsyrern, beide sind hier nur aus Platzgründen in einem Kapitel zusammengefasst. Armenien war die erste Region weltweit, in der das Christentum zur Staatsreligion wurde, und zwar schon zu Beginn des 4. Jahrhunderts. Das armenische Christentum entwickelte sich räumlich unabhängig, aber lange Zeit in theologischer Gemeinschaft mit der römischen Reichskirche; erst im 6. Jahrhundert kam es zur formellen Trennung aufgrund von Unterschieden in der christologischen Lehre.

Die armenische Kirche bildete daher eine eigenständige christliche Kultur aus, allerdings kamen die Armenier im 2. Jahrtausend unter erheblichen Einfluss römisch-katholischer, aus Portugal stammender Missionare. Im 20. Jahrhundert wurden die Armenier im in Auflösung befindlichen Osmanischen Reich grausam verfolgt (gemeinsam mit griechischen und syrischen Christen, die allerdings eine bedeutend kleinere Anzahl bildeten). Der Völkermord an den Armeniern ist bis heute Konfliktstoff in der internationalen Politik, besonders im Verhältnis der Türkei zu anderen Staaten. Zudem löste diese tragische Entwicklung eine große Emigrationsbewegung von Armeniern in alle Welt aus, besonders nach Frankreich und Nordamerika. Zur **Armenischen Apostolischen Kirche** gehören heute ca. 9 Millionen Menschen weltweit, etwa die Hälfte davon lebt in den Stammgebieten im heutigen Armenien und in der Türkei, die übrigen überall auf der Welt. Die mit Rom unierte **Armenisch-katholische Kirche**, durch die der armenische Ritus auch in der katholischen Kirche Fuß gefasst hat, umfasst ca. 500 000 Menschen, einer ihrer wichtigeren Sitze ist Wien.

Westsyrisches Kirchenjahr

Die westsyrischen Kirchen verwenden zum Teil den **julianischen**, zum Teil den **gregorianischen Kalender**. Da unter dem Begriff „westsyrisch" eine recht große Gruppe selbstständiger Kirchen zusammengefasst wird, können nur einige Charakteristika genannt werden, die nicht notwendigerweise in allen Kirchen westsyrischer Tradition zu finden sein müssen; ich folge hier exemplarisch der **Syrisch-Orthodoxen Kirche**.

Das Jahr beginnt mit den beiden **Kirchweihsonntagen** (siehe auch Kapitel 40) Ende Oktober/Anfang November. Es werden **Weihnachten** am 25. Dezember und **Epiphanie** (= Taufe des Herrn, siehe Kapitel 31) am 6. Januar gefeiert; dem geht eine Fastenzeit voraus, die je nach Brauch mit dem 1. oder 15. Dezember beginnt. **Darstellung des Herrn** am 2. Februar hat einen hohen Stellenwert.

Das in Kapitel 38 schon geschilderte dreitägige **Ninivefasten** entstand im westsyrischen Christentum und wurde von anderen Kirchen übernommen. Die zwei Sonntage vor Beginn der Großen Fastenzeit vor Ostern sind „Allerseelen"-Tage (siehe Kapitel 26), zunächst für den verstorbenen Klerus, dann für alle Toten. Das Gedächtnis der Hochzeit zu

Kana und des damit verbundenen ersten öffentlichen Wunderwirkens Jesu wird – anders als in allen anderen bislang vorgestellten Riten – an jenem Sonntag begangen, mit dem die österliche Fastenzeit beginnt. Die folgenden Fastensonntage sind jeweils dem Gedächtnis von Wundertaten Jesu gewidmet und nach diesen benannt.

Die rituelle Kreuzverehrung (siehe Kapitel 14 und 32) wird bei den Westsyrern genau in der Mitte der Fastenzeit an einem Mittwoch begangen. Der **Lazarus-Samstag** (siehe Kapitel 32) existiert ähnlich wie in den meisten anderen östlichen Riten.

Was herausragende Festtage und Fastenzeit angeht, ist der westsyrische Ritus dem byzantinischen eng verwandt – dabei ist die historische Abfolge aber genau umgekehrt, als es in dieser Darstellung erscheinen könnte: Zunächst war es Antiochien, das erheblichen Einfluss auf Konstantinopel hatte, erst in der späteren Geschichte wurde Konstantinopel – aufgrund seiner Stellung als östlicher Reichshauptstadt und ab dem 7. Jahrhundert als für lange Zeit einziges nicht unter islamischem Einfluss stehendes christliches Zentrum im Osten – zur stilbildenden Größe. Mag die antiochenische Tradition also heute wie der „kleine Bruder" der Byzantiner erscheinen, verlief die historische Entwicklung doch in erster Linie in umgekehrter Richtung.

Armenisches Kirchenjahr

Die **Armenier** verwenden einen eigenen Kalender, der dem koptischen (siehe Kapitel 9) sehr ähnlich ist. Die **Jahreszählung** beginnt mit dem julianischen Jahr 552 (hier kam es zur formellen Trennung von der römischen Reichskirche). Interessanterweise werden die 30 Tage des Monats nicht durchgezählt, sondern mit 30 verschiedenen Namen versehen.

Der armenische Festkalender läuft parallel zum **gregorianischen**, nur in Israel werden die Feste wie im **julianischen Kalender** datiert.

Der armenische Kalender kennt **Christusfeste**, **Marienfeste**, **Kreuzesfeste** und **Kirchenfeste**.

Zur ersten Gruppe gehört das Weihnachtsfest, das im armenischen Ritus eine einzigartige Besonderheit bildet: Anstelle eines Doppelfestes Weihnachten/Epiphanie gibt es nur **einen einzigen Gedenktag für Geburt und Taufe des Herrn**, nämlich am 6. Januar. Die armenische Kirche ist somit die einzige ohne ein eigenes Fest der Geburt Jesu am 25. Dezember. Am 13. Januar folgt das Fest des Namens Jesu, am 14. Februar – also 40 Tage nach dem Geburtsfest – konsequenterweise Darstellung des

Herrn (siehe Kapitel 23). Die Armenier sind somit die Einzigen, die Darstellung des Herrn am 14. Februar und nicht am 2. Februar datieren. Weitere höchstrangige Christusfeste sind die Verklärung des Herrn am 12. Juli sowie selbstverständlich das Osterfest, in dessen Zusammenhang auch der Lazarus-Samstag (siehe Kapitel 32), die gesamte Heilige Woche, die Festzeit bis zu Christi Himmelfahrt (siehe Kapitel 19 und 20) sowie Pfingsten (siehe Kapitel 20) gehören.

Die wichtigsten Marienfeste (siehe dazu auch Kapitel 24) sind Verkündigung (7. April), Aufnahme in den Himmel (15. August), Geburt (8. September), Darbringung im Tempel (21. November, siehe Kapitel 31) und Empfängnis (9. Dezember). Am 5. Sonntag nach Pfingsten wird die „Auffindung der Truhe Mariens" gefeiert, basierend auf der frühkirchlichen Legende eines wundertätigen Kastens, der zu Lebzeiten Maria gehört hatte. Am 2. Sonntag nach dem 15. August wird in ähnlicher Weise die „Auffindung des Gürtels Mariens" begangen.

Gleich vier Festtage sind der Auffindung des Kreuzes gewidmet, sie werden in der Osterzeit und im Herbst begangen. Mehrere Sonntage nach Ostern und nach Pfingsten werden als „Feste der Kirche" gefeiert.

Heiligenfeste befinden sich nicht an festen Kalenderdaten (ähnlich wie im ostsyrischen Ritus, siehe Kapitel 40). Zur Vermeidung der Überschneidung mit den **wöchentlichen Fastentagen Mittwoch und Freitag** werden alle Heiligenfeste auf Montag, Dienstag, Donnerstag und Samstag datiert; sie sind zahlreich, aber nicht täglich.

Neben dem siebenwöchigen Fasten vor Ostern gibt es **zehn weitere Fastenwochen** (immer von Montag bis Freitag) vor bestimmten Festen, darunter neben einigen der bisher genannten auch das Fest des biblischen Propheten **Elija** und das Fest **Gregors des Erleuchters** (ca. 240–331), der das erste Oberhaupt der armenischen Christenheit war und als ihr Stammvater verehrt wird.

Kapitel 40
Ostsyrischer Ritus: Überblick

Ostsyrisches Christentum

Unter dem Begriff **ostsyrisch** fasst man eine Gruppe von Kirchen und Liturgien zusammen, die sich schon sehr früh jenseits der Ostgrenzen des Römischen Reiches, das heißt im Perserreich und weit darüber hinaus bis nach Indien und weiter ostwärts entwickelten. Aufgrund der geografischen Lage waren diese Christen an der Ausbildung der Reichskirche mit ihren Konzilien und der damit verbundenen theologischen Entwicklung kaum oder gar nicht beteiligt oder wandten sich sogar ausdrücklich davon ab.

Als Erstes ist die **Apostolische und Katholische Assyrische Kirche des Ostens** zu nennen, oft auch nur als **Assyrische Kirche** oder **Kirche des Ostens** bezeichnet. Das Stammgebiet fällt in den heutigen Irak, seine geistigen und kirchlichen Zentren waren in Seleukia-Ktesiphon, Edessa und Nisibis zu verorten (erstere Stadt liegt unweit der heutigen irakischen Hauptstadt Bagdad, die beiden anderen in der heutigen Türkei, nahe der irakischen Grenze). Die assyrische Kirche existierte über viele Jahrhunderte als Minderheitenkirche auf islamisch geprägtem Gebiet. Seit der ersten Hälfte des 20. Jahrhunderts – und dramatisch verschärft durch die kriegerischen Entwicklungen der letzten Jahre – sehen sich immer mehr Assyrer gezwungen, ihre Heimat zu verlassen, vor allem Richtung Westeuropa und Nordamerika. Die Kirche des Ostens ist seit einigen Jahrzehnten in zwei Fraktionen gespalten, die einander die Legitimität der Bischofsernennungen absprechen. Es ist zu befürchten, dass das Leben der assyrischen Christen in ihrem Stammland völlig zum Erliegen kommen und nur noch im Exil weiterleben wird. Einer der beiden (im Streit befindlichen) Patriarchen hat mittlerweile seinen Sitz in den USA. Insgesamt umfasst die Kirche des Ostens heute vermutlich etwa eine halbe Million Menschen.

Eine etwas geringere Zahl gehört zur **Chaldäischen Kirche**; hier handelt es sich um jene Gruppe der Assyrer, die eine Union mit dem römischen Papst einging und daher heute zu den katholischen Ostkirchen zählt.

Die assyrischen Kirchen benutzen den **gregorianischen Kalender**, jener Zweig, der die in den USA residierende Hierarchie ablehnt, verwendet allerdings weiter den **julianischen Kalender**.

Die Entwicklung in **Indien**, besonders an dessen südwestlichen Küstengebieten, verlief völlig anders. Die dort nach der legendarisch bezeugten Mission des Apostels Thomas so benannten **Thomaschristen** spalteten sich in der Neuzeit unter dem Druck portugiesischer katholischer Missionare in zwei Gruppen: Die eine unterstellte sich der orthodoxen Kirche von Antiochien (siehe Kapitel 39) und glich ihre Kultur der byzantinischen an, die andere ging eine Union mit dem römischen Papst ein. Auf diese Weise erlangte der ostsyrische Ritus auch Heimatrecht in der katholischen Kirche. Eine echte altorientalische „Thomaskirche" ist aufgrund dieser Entwicklung nicht mehr existent. Die mit Rom verbundene Kirche heißt **Syro-malabarische Kirche**, benannt nach der an der Südwestküste Indiens gelegenen Region Malabar. Die syro-malabarischen Christen verwenden den **gregorianischen Kalender**. Mit knapp 4 Millionen Mitgliedern ist die syro-malabarische Kirche eine der größten katholischen Ostkirchen – indische Priester, die im deutschsprachigen Raum tätig sind, sind oft der Herkunft nach Syro-Malabaren, die sich im Rahmen ihrer Ausbildung stärker zum römischen Ritus hin ausrichten und schließlich dort (oder parallel in beiden Riten) ihr Amt ausüben.

Ostsyrisches Kirchenjahr

Das ostsyrische Kirchenjahr weist einige sehr auffällige Besonderheiten auf.

Das Kirchenjahr wird in neun Einheiten geteilt. Diese neun Einheiten sind:

1. Zeit der Verkündigung und Geburt
2. Zeit der Epiphanie
3. Zeit des Fastens
4. Zeit der Auferstehung
5. Zeit der Apostel
6. Zeit des Sommers
7. Zeit des Elija (und des Kreuzes)
8. Zeit des Mose
9. Zeit der Kirchweihe

Jede dieser Einheiten stellt idealerweise eine „Pentekoste" dar, also einen Zeitraum von sieben Wochen. Da dies allerdings in der Summe einen zu langen Zeitraum umfassen würde und zudem der Ostertermin in jedem Jahr variiert, müssen einzelne der Einheiten gekürzt werden; dies trifft besonders die Mose-Zeit.

Die **Zeit der Verkündigung und Geburt** ist dem römisch-katholischen Weihnachtsfestkreis nicht unähnlich: Sie umfasst vier Sonntage vor dem 25. Dezember und zwei weitere Sonntage danach. Die Vorweihnachtszeit wird als Fastenzeit begangen.

Die **Zeit der Epiphanie** umfasst die Phase vom 6. Januar, also dem Fest der Erscheinung des Herrn, bis zum Beginn der vorösterlichen Fastenzeit, ihre genaue Dauer variiert daher abhängig vom Osterdatum. Ähnlich wie im byzantinischen Ritus steht am 6. Januar die Taufe Jesu im Zentrum der Verkündigung. Vor Epiphanie wird eine weitere kurze Fastenzeit gehalten.

In die Zeit der Epiphanie fällt eine weitere Besonderheit des ostsyrischen Ritus, nämlich die Feier von Heiligen an festen Wochentagen (statt an festen Kalenderdaten): Jeder Freitag der Epiphaniezeit ist einem bestimmten Heiligengedenken gewidmet, und zwar nacheinander Johannes dem Täufer, Petrus und Paulus, den vier Evangelisten, Stephanus, den griechischen Kirchenlehrern, den syrischen (und ggf. den römischen) Kirchenlehrern, dem jeweiligen Kirchenpatron und zum Schluss den Verstorbenen (ähnlich dem römischen Allerseelentag).

Die **Zeit des Fastens** beginnt mit dem Sonntag vor dem römischen Aschermittwoch. In der ersten und vierten Fastenwoche wird häufiger als sonst Eucharistie gefeiert (nämlich zusätzlich zu Sonntag und Freitag auch am Montag, Dienstag, Mittwoch und Donnerstag). Der aus dem byzantinischen Ritus bekannte Lazarus-Samstag (siehe Kapitel 32) findet bei den Ostsyrern einen Tag früher statt, steht also als „Lazarus-Freitag" zwei Tage vor Palmsonntag.

Die **Zeit der Auferstehung** entspricht der siebenwöchigen Osterzeit in anderen Riten, die Osteroktav wird mit dem schönen und sprechenden Ausdruck „Woche der Wochen" bezeichnet, die Praxis des einwöchigen Tragens der weißen Taufgewänder durch die in der Osternacht Neugetauften ist auch heute noch in Gebrauch. Christi Himmelfahrt und Pfingsten werden am 40. und 50. Tag der Osterzeit gefeiert.

Mit Pfingsten beginnt die **Zeit der Apostel**, hier steht die Ausbreitung der Kirche gemäß ihren biblischen Zeugnissen im Mittelpunkt der Verkündigung: jene Überlieferungen, die der römische Ritus in der Liturgie zwischen Ostern und Pfingsten anordnet (siehe Kapitel 19), die aber im ostsyrischen Ritus als „nachpfingstliche", also von der Gabe des Geistes gewirkte und von hierher zu deutende Geschehnisse verstanden und in den Kirchenkalender eingefügt werden. Auch in der Zeit der Apostel spielt der Freitag als Wochentag eine besondere Rolle, an ihm werden wieder bestimmte Feste terminiert.

Die **Zeit des Sommers** beginnt etwa zur Sommersonnenwende im Juni. Sie trägt Motive des Jahresanfangs, des Wachsens und Reifens und der Ernte, damit aber auch der Buße und Reinigung. In die Zeit des Sommers fällt das Fest der Aufnahme Mariens in den Himmel am 15. August, dem – ähnlich wie im byzantinischen Ritus – eine zweiwöchige Fastenzeit vorangestellt wird.

Die **Zeit des Elija (und des Kreuzes)** beginnt spätestens am Sonntag vor dem 14. September, dem Kreuzesfest (siehe Kapitel 33). Vorherrschendes liturgisches Motiv ist die Wiederkunft Christi, für die der biblische Glaube an die Wiederkunft des Propheten Elija (Mt 17,10–11) den Hintergrund bildet. Das Kreuzauffindungsfest wurde ursprünglich am 13. September gefeiert, ehe es in Übernahme des in Jerusalem und Konstantinopel verbreiteten Brauchs auf den 14. September verschoben wurde.

Die **Zeit des Mose** stellt inhaltlich eine Fortsetzung der endzeitlichen Motive der Elija-Zeit dar: Mose wird ja neben Elija als Zeuge der Verklärung Christi (Mk 9,2–13) überliefert. Die Mose-Zeit wird in der Regel aufgrund der kalendarischen Gegebenheiten erheblich gekürzt.

Die **Zeit der Kirchweihe** ist zu verstehen als eine Entfaltung der Theologie der Kirche im Sinne einer Abbildung und Vorausschau auf das himmlische Jerusalem (Offb 21,1–22,5). Auch diese Zeit des Kirchenjahres ist also eschatologisch bestimmt.

Dieser kurze Aufriss mag verdeutlichen, wie eine plausible Einteilung des Kirchenjahres auch ganz anders aussehen kann als in den meisten anderen christlichen Traditionen.

Schlusswort

Von der römisch-katholischen Kirche über die byzantinische Orthodoxie, die Kirchen der Reformation bis hin zum orientalischen Christentum: Vielgestaltig sind die Entwürfe, nach denen Christen dem vergänglichen Lauf der Zeit im wiederkehrenden Rhythmus der Jahreszeiten Bedeutung verleihen und das religiöse Leben zu einem reichhaltigen Kulturphänomen werden lassen. Jede solche Kultur kann Plausibilität für sich aufweisen, keine von ihnen muss sich als die beste erweisen, auch wenn sie in gewisser Hinsicht im geschwisterlichen Wettstreit miteinander stehen. Die Bedeutung der religiösen Feierkultur wird im Letzten wohl nur erfassen können, wer sie in Glauben, Denken und Liturgie mitvollzieht, miterlebt und sich von ihr erfassen und prägen lässt.

Glossar

Dieses Buch setzt voraus, dass die Leserinnen und Leser mit den wichtigsten Begriffen aus Eucharistiefeier und Tagzeitenliturgie vertraut sind. Außerdem werden manche Begriffe in diesem Buch eingeführt, die dann später nicht mehr eigens erklärt werden. Wer jedoch an einzelnen Stellen mit Fachwörtern nicht vertraut ist, soll in diesem Glossar die allernötigsten Informationen für das Textverständnis finden. Bei Fremdwörtern zeigt außerdem das Akzentzeichen die betonte Silbe an. Nicht aufgenommen sind Fachbegriffe, die nur an einer einzigen Stelle im Buch vorkommen und dort ohnehin erklärt werden. Aus Platzgründen wird auch auf etymologische Erläuterungen verzichtet.

Äquinóktium
Tag, an dem Licht und Dunkelheit genau gleich lang sind. Man unterscheidet zwischen dem Frühjahrsäquinoktium (meist am 21. März) und dem Herbstäquinoktium (meist am 23. September).

byzantínisch, Byzánz
→ Konstantinopel.

Commúnio
Gesang zur → Kommunion in der → römisch-katholischen Eucharistiefeier. Hier gilt sinngemäß das Gleiche wie beim → Introitus.

Eröffnungsvers
→ Introitus.

Epiphaníe, Epiphánias
Fest der Erscheinung des Herrn am 6. Januar (siehe Kapitel 22).

Éxodus
Befreiung Israels aus der Sklaverei Ägyptens. Wichtigstes Ereignis in der alttestamentlichen Geschichte (Ex 3–15).

Formulár
Bezeichnung für die Zusammenstellung liturgischer Texte und Gesänge (Schriftlesungen, Gebete usw.) für einen bestimmten Anlass.

Intróitus

Eröffnungsgesang der (römisch-katholischen) Eucharistiefeier. Man verwendet den Begriff in der Regel nur, wenn der Introitus in lateinischer Sprache und in Form des gregorianischen Chorals vorgetragen wird. Aus dem Introitus wurde im heutigen Messbuch der deutschsprachige Eröffnungsvers, der vorgelesen oder in anderer Form in die Eröffnung der Feier integriert werden kann. Wird anstelle des lateinischen Introitus irgendein anderes, frei ausgewähltes Lied gesungen, nennt man dies also nicht Introitus.

Katholische Ostkirchen

Jene Kirchen, die in kirchlicher Einheit mit dem römischen Papst stehen, in ihrer Kultur aber nicht → römisch sind, sondern einer → Ostkirche entstammen und den von dort übernommenen → Ritus pflegen.

Kleine Hore

→ Tagzeitenliturgie.

Kommunión, Kommuniónvers

Akt des Essens und Trinkens von Brot und Wein in der christlichen Eucharistiefeier, die als Leib und Blut Christi verstanden werden. Zur Kommunion kann der Kommunionvers (→ Communio) gesungen oder gesprochen werden.

Kondák, Kondákion

Gesang in Gottesdiensten des → byzantinischen Ritus.

Konstantinópel

Östliche Hauptstadt des Römischen Reiches von der Mitte des 4. bis zur Mitte des 15. Jahrhunderts, heute Istanbul (Türkei). Der frühere Name Byzanz lebt vor allem als Adjektiv fort („byzantinisch"). Konstantinopel wurde zum Zentrum des höchst bedeutenden → byzantinischen Ritus.

Laúdes

→ Tagzeitenliturgie.

lunár, lunisolár, solár

Kalender, die ausschließlich durch den Lauf des Mondes bestimmt sind (ohne Abgleich mit dem Sonnenjahr), heißen lunar (siehe Kapitel 10); Kalender, die durch den Lauf der Sonne bestimmt sind, heißen solar (siehe Kapitel 3–7); Kalender, die beides miteinander verbinden, heißen lunisolar (siehe Kapitel 2).

Oktáv, Oktávtag

Wird ein Fest liturgisch acht Tage lang gefeiert, spricht man von einer Oktav. Der achte Tag ist der Oktavtag. Die → römisch-katholische Liturgie kennt heute nur noch zwei Oktaven im Kirchenjahr, nämlich die Osteroktav (von Ostersonntag bis zum 2. Sonntag der Osterzeit) und die Weihnachtsoktav (vom 25. Dezember bis zum 1. Januar).

Oratión

Liturgisches Gebet, das von der Vorsteherin/vom Vorsteher eines Gottesdienstes laut vorgetragen und von der Gemeinde mit „Amen" bestätigt und beendet wird. Wichtigste Oration ist das → Tagesgebet.

Orientalisch, orientalisch-orthodox, altorientalisch

Oberbegriff für alle Kirchen, deren theologische und kulturelle Wurzeln außerhalb der römischen Reichskirche liegen bzw. die sich in theologischer Auseinandersetzung in den ersten christlichen Jahrhunderten von dieser distanziert haben.

Orthodox

Oberbegriff für alle Kirchen, deren theologische und kulturelle Wurzeln im Römischen Reich, aber nicht in dessen lateinischer Westhälfte, sondern in der (griechischen und syrischen) Osthälfte liegen.

Osterzeit, Osterfestkreis, Osteroktav, Österliche Bußzeit

Bezeichnung für die Zeit rund um das Osterfest. „Österliche Bußzeit" ist die Zeit von Aschermittwoch bis Ostern, „Osterzeit" die Zeit von Ostern bis Pfingsten, „Osterfestkreis" ist die gesamte Zeit von Aschermittwoch bis Pfingsten.

Osten, Ostkirchen

Oberbegriff für alle katholischen, orthodoxen und orientalischen Kirchen, deren kulturelle Wurzeln nicht im lateinischsprachigen Westen des Römischen Reichs liegen, sondern im Osten oder außerhalb der östlichen Reichsgrenzen.

Páscha, Péssach

Wichtigstes jüdisches Fest im Gedenken an den → Exodus; wichtigster Hintergrund für das christliche Osterfest.

Präfatión

Beginn des Eucharistischen Hochgebets, der an Festtagen den Feieranlass meist klar zum Ausdruck bringt.

Rítus

Ausprägung christlicher Kultur in einem historisch gewachsenen, meist ursprünglich geografisch definierten Großraum. Zahlenmäßig wichtigster Ritus in der katholischen Kirche ist der → römische („römisch-katholisch"). Daneben existieren aber auch weitere in der katholischen Kirche anerkannte Riten (siehe Kapitel 31–33, 37–40). Solche Riten können auch Kirchenspaltungen überdauern und werden dann in mehreren Kirchen parallel gepflegt, zum Beispiel der → byzantinische Ritus (siehe Kapitel 31–33) in der → orthodoxen Kirche, der katholischen Kirche und in sehr kleiner Zahl auch in anderen Kirchen.

Römisch, römisch-katholisch

„Römisch" ist der Fachbegriff für die gottesdienstliche und theologische Kultur, die ihren historischen Bezugspunkt in der päpstlichen Liturgie der Stadt Rom hat. Der „römische Ritus" ist dabei aber keineswegs ausschließlich in Rom gestaltet, sondern erheblich von außen (zunächst vor allem aus Ägypten, Jerusalem, Konstantinopel, im frühen Mittelalter vom germanischen Frankenreich) beeinflusst worden. „Römisch-katholisch" bezeichnet die katholische Kirche des römischen Ritus (in Einheit mit dem römischen Papst) im Unterschied zu katholischen Kirchen eines anderen Ritus (siehe → katholische Ostkirchen).

Sábbat, Schábbat, Schabbát

Jüdischer Name des Samstags. Siebter Tag der Woche und Festtag in der biblischen Überlieferung (siehe Kapitel 2).

Schalttag, Schaltwoche, Schaltmonat, Schaltjahr

Wird in einen Kalender in bestimmten Abständen ein Zeitraum eingefügt, um den Kalender in Ausgleich mit dem Sonnenjahr zu bringen, heißt der eingefügte Zeitraum Schalttag, Schaltwoche, Schaltmonat. Ein solches Jahr heißt Schaltjahr.

solár

→ lunar.

Tagesgebet

Gebet zum Abschluss des Eröffnungsteils der → römisch-katholischen Eucharistiefeier, hat vor allem an Festtagen einen besonderen Bezug zum Feieranlass. Das Wort wird in diesem Buch auch für entsprechende Gebetselemente in anderen Gottesdiensten und anderen christlichen Traditionen verwendet, selbst wenn dort eine andere Bezeichnung üblich ist.

Tagzeitenliturgie

Täglich mehrmaliger Gebetsgottesdienst, in allen großen christlichen Traditionen bekannt. Die Tagzeitenliturgie wird auch Stundengebet oder Offizium genannt. Die heutige römisch-katholische Ordnung kennt folgende Tagzeiten: Laudes (Morgenlob), Terz (am Vormittag), Sext (am Mittag), Non (am Nachmittag), Vesper (Abendlob), Komplet (zur Nacht), Lesehore (unabhängig von der Tageszeit). Terz, Sext und Non können auch zu einer einzigen Feier verbunden sein, die dann zum Beispiel Mittagsgebet heißt. An die Stelle der Lesehore tritt in manchen Klöstern oder an hohen Festtagen gegebenenfalls die Vigil (Nachtwache, die am Beginn, in der Mitte oder am Ende der Nacht gehalten wird). Eine Sonderform von Lesehore/Vigil bzw. der Verbindung aus Lesehore und Laudes ist die Trauermette am Karfreitag, Karsamstag, gelegentlich auch schon am Gründonnerstag. Terz, Sext und Non werden auch unter dem Begriff „kleine Horen" zusammengefasst.

Thorá

Fünf Bücher des Mose (Génesis, Éxodus, Levítikus, Númeri, Deuteronómium) am Beginn der jüdischen und christlichen Bibel. Die Thora ist die Grundlage für das Selbstverständnis der biblischen Religion, die übrigen Schriften sind als Entfaltung, Fortführung und Deutung der Thora zu verstehen.

Trauermette

→ Tagzeitenliturgie.

Trinitátis

Dreifaltigkeitsfest am Sonntag nach Pfingsten (siehe Kapitel 27).

Tropár, Tropárion

Gesang in Gottesdiensten des → byzantinischen Ritus.

Vésper

→ Tagzeitenliturgie.

Vigíl

→ Tagzeitenliturgie.

Westen, Westkirchen

Oberbegriff für alle Kirchen, deren kulturelle Wurzeln im lateinischsprachigen Westen des Römischen Reichs liegen. Unter den in diesem Buch behandelten Kirchen sind die → römisch-katholische, die evangelisch-lutherische (siehe Kapitel 34–35), die evangelisch-reformierte (siehe Kapitel 36), die anglikanische und die altkatholische (siehe Kapitel 37) der Gruppe der Westkirchen zugehörig.

Literaturempfehlungen

Zu Kalendersystemen

Winfried Görke: Datum und Kalender. Von der Antike bis zur Gegenwart. Berlin 2011.

Leofranc Holford-Strevens: Kleine Geschichte der Zeitrechnung und des Kalenders. Stuttgart 2008.

Jörg Rüpke: Zeit und Fest. Eine Kulturgeschichte des Kalenders. München 2006.

Thomas Vogtherr: Zeitrechnung. Von den Sumerern bis zur Swatch. 3. Auflage München 2012.

Zum Kirchenjahr und seinen Festen in den verschiedenen christlichen Traditionen

Hansjörg Auf der Maur: Feiern im Rhythmus der Zeit I. Herrenfeste in Woche und Jahr (Gottesdienst der Kirche. Handbuch der Liturgiewissenschaft 5). Regensburg 1983.

Karl-Heinrich Bieritz u. a. (Hg.): Handbuch der Liturgik. Liturgiewissenschaft in Theologie und Praxis der Kirche. 3. Auflage Göttingen 2003.

Karl-Heinrich Bieritz/Christian Albrecht: Das Kirchenjahr. Feste, Gedenk- und Feiertage in Geschichte und Gegenwart. 9. Auflage München 2014.

Basilius J. Groen/Christian Gastgeber (Hg.): Die Liturgie der Ostkirchen. Ein Führer zu Gottesdienst und Glaubensleben der orthodoxen und orientalischen Kirchen. Freiburg i. Br. 2012.

Philipp Harnoncourt: Der Kalender. Hansjörg Auf der Maur: Feste und Gedenktage der Heiligen (Gottesdienst der Kirche. Handbuch der Liturgiewissenschaft 6/1). Regensburg 1994.

Michael Kunzler: Christus ist unter uns. Einführung in Geist und Gestalt der byzantinischen Liturgie. Trier 2006.

Reinhard Meßner: Einführung in die Liturgiewissenschaft. 2. Auflage Paderborn 2009. S. 302–365.

Zum Judentum, seinem Selbstverständnis, seiner Geschichte und seinen Festen

Annette Böckler: Jüdischer Gottesdienst. Wesen und Struktur. Berlin 2002.

Informationen zur politischen Bildung 307: Jüdisches Leben in Deutschland. Herausgegeben von der Bundeszentrale für politische Bildung. Bonn 2010.

Herman Wouk: Das ist mein Gott. Glaube und Leben der Juden. München 1989.

Dank und Widmung

Ich danke dem Verlag Friedrich Pustet und seinem Lektor Dr. Rudolf Zwank, dieses Buch gemeinsam mit mir konzipiert und ins Verlagsprogramm aufgenommen zu haben. Es freut und ehrt mich, dass in den letzten Jahren schon mehrere solche Publikationsprojekte gedeihen konnten und vielleicht noch weitere folgen dürfen.

Während meiner Tätigkeit an der Universität Münster im Wintersemester 2015/16 hatte ich die Möglichkeit, die Unterstützung studentischer Hilfskräfte in Anspruch zu nehmen. So danke ich Inga Markert und Viktoria Stromberg für ihre Rückmeldungen zum Buchmanuskript, die in die Fertigstellung eingeflossen sind. Besonderen Dank schulde ich Pater Dr. Nikodemus Schnabel OSB (Jerusalem), ohne dessen Kompetenz und Hilfsbereitschaft Kapitel 28 nicht hätte entstehen können.

Ich widme dieses Buch V. Vidoslav Vujasin und seiner Frau Carolina im fernen Amerika. Sie wurden mir zu wichtigen Gesichtern der christlichen Orthodoxie und zu guten Freunden.